国家社科基金资助项目成果（编号：14BFX145）

JAPAN'S
CONSTITUTION
AMENDMENT
History, Current Situation and Future

日本修宪

历史、现状与未来

赵立新◎著

知识产权出版社
全国百佳图书出版单位

图书在版编目（CIP）数据

日本修宪：历史、现状与未来 / 赵立新著. —北京：知识产权出版社，2019.6
ISBN 978－7－5130－6289－3

Ⅰ.①日… Ⅱ.①赵… Ⅲ.①宪法—研究—日本 Ⅳ.①D931.31

中国版本图书馆 CIP 数据核字（2019）第 100896 号

责任编辑：雷春丽　　　　　　　　责任印制：孙婷婷
封面设计：张新勇

日本修宪：历史、现状与未来

赵立新　著

出版发行：知识产权出版社 有限责任公司	网　址：http://www.ipph.cn
社　址：北京市海淀区气象路 50 号院	邮　编：100081
责编电话：010－82000860 转 8004	责编邮箱：leichunli@cnipr.com
发行电话：010－82000860 转 8101/8102	发行传真：010－82000893/82005070/82000270
印　刷：北京建宏印刷有限公司	经　销：各大网上书店、新华书店及相关专业书店
开　本：720mm×1000mm　1/16	印　张：17.5
版　次：2019 年 6 月第 1 版	印　次：2019 年 6 月第 1 次印刷
字　数：258 千字	定　价：70.00 元
ISBN 978－7－5130－6289－3	

出版权专有　侵权必究
如有印装质量问题，本社负责调换。

序：日本修宪的十字路口

2017年5月3日，在纪念《日本国宪法》正式实施70周年的一个视频讲话中，日本首相安倍晋三提出了"希望2020年成为新宪法实行的一年"。这是安倍晋三首次为修宪提出明确的时间表。

自1945年第二次世界大战战败投降70多年后，日本再次走在了十字路口，而且是最大的十字路口。虽然自1952年日本签订所谓"旧金山和约"并"重获独立"后，日本执政党和右翼团体内部就开始出现修宪的声音，但在广大民众和"左"翼政党的反对下，日本修宪活动在20世纪60年代后逐渐走向低潮。20世纪90年代后，日本国内的修宪呼声再次提高，特别是进入21世纪后，日本的修宪步伐逐渐加快，且呈现出和此前完全不同的态势，似乎修宪已箭在弦上。为何日本现在要修宪？对此，我们且看一下自民党的回答。

在2013年5月3日的"宪法纪念日"当天，执政的日本自民党发表了一项声明，内容如下：

"今天，我们迎来了宪法纪念日。

在现行宪法之下，一方面，国民主权、和平主义、基本人权作为普世价值得以确定；另一方面，出现了许多新的课题，如对新价值观的反应、对紧张国际形势和巨大灾害等紧急事态的应对等，国民要求修改宪法使其符合时代要求的呼声不断提高。主张宪法一字不能改的形式主义护宪势力已很难得到国民的支持。现在已不是'修宪还是护宪'的讨论时期，而是到了应该思考在坚持国民主权、和平主义、尊重基本人权这三大原则的基础上，如何进行修改的阶段。"

"我们自由民主党自立党以来一贯将自主制定宪法作为党的方针。讨论本国的宪法当然是作为以进步为目标的保守政党的责任。去年，我们先于其他政党发表了'日本国宪法修改草案'，在去年的众议院总选举中，虽然围绕我党的宪法草案以及宪法修改论点出现了激烈的争论，但在今年夏天即将到来的参议院选举中，希望我党的主张真心得到诉求，并与广大国民共同进行深入的讨论，以期继续得到广大国民的理解。"①

上述声明主要体现了两点修宪理由：一是现行宪法不是自主制定的或说是"被强迫"制定的；二是现行宪法已不符合时代要求。其中第一项理由是自民党自立党以来就长期主张的理由，第二项理由则是20世纪90年代后出现的。因此，第一项理由也成为以自民党为首的右翼政党要求修改现行宪法的强烈诉求。

这一现象在2012年4月27日出台的、由日本自民党修宪推进本部起草的《日本国宪法修改草案》解说小册子《日本国宪法修改草案问答》中也得到了体现。该"问答"的第一个问题即"为什么现在日本必须修改宪法？为什么自民党现在要出台宪法修改草案？"对此的回答是："现行宪法是在盟军占领下，以占领军司令部指示的草案为基础制定的。在日本国主权受到限制时制定的宪法不能真实反映国民的自由意思。"② 在日本维新会2013年3月通过的党纲中也强调："（对于）强制将日本贬为受孤立和轻蔑的对象并陷入绝对和平这一非现实共同幻想中的占领宪法，必须进行根本性的修改，从而使民族、国家达至真正的自立，使国家得以复兴。"③

---

① ［日］奥平康弘等：《修宪的问题何在》，岩波书店2013年版，第2页。
② ［日］田村重信：《改正日本国宪法》，讲谈社2013年版，第110页。
③ ［日］奥平康弘等：《修宪的问题何在》，岩波书店2013年版，第3页。

为何日本自民党和其他右翼政党会有如此认识？回顾第二次世界大战战后的日本历史就会发现，一部战后日本的宪法史即围绕修宪和护宪进行攻守的历史。除了《日本国宪法》制定后非常短的时期之外（1946—1951年），日本政府不仅没有努力实现《日本国宪法》的理想，而是多次试图修改宪法，在不能达到目的时，则不断歪曲和缩减一些条款的解释。正如日本著名的法社会学家渡边洋三多年前所评论的那样：向世界倡导和平的宪法却在日本面临被动摇的危机，改宪派虽然熟知宪法但仍然恶用宪法。①

　　尽管如此，由于广大国民和"左"翼政党的反对，宪法典本身的修改始终未能实现。20世纪90年代后，日本宪法的现实是：在保守政权和广大国民的攻守中维持着"危险的平衡"。但自2012年第二次安倍内阁上台以来，这种平衡逐渐向修宪一边倾斜。而2017年5月3日安倍晋三的讲话进一步凸显了他在导致修宪分歧问题上的"决心"。这既是《日本国宪法》的危机，更是第二次世界大战后日本法文化面临的危机。因此，日本修宪已走到了危险的十字路口。

赵立新
2019年3月于河北石家庄

---

① ［日］渡边洋三：《日本国宪法的精神》，魏晓阳译，凤凰出版传媒集团和译林出版社2009年版"新版序"，第1—2页。

目　录

第一章　《日本国宪法》的诞生及其基本原则 ………………… 1
第一节　博弈与"强制":《日本国宪法》的诞生 ………………… 1
第二节　《日本国宪法》的基本原则 ……………………………… 17

第二章　第二次世界大战后至20世纪末的日本修宪活动 …… 29
第一节　直接修宪的曲折 …………………………………………… 29
第二节　解释修宪的是非 …………………………………………… 54

第三章　21世纪的日本修宪风云 ………………………………… 63
第一节　日本政府主导的修宪活动 ………………………………… 63
第二节　《修宪国民投票法》重要条文解读 ……………………… 71
第三节　修宪议论场所:宪法审查会 ……………………………… 81
第四节　日本"左"翼政党的反修宪运动 ………………………… 85

第四章　第二次世界大战后日本修宪的焦点 …………………… 95
第一节　和平主义 …………………………………………………… 95
第二节　政治体制 …………………………………………………… 116
第三节　基本人权 …………………………………………………… 136

第五章　日本修宪的本质及未来构想 …………………………… 176
第一节　安倍政权的修宪本质 ……………………………………… 176
第二节　自民党及其主要成员的修宪构想 ………………………… 185
第三节　其他政党的修宪态度 ……………………………………… 197

第六章　对日本修宪运动的思考 ······················· 206
　　第一节　从历史视角看日本宪法与修宪 ················ 206
　　第二节　从国际视角看日本宪法与修宪 ················ 215

结　语　日本修宪的未来走向 ························· 226

附　录　日本宪法关联资料 ··························· 230
　　一、《明治宪法》(中文) ···························· 230
　　二、《日本国宪法》(中文) ·························· 235
　　三、《日本国宪法》(日文) ·························· 247

主要参考文献 ····································· 262

第一章

《日本国宪法》的诞生及其基本原则

第一节 博弈与"强制":《日本国宪法》的诞生

1868年的明治维新使日本逐渐步入近代资本主义的发展轨道,特别是1889年2月11日《明治宪法》的颁布及随后建立的天皇主权体制,在使日本迅速走向近代化的同时,也迈出了对外侵略扩张的道路。1945年8月14日,在世界反法西斯同盟的打击下,日本天皇裕仁发布《终战诏书》,宣布全面接受《波茨坦宣言》,无条件投降。与此同时,以美国为首的同盟国军队占领日本,开始对日本本土长达近七年的"间接"占领时期。[①] 以美国为首的同盟国军队为了彻底铲除日本的封建主义和军国主义土壤,在占领初期,对日本政治、经济、社会、文化、法律等进行了一系列改革,并着手进行新宪法的制定,由于当时日本政府提出的宪法草案过于保守,"盟军"总部不得不采取提出宪法草案的"强加"形式,正是《日本国宪法》制定的这一特殊背景,成为占领结束后日本保守右翼势力试图修改《日本国宪法》的借口。

---

① 当时冲绳与日本本土分离,处于盟军的直接控制之下。

一、《日本国宪法》的制定背景

（一）以美国为首的"盟军"占领日本

1945年8月14日，在同盟国军队的打击下，日本天皇裕仁召开御前会议，正式决定接受《波茨坦公告》，向同盟国无条件投降。次日，日本天皇发布《终战诏书》。9月2日，在东京湾上的美国战舰密苏里号上，日本新任外相重光葵代表天皇和政府、陆军参谋长梅津美治郎代表帝国大本营与同盟国代表正式签订投降协议书。此后，以美国为首的同盟国军队进驻日本。

在日本投降前夕，美军曾计划第二次世界大战后对日本实施直接统治，但8月下旬开始，美国的对日方针发生了变化。8月22日，美陆军省通知麦克阿瑟，决定对日本实施间接统治。[1] 8月30日，在麦克阿瑟抵达日本的当天，美军在日本的横滨设立了盟军总部，但他只是美国太平洋军的盟军总部，不是盟国最高统帅的盟军总部。因为此时，美国占领军的主要任务是完成对日本各大城市、交通枢纽和战略要地的控制。10月2日，在东京成立以麦克阿瑟为首的同盟国军队总司令部（简称"盟总"，GHQ）。"盟总"之下设参谋部，参谋部之下设民间财产管理、公共卫生福利、民间情报教育、民政、经济科学、天然资源、民间运输、统计资料、民间通信、法务、一般会计、国际检事等局。在各局、处中，最重要的是民政局，这是美军占领总部掌握行政大权的中枢部门，其后对宪法的起草就是由该局负责。同时在"盟总"下设"对日理事会"和"远东国际军事法庭"。在地方则设有八个地方军政部。

根据占领总方针，"盟总"对日本实施间接统治的方式是：以指令、一般命令、备忘录、书信和口头等形式，通过日本的"终战联络委员会"或日本政府下达指令。9月20日，日本政府发布《紧急敕令》，规定：为实施盟军最高司令官的备忘和指令，在必要时，"盟总"可以日本政府命令的形式来发布指令，这些"指令"同样具有法律效力。为保证"盟总"和麦克阿瑟指令的实施，日本政府于10月31日制定《阻碍占领目的处罚令》，规定：

---

[1] 吴廷璆：《日本史》，南开大学出版社1994年版，第794页。

对反对盟国最高司令官对日本政府指令之行动、反对盟国占领军的军、军团、师团及各司令部为实施这一指令所发布的命令之行为，以及违反日本政府为履行这一指令所发布的法令的行为，均视为"阻碍占领目的的有害行为"，对此严加惩处。[1] 这样，在美军占领日本的同时，建立了以美国为主的占领体制。

但是，对于实际上由美国单独占领和控制日本的情况，其他对日作战国家表示了强烈不满。为平息盟国的愤怒，8月21日，美国向中、苏、英三国提交了一份建议书，提出成立一个"远东咨询委员会"。该委员会将包括直接对日作战的10个国家代表，主要任务是向参与占领的政府提出采取的措施来保证日本服从投降的决定。委员会将从其所在地华盛顿进行远距离指导，但不拥有任何实际权力。这一建议实际是想把其他盟国参与管制日本事务的希望敷衍过去，而占领的实际权力仍然控制在美国政府和麦克阿瑟手中。

苏联和中国接受了美国的提议，但英国、澳大利亚和新西兰表示反对，他们认为应该建立一个机构，对盟军最高统帅的政策有比咨询更大的权力。后来，苏联也改变了主张，要求成立一个四国对日管制委员会，苏联在其中要有与其他成员国同等的发言权。这一提议得到了英国的支持，英国建议再加上英联邦成员。

这样，美国不得不作出让步，以免在国际事务中被孤立。[2]

1945年12月16日，在莫斯科召开苏、美、英三国外长会议，决定成立远东委员会和对日理事会，远东委员会由美、苏、英、中、法、荷、加、澳、印（度）、菲、新（西兰）11国组成，设在华盛顿，该委员会是决定和审查对日占领政策的决策性机构，它由两项权力：一是决定对日政策的原则性方针和政策；二是依据成员国的要求审查美国政府对"盟总"的指令和最高司令官的行动。但委员会制定的政策必须通过美国政府下达指令给"盟总"和麦克阿瑟，由他们具体执行，且该委员会对领土和军事等行动无权干涉，在决定对日政策时，需要委员会成员半数以上的同意，且半数中必须包括美、

---

[1] ［日］末川博：《战后二十年史资料：法律（第3卷）》，日本评论社1971年版，第212页。
[2] 于群：《美国对日占领政策研究》，东北师范大学出版社1996年版，第30—31页。

苏、英、中四大国，如决议没能通过，美国政府可以向"盟总"和麦克阿瑟发出"中间指令"，如委员会不提出异议，则指令有效，可见美国在该委员会中占有极大的权力。

与此同时，对日理事会则由美、苏、英、中四国代表组成，它是盟国最高司令官的咨询机构，盟国最高司令官在向日本政府发出指令前，必须在事先通知理事会，并与之协商，但理事会对最高司令官没有约束力，也没有对指令的否决权。麦克阿瑟在该理事会的第一次会议上曾说：理事会的职能是顾问性和建议性的，他不得侵犯最高司令官的行政责任，并且不得批评其占领政策。①

远东委员会和对日理事会在成立后，由于内部的对立和分歧，未能发挥其应有的作用，因此，在第二次世界大战后对日的军事占领和占领政策的制定与实施中，美国占据了主导地位，而第二次世界大战后日本的法制改革也正是围绕美国的占领政策展开的。

(二) 美国的日本占领政策

关于美国的对日占领政策研究，其在太平洋战争爆发后即已开始。1944年1月，美国国务院成立第二次世界大战后计划委员会，其下属的远东地区委员会即负责起草对日政策。同年3月，该委员会完成《第二次世界大战后美国的对日目的》，文件从政治、经济、军事等方面规定了美国在日本要达到的最终目的。依据这一文件，美国政府在1945年6月制定了《第二次世界大战后初期的对日政策》的SWNCC150号文件。文件在征求了陆军部、海军部、国务院和参谋长联席会议的意见后，又在8月12日颁布了同名的SWNCC150/2号修改稿，该修改稿首先在"一般条款"第1条中删除了第1款"无条件投降或彻底击败"和第5款"日本将在一个合理的基础上，参与世界经济体系"；其次，在"政治"部分中，删除了第1条"对日处置的顺序时期"，第3条"军事管制政府和军事占领"中的第2款"军事政府的特征"、第3款"行政机构和功能"、第4款"军事占领政府的一些最初任务"中的"宗教信仰自由"和"战争罪犯和其他危险人物"中的"其他危险人

---

① 吴廷璆：《日本史》，南开大学出版社1994年版，第796页。

物"，并在具体行文中删除了"日本领导人和其他人物"，仅留下"战争罪犯"的限制词，同时增加了一条"免除部分人公职"。通过修改可见，部分修改表明美国不愿意在文件中过多规定限制自己的条款，如对日占领的时期，军事占领政策的特征等；也增加了前一个文件没有提到的重要内容，如免除部分不适合留在政府或宣传教育部门人员公职的决定；更重要的修改是美国对日政策变化的结果，如删除"其他危险人物"和"日本领导人"，这清楚地表明美国在占领日本后要保留和利用日本天皇和日本政府的战略企图。[①]

此后，美国政府继续就文件征询各部门意见，1945年8月29日，在日本正式签署投降书前，美国三部协调委员会又颁布了 SWNCC150/4 号文件。经杜鲁门总统签署意见后，于9月22日正式公布。它是美国政府及其占领军实行对日占领政策的基本文件，该文件由"最终目的""盟军权利""政治""经济"四部分组成。据此，其最终目的是：甲，日本确实不再成为美国和世界和平安全的威胁；乙，最终建立一个和平、负责任的政府，即尊重他国权力、支持联合国宪章的理想和原则所显示之美国目的的政府，[②] 即解除日本的军国主义，消除其军事威胁，建立和平民主的新日本。

为实现上述目标，占领军通过指令，实行了一系列铲除日本军国主义的非军事化政策，这主要包括解除日军武装、解散军事机构、废除军事法令和制裁战犯等。由于日本投降时，本土和海外尚有几百万武装军队，对此，占领当局以第一号和第二号命令，利用天皇和日本政府，迅速解除了这些日军的武装，并使其复员回原地，使曾拥有庞大军队的日本一时变成没有军队的国家。美军还相继解散了日本军队的主要机构大本营、元帅府、陆军参谋本部、海军军令部以及军事参议院、陆军省、海军省，并指令日本政府废除《兵役法》《国防保安法》《军机保护法》等一系列军事法令，以及《国家总动员法》《战时紧急措施法》等战时法令，在9月至12月，分三批逮捕了东条英机等108名战犯，交远东军事法庭进行审判。到1946年，日本政府依据指令还相继解散和取缔了在乡军人会、大日本政治会、大政翼赞会等100多

---

① 于群：《美国对日占领政策研究》，东北师范大学出版社1996年版，第32—33页。
② 吴廷璆：《日本史》，南开大学出版社1994年版，第798页。

个法西斯军国主义团体,整肃了曾猖狂鼓吹和积极执行侵略战争的法西斯军国主义骨干,不许他们出任公职,不许在政党、社会团体、新闻出版界和财界任职,① 这样,以美国为主的占领军迅速实现了日本的非军事化。

(三) 第二次世界大战后改革的开始

为实现第二次世界大战后美国对日政策所确立的基本目标,美国必须利用单独军事占领这一有利形势,对日本进行彻底的改造和重塑,铲除日本的军国主义体制,并对日本的政治、经济、社会、文化等方面进行全面改革,彻底消除军国主义产生的土壤,为此,第二次世界大战后日本的法制改革就以宪法改革为中心,在政治体制、社会经济、思想文化等领域广泛展开。

10月4日,盟军"盟总"发布《关于废除对政治、公民、宗教自由限制的备忘录》,要求日本政府立即释放包括共产党人在内的一切政治犯;废除特高警察,并罢免内务省和各县警察部长及特高警察;废除《治安警察法》《治安维持法》等法令;解除对政治、民权及信仰自由的一切限制,其中包括对天皇和政府的自由议论限制。当时的东久迩内阁由于不愿执行这一指令,加之国务大臣绪方竹虎因作为首批战犯被捕,外务大臣重光葵也因战犯嫌疑辞职等因素,被迫于10月5日辞职。继任的币原喜重郎内阁于成立后的第二天(该内阁10月9日成立),即遵照10月4日备忘录的指示,释放了包括共产党人在内的近2500多名政治犯。其中包括收监者439人,预防拘禁者17人,间谍嫌疑者39人以及被保护观察者2026人。② 此后,在12月19日,盟军司令又下令,恢复被释放政治犯的选举资格,它们可以参加投票和担任公职。

10月9日成立的币原喜重郎内阁,为了使日本的民主改革纳入自己所希望的范围,提出了"确立民主主义政治"的口号,但麦克阿瑟不希望日本内阁插手,故在10月10日接见币原喜重郎时,提出了日本政治改革的五项基本原则,并于10月11日以盟军最高统帅部的指令形式正式颁布。这五项基

---

① 吴廷璆:《日本史》,南开大学出版社1994年版,第799页。
② [日]天川晃、荒敬等:《法制司法体制的改革》"GHQ日本占领史"第14卷,日本图书中心1996年版,第9页。

本原则是：男女完全平等和妇女参政、鼓励成立工会、教育民主化和自由化、废除秘密的司法体制、进行经济民主化。此后到1945年底，日本政府依据指令进行了一系列的改革。

在民主化方面，于12月17日制定众议院的新《选举法》，给广大妇女以选举权和被选举权，并降低选举权和被选举权的年龄。12月18日制定《工会法》，保障国家公务员和广大工人组织工会、举行罢工和集体交涉的基本权利，同时还废除了法西斯军国主义法令和战时制定的经济法令。

在教育方面，依据"盟总"《关于日本教育政策》的指令，废除了学校中的军事教育和军事训练，驱除了学校中的军国主义者和法西斯分子，并成立公民教育刷新委员会和日本教育家委员会，在铲除法西斯军国主义教育的同时，为建立新的教育体制进行准备。

在社会方面，"盟总"于12月15日发布了神道与国家分离的指令，从而切断了法西斯军国主义的精神支柱。为贯彻这一指令，日本政府于12月28日发布《宗教法人法》，保障宗教信仰者的自由，次年2月，又进一步修改这一法令，把神社改为一般的宗教法人，同时，在1946年1月1日发布的关于新日本建设的诏书中，天皇亲自发布了否定自己神格的宣言，从而为象征天皇制的变化奠定了基础。此外，政府依据指令在经济方面也采取解散财阀、实行币制改革等措施。

上述改革为日本新宪法的制定及各项改革奠定了基础。

二、《日本国宪法》的制定及内容特点

（一）《麦克阿瑟草案》的出炉及日本政府的"被迫接受"

1889年制定的《明治宪法》确立了近代日本的政治体制，这种政治体制在促进日本社会发展的同时，也助长了日本法西斯军国主义的发展，因此，要铲除法西斯军国主义，就必须改革日本的政治体制，废除《明治宪法》，制定一部新的、民主的宪法。

关于日本政治体制的改革问题，美国政府在1943年即开始研究，当时对在政治改革中如何处理天皇制问题有两种意见，一种主张废除天皇制，一种

主张改革和保留天皇制。① 1945年10月6日，美国国务院和陆海军共同制定文件，决定先把天皇制和裕仁天皇个人分开，然后考虑制定新宪法问题，这样，美国政府通过"盟总"开始积极参与《日本国宪法》的制定工作。

与此同时，广大日本国民也纷纷要求按照《波茨坦宣言》的精神创建一个民主、非军事化的政治体制，其中有些团体和进步学者还提出了体现国民主权原则的宪法草案。但在当时的日本政府内部则出现了几种不同的意见：一种主张只需改变《明治宪法》的运用即可达到目的，不必修改条款；一种主张只要对条款稍加修改即可；还有一种认为修改是必要的，但必须在将来恢复独立后进行。② 因此，日本政府对修改宪法一直持消极态度。

1945年10月11日，麦克阿瑟指令新成立的币原内阁起草新宪法草案，币原立即成立了以松本丞治国务大臣为主任的宪法调查委员会，该委员会以清水澄、美浓部达吉为顾问，宫泽俊义等为委员，开始着手对宪法的修改工作。当时的松本国务大臣曾在当年的临时议会中阐明宪法修改的四项原则，即不改变天皇总揽统治权原则；扩大议会权限以限定天皇权限；国务大臣负责全部国务并对议会负责；加强保护人民的权利和自由，依据这一方针在1946年2月，草案完成，并呈交"盟总"审阅，此即《松本草案》。由于该草案没有对《明治宪法》作大的修改，第二次世界大战前的天皇制仍被保留，而且在草案说明中竟写出"由天皇统治日本国是从日本国有史以来不断继承下来的，维持这一体制是我国多数国民不可动摇的坚定信心"。这显然与美军的占领政策大相径庭，也不符合广大人民的意愿，因此，该草案遭到盟军"盟总"的否决，认为该草案比保守的民间草案还要保守，一点也看不到宪法民主化的意图。③

与此同时，在松本领导下的委员会进行宪法起草时，美国最高统治集团也在认真考虑日本宪法的修订工作。1945年11月27日，美国三部协调委员会颁布了列为最高机密的题为《日本政府体系改革》的SWNCC228号文件，在该文件"结论"部分的第四款规定了日本宪法修改的六条基本原则，指

---

① 吴廷璆：《日本史》，南开大学出版社1994年版，第805页。
② [日]宫泽俊义：《日本国宪法精解》，董璠舆译，中国民主法制出版社1990年版，第6页。
③ [日]牧英正、藤原明久：《日本法制史》，青林书院1999年版，第452页。

出,"日本人必须被鼓励去废除大日本帝国宪法,或者沿着更民主的方向进行改革。如果日本人决定保留日本帝国宪法,那么盟军最高统帅也要向日本当局指出,下列原则必须加入其中:(1)内阁总理大臣,应在立法机构的建议和赞同下选任,他与内阁的全体成员必须对立法机构负责;(2)当一个内阁在立法机构中失去信任后,它必须集体辞职或面对全体选民;(3)天皇只有在内阁授意下才可以进行所有的重要国事活动;(4)天皇必须被剥夺大日本帝国宪法第一章第11、12、13和14条所授予的全部军事权力;(5)内阁必须向天皇行动提出可行意见和提供帮助;(6)皇族的全部收入应来自国库,皇族的花费必须与立法机构批准的年度预算相符合"。① 上述六项基本原则实际规定了日本宪法改革的具体实施原则,包括了象征天皇制和内阁责任制等原则,此后日本宪法的修改方案正是按这些原则精神进行的。

12月18日,SWNCC228号文件在美国的参谋长联席会议讨论和研究后,被整理成《备忘录》,即《参谋长联席会议备忘录》,以SWNCC228/1号文件的形式发布。文件称:"从长远的军事观点来考虑,参谋长联席会议对日本政府的主要担心是将来会有极端的民族主义分子或军国主义分子的势力和集团来统治这个国家,并操纵这个国家再次发动侵略和战争。"还要求麦克阿瑟"更周密和详细地研究和考虑政府和宪法改革的每一个细节,使日本人民能够接受这些变化,以避免或尽量减小日本人因这些改革而产生的不满和动乱"。②

麦克阿瑟和盟军最高统帅部在1946年1月11日正式接到这两份绝密文件后,开始拟定"盟总"自己的日本宪法改革总体构想。因此,当麦克阿瑟在2月7日接到《松本草案》后,当然予以拒绝。此后,麦克阿瑟决定由"盟总"亲自起草宪法草案。同时指示了宪法修改的三项原则:(1)天皇制可以保留,但必须改变其现有存在形式,其权利和义务都要受宪法的限制;(2)日本应放弃战争和战争准备,日本不得拥有陆海空三军武装力量;(3)废除一切封建体制。

---

① 于群:《美国对日占领政策研究》,东北师范大学出版社1996年版,第53—54页。
② 同上书,第54页。

此后,"盟总"政治局的惠特尼准将和民政局副局长兼行政科长肯迪斯上校、法制科科长乌艾尔中校和哈西海军中校等人开始依据这三项原则在极秘密的情况下起草日本宪法,2月13日草案完成并交给麦克阿瑟,在取得麦克阿瑟同意后,将草案交给日本政府,此即《麦克阿瑟草案》。之所以如此着急,是因为"盟总"想在2月26日召开的远东委员会之前公布草案,以避免该委员会对宪法修改问题的直接介入,维护美国的利益。麦克阿瑟草案规定以国民主权为原则,放弃战争、解除军备,保障基本人权等,这使顽固坚持"维护国体"的日本政府感到非常狼狈,特别是看到草案中罗列的"天皇是象征""放弃战争""土地和自然资源收归国有""国会改为一院制"等,感到就像"晴天霹雳"一样。因此,币原首相和松本国务大臣仍想争取麦克阿瑟让步,制定一个双方都能接受的妥协方案,但麦克阿瑟寸步不让。

最后,经内阁讨论,日本政府最终决定接受这一草案,因为对币原内阁来说,不论对草案如何不满,在当时的国际形势下,该草案规定的天皇制"是现实可以期望的最大限度的天皇制",如果不与该草案合作,恐怕会带来全面否定天皇制本身。对这一点,当时的"盟总"民政局长惠特尼在向日本政府交付草案时曾说得很清楚,他说:"如果日本拒绝此案,就对天皇的人格进行重大变更",后来又说:"如果你们无意支持这种形式的宪法草案,麦克阿瑟元帅将越过你们直接诉诸日本国民。"[1]

在麦克阿瑟的坚决态度和明显威胁面前,日本政府被迫原则上接受这一草案文本,只对美方草案作了两处修改:一是把议会由一院制改为两院制,二是删去了"土地和自然资源收归国有"的所有条文。1946年3月4日,由"盟总"民政局的部分官员和经过挑选的日本专家小组组成特别工作组,开始宪法草案的具体文字核准和校译工作。专家组先把美方草案用准确、不能引起歧义和误解的英文表述出来,然后再译成能良好地、满意地传达英文意思的日文。3月6日,日本政府在此基础上制定了《日本宪法修改草案纲要》,并公开发表。由于草案贯彻了自由、民主、和平的原则,因此得到大多数人民的支持。

---

[1] 吴廷璆:《日本史》,南开大学出版社1994年版,第806页。

一些政党团体和个人提出了很多修改补充意见，其中日本共产党提出了废除天皇制的主张，其他政党和团体则主要要求宪法明确规定"主权属于国民"，反对含糊地写成"国民的总意是至高无上的"①。

与此同时，远东委员会也在研究日本宪法草案。1946年5月3日，远东委员会出台了《关于日本新宪法草案应采纳的原则》，对日本新宪法的制定提出了三点原则：（1）应该给予足够的时间和机会充分讨论和思考新宪法的条款；（2）应该保证新宪法与《明治宪法》存在法律上的连贯性；（3）新宪法应该在能够明确表达日本人民自由意志的情况下通过。② 1946年7月2日，远东委员会又通过《制定日本新宪法的基本原则》决议案，该决议案与日本公布的宪法草案主要有两处明显的不同，即日本内阁大部分成员（包括内阁总理）应该来自国会议员，内阁成员必须来自文职官员。③ 对于远东委员会和日本国内的修改意见，"盟总"除"废除天皇制"以外，基本上都予以接受或考虑，因为这与美国的政策没有大的冲突。

1946年4月11日，美国三部协调委员会颁布标题为《处置日本帝国宪法》的SWNCC209/1号文件，明确表达了美国政府对日本制宪的立场：（1）美国作为一个共和国，当然愿意创建一个共和制的日本，如果这是日本人民意愿的话，但是，有迹象显示，绝大多数日本人不愿完全废除《明治宪法》，因此，最高统帅应该尽力避免采取主动行为完全废除旧的宪法。（2）日本君主制政府如果可以改造成一个和平和负责任的君主立宪制政府，符合美国在日本要达到的目标。（3）最高统帅不要强迫日本人民立即作出决定。（4）SWNCC228号文件提出的宪政改革原则仍需要考虑继续执行，特别是《明治宪法》第1条、第3条、第4条必须从语言到精神彻底改变，天皇必须置于宪法的约束之下。（5）盟军最高统帅必须向天皇施加影响，使其不断且自愿地向日本人民表明他是一个普通人，与其他日本人没有不同之处。此后的6月27日，三部协调委员会又颁布题为《美国关于正式通过日本新宪

---

① 这实际是日本翻译的专家小组企图玩弄蒙混过关的手段，因为草案英文原文为："Sovereign Will of the People"，其含义明显为"主权属于人民"。
② ［日］现代宪法研究会：《日本国宪法：资料与判例》，法律文化社1981年版，第37页。
③ 于群：《美国对日占领政策研究》，东北师范大学出版社1996年版，第57页。

法的政策》的文件，该文件针对上述 5 月 13 日远东委员会的决议案，要求麦克阿瑟不要急于通过新宪法，以免使远东委员会各成员国认为新宪法不是在日本人民自由表达自己意愿的情况下通过的，同时，该文件要求增加一项补充规定，即关于"日本宪法的修改"："当将来宪法需要修改时，众议院必须在三分之二以上议员出席时才能开展修改宪法的辩论，任何修改必须在出席议员三分之二以上投票赞成时才能做出。"[1] 此即后来的第 96 条。

为贯彻三部协调委员会的文件精神，麦克阿瑟指示"盟总"民政局和日本政府在 8 月公布的宪法草案修正案中，增加了日本国内众多政党及团体要求明确的"主权属于人民"条款以及远东委员会提议的"内阁半数以上议员应是国会议员"条款。在日本国会两院酝酿宪法草案修正案时，又增加远东委员会关于"内阁全体成员都应为文职人员"的提议。同时，针对远东委员会认为日本宪法制定太快，不符合《波茨坦公告》中"日本人民自由意志的表达"精神的意见，增加"宪法的修改"和"本宪法自公布之日起经六个月开始施行"条款，以缓和美国与远东委员会各成员国因日本的宪法制定产生的矛盾，避免苏联等大国在远东委员会行使否决权阻止《日本国宪法》的实施，从而影响美国对日本进行各项改造方针和政策的实施。

其间的 4 月 17 日，日本政府以"纲要"为基础，制定了《宪法修改草案》，并予以公布。众议院从 6 月 25 日开始对草案进行审议，经若干修改后，于 8 月 24 日通过并送交贵族院，贵族院于 8 月 26 日开始审议，经修改后于 10 月 6 日以压倒多数（298 票对 2 票）通过，10 月 7 日，众议院再次以 424 票对 5 票通过了贵族院的草案。当然，依据当时的情况，议会的讨论不会是完全充分自主的，但讨论中，质询和答复仍频繁进行，表示了一些批评的见解。

议会通过的宪法草案，因在两院审议时进行过修改，所以再次送枢密院咨询，10 月 29 日获通过后，经天皇裁可，于 11 月 3 日依据《公式令》的规定在官报上公布，并定于 1947 年 5 月 3 日开始实施，此即《日本国宪法》。

---

[1] 于群：《美国对日占领政策研究》，东北师范大学出版社 1996 年版，第 58 页。

(二)《日本国宪法》的主要内容特点

1946年制定，1947年5月3日正式实施的《日本国宪法》，否定了天皇主权，确立了国民主权的原则，具体规定了立法、行政、司法的三权分立与制衡，增加了保障人权的条款。

这部宪法由前言、11章正文（天皇、放弃战争、国民的权利和义务、国会、内阁、司法、财政、地方自治、修订、最高法规、补则），共103条组成。这部宪法削弱了天皇的权力，并以三权分立原则组织国家机关，实行责任内阁制，扩大了公民的民主自由权利。

具体来说，这部宪法与《明治宪法》相比具有以下特点。

1. 实行象征天皇制

鉴于天皇在日本社会中的深远影响，占领当局保留了天皇制，以便利用它作为政治、精神上的统治工具，但《日本国宪法》规定："天皇是日本国的象征，是日本国民统合的象征"，"其地位基于主权所在之日本国民之总意"（第1条）。并规定，天皇只能行使宪法所定关于国事之行为，没有关于国政的权能。而实行关于国事的行为时，应由内阁建议与承认，并由内阁负责。从而否定了《明治宪法》以天皇为中心，主权属于天皇的政治体制。

与《明治宪法》相比，《日本国宪法》对天皇制的规定主要有以下四方面的重大变化：(1)《明治宪法》把天皇神化，说天皇是"神的子孙"，是"神圣不可侵犯的"，并实行政教合一，强迫人民信仰神道，崇拜天皇。《日本国宪法》在1946年元旦天皇发表《人格宣言》的基础上，再没有把天皇与神联系起来，同时宣布废除政教合一，实行政治和宗教相分离的政策，从而在精神和思想上削弱了天皇对人民的控制。(2)《明治宪法》规定，天皇是日本国家的元首，总揽立法、行政、司法、外交、财政、军事、官员任免等一切统治大权。《日本国宪法》则规定，立法权属于国会，行政权属于内阁，司法权属于法院等，天皇"没有关于国政的权能"，"只能行使本宪法规定的国事行为"，如依据国会的提名任命内阁总理大臣，依据内阁的提名任命最高法院院长及法官，以及公布宪法修正案、法律、政令及条约等，这些国事行为由于"必须有内阁的建议与承认，由内阁负其责任"的限制，纯属形式和礼仪上的，故从根本上限制了天皇的权力。(3)《日本国宪法》否定了"君权神授"的谬论，《明治宪法》把天皇的统治地位和权力说成是"神授"的，为否定这一点，《日本国宪法》明确规定，天皇的地位"以拥有主权的全体日本国民的意志为依据"。(4)《日本国宪法》对天皇的财产和皇室的经济做了新的规定和限制。依据《明治宪法》，天皇的财产和皇室的财产全部归天皇和皇室管理，不属于国有财产，议会也不能过问。从而使天皇的财产急剧膨胀，到第二次世界大战结束时，据官方公布的统计数字，天皇的财产总额高达 15.9 亿日元，相当于当时日本最大的两家财团三井和三菱资产总和的 3.5 倍。天皇所拥有的土地相当于第二次世界大战前所有大地主土地总和的 4 倍。而《日本国宪法》规定："天皇的一切财产属于国家，皇室的一切费用必须列入预算，经国会议决通过。""授予皇室财产，皇室承受或赐予财产，均需依据国会的决议。"从而在经济上限制了天皇的权力。[①]

2. 确立了国民主权原则

世界主要国家宪法中关于国家主权的归属问题有不同的提法，美国宪法主张"人民主权"，英国宪法主张"议会主权"，德国宪法主张"国家主权"。由于日本宪法是在美国的控制下制定的，所以基本采纳了美国的主张。《日本国宪法》前言规定："兹宣布，主权属于国民，并制定本宪法"，"盖国政源于国民的严肃委托，其权威来自国民，其权利由国民的代表行使，其福利由国民享受，这是人类普遍的原则，本宪法即以此原则为依据"。依据《日本国宪法》，日本国民行使主权的方式有两种，一是直接民主制，二是间接民主制。其中直接行使的主权有：(1) 国民直接投票选举国会两院议员；(2) 国民直接投票选举地方各级议会的议员；(3) 国民直接投票选举都道府县和市町村的各级行政长官；(4) 国民直接投票决定是否同意修改宪法，只有在得到国民投票者半数以上同意时才能修宪；(5) 国民在众议院大选时同时直接投票决定是否罢免最高法院的法官；(6) 国民直接投票决定是否同意订立只适用于某一地区的特别法律。《日本国宪法》规定的国民间接行使的主权，即由国民直接选出的各级议会议员来行使。

[①] 于群：《美国对日占领政策研究》，东北师范大学出版社 1996 年版，第 61—62 页。

3. 规定了放弃战争原则

《日本国宪法》在序言中指出："日本国民期望永久的和平，深知支配人类相互关系的崇高理想，信赖爱好和平的各国人民的公正与信义，决心保持我们的安全与生存。我们希望在努力维护和平，从地球上永久消灭专制与隶属、压迫与偏狭的国际社会中，占有光荣的地位。"为表明实现这种理想的决心，宪法又在第9条明确规定："日本国民真诚希求基于正义与秩序的国际和平，永远放弃作为国家主权发动的战争、武力威胁或使用武力作为解决国际争端的手段。为达到前项目的，不保持陆海空军及其他战争力量，不承认国家的交战权。"纵观各国宪法，放弃战争，否认交战权在各国宪法中是史无前例的，法国、意大利和比利时宪法明文规定不参加侵害别国的战争，但并没有规定放弃战争和否认交战权。明确规定放弃战争和不保持武装力量的只有《日本国宪法》，因此它反映了日本人民维护和平的决心。这也是日本宪法的一大特色。

4. 明确规定了分权与制衡原则

《日本国宪法》规定了国家的立法、行政、司法三权分属国会、政府、法院这三个具有独立法律地位的国家机关，并确立了相互制约的关系。宪法规定：国会是国家最高权力机关和唯一的立法机关，他由参议院和众议院组成。两院议员均由国民普选产生。行政权由内阁行使，内阁是国家最高行政机关，对国会负责。内阁首相经国会提名从议员中产生，众议院对内阁有不信任决议权，而内阁对众议院又有解散权。司法权属于最高法院和由法律规定设立的下级法院，法官独立行使审判权。同时《日本国宪法》第78条还规定了法官的身份保障体制。当然，在三权之中，国会占据最高的地位，除立法权外，他还拥有对国家政治的发言权和控制国家权力的能力。不仅如此，他还拥有广泛的国政调查权。因此，在三权分立中，国会处于优越地位。

5. 规定了较广泛的国民权利与自由

《日本国宪法》第3章对公民的权利和自由作了较广泛的规定，该章共31条，占宪法总条文的近三分之一。除对人身、财产、居住、集会、结社、出版、通信、宗教信仰等一般权利作出规定外，在政治上还增加了国民选举和罢免公务员的权利，以及为要求制定、废止、修订有关法律举行和平请愿的权利；在社会经济方面则增加了劳动权、受教育权、享受文化生活与健康的权利等。与此同时，宪法还确认了国家的基本人权是"不可侵犯的永久权利"。而对国民权利的限制，只在《日本国宪法》第 12 条规定"受宪法保障的国民自由与权利，国民必须以不断的努力保持之。国民不得滥用此种自由和权利，而应经常负起用以增进公共福利的责任"。这些国民最基本的权利和自由的规定虽然比欧美宪法的规定晚了 100 到 200 年，但与《明治宪法》相比无疑是一个巨大的历史进步，对于第二次世界大战后日本政治与社会发展及经济进步等都有着重要的意义。

为确保《日本国宪法》能够保持相对的稳定性，防止当权者随心所欲地修改宪法产生独裁政体，《日本国宪法》第 96 条明确规定：现行宪法的修改必须经国会两院全体议员 2/3 以上多数的赞成，并由国会提议，经全民投票过半数同意。正是这一严格规定，使《日本国宪法》迄今 70 多年的时间里没有修改。

《日本国宪法》的制定反映了第二次世界大战后日本国民热爱和平、要求民主的愿望，也基本体现了现代宪法发展的特点。他为铲除法西斯主义的影响，建立民主的新日本奠定了基础，同时也开创了日本现代法制建设的新时代。但是，由于宪法制定的特殊背景和条件，因而无论内容还是形式方面都有许多不完善的地方。如宪法中多处出现的"国家""国""国权"等不明确的概念。[①] 此外，宪法中确立的一些原则，有的形同虚设，有的根本没真正实施过，一些宪法解释也往往因人、因时而不同。加之国内长期存在的宪法争论，从而使宪法中的民主、自由内容和原则经常受到右翼势力的抵制，这些都影响了宪法的实施效力。

（三）从比较中看《日本国宪法》

由于《日本国宪法》是在《麦克阿瑟草案》的基础上制定的，因此，受到了英美宪法和欧洲大陆宪法的广泛影响，特别是美国《独立宣言》、法国《人权宣言》、英国《权利法案》和德国《魏玛宪法》的基本内容。但它并非英美宪法的翻版，而是在当时各种因素的影响下，吸收了各进步宪法和思

---

① 何勤华等：《日本法律发达史》，上海人民出版社 1999 年版，第 63 页。

想，并参照日本和其他国家的历史经验和教训制定的。

具体来说：（1）日本国宪法草案是在麦克阿瑟的指示下完成的，他在草案中提出的几项基本原则：保留天皇制、放弃战争、废除封建体制、采用英国式的预算体制等。这些原则除最后一项外，几乎与英美宪法没有多大联系。而实际是与美国的占领政策、日本的特殊国情以及麦克阿瑟个人的思想密切相关。（2）美国宪政思想的影响。《独立宣言》《联邦宪法》的前言，以及林肯总统演说中的政治思想等都对宪法草案产生了重大影响。（3）以《魏玛宪法》为主的欧洲进步宪法的影响。这主要表现在与社会保障权有关的条文上。另外，在日本国宪法草案起草前制定的《联合国宪章》以及此前的《非战公约》等国际文件对草案也存在一定的影响。如《日本国宪法》第9条显然是受到了后者的影响。[①]

可见，《日本国宪法》虽然是由美国人起草的，但并非全面移植英美宪法，而是受到了各种因素的影响，但不能否认，这种其他因素的影响更多表现在宪法的前言、基本条款背后的思想等方面，在具体的条文中，英美的体制和规范则起到了决定性的影响。

第二节 《日本国宪法》的基本原则

一、国民主权与象征天皇制

（一）对《日本国宪法》"前言"的理解

近代以后的宪法大多带有"前言"部分，其内容既有对宪法制定历史的追溯，也有表达宪法制定者的思想或叙述宪法基本原则的，可谓多种多样。

近代日本制定的《明治宪法》没有"前言"部分，但是，由于在公布该宪法的同时，日本也颁布了《告文》《敕语》《上谕》。所谓《告文》是向皇祖皇宗的英灵报告公布《明治宪法》的祭文；《敕语》是向臣民宣告公布宪

[①] ［日］伊藤正己："日本国宪法与英美宪法"，载 jurist，1975 年 11 月。

法的文章；而《上谕》则是依据《公式令》在公布《皇室典范》及宪法和法律之际，附在其前的文件。由于《明治宪法》没有"前言"部分，因而，一般把《上谕》当作《明治宪法》的"前言"部分。①

《日本国宪法》在公布、实施之际，也附以《告文》《敕语》和《上谕》，但《上谕》仅限于记述依据《明治宪法》第73条（关于宪法修改的条款）进行宪法修改的情况。同时，在《日本国宪法》则增加了"前言"部分，记述关于宪法的由来、目的和宗旨等。《日本国宪法》的"前言"大体可以分为四部分：第一部分，在前段叙述了代表民主制和国民主权原则，即"国民通过选举国会中的代表而行使政治权利""兹宣布，主权属于国民，并制定本宪法"，在此基础上，把国民主权原则与和平主义相联系，即"不因政府的行为再次引起战争的惨剧"；后段则叙述了违反国民主权原则的"宪法条文、一切法令和诏敕均将予以排除"。这一部分内容实际是确立了国民主权原则作为《日本国宪法》的指导原则。第二部分，通过"祈愿持久的和平"并努力在维护和平的国际社会中"占有名誉的地位"的表达，确认了任何人都具有"在和平中生存的权利"。第三部分，强调为了维护国家主权"不应只专心于本国的事务"，应该在与其他国家的协调中遵循普遍的政治道德。第四部分，则是对达成前述理想和目的的誓言。

如何在法律上理解《日本国宪法》的"前言"存在很大的争论，但对其作为法律规范的性质多数意见持肯定立场。一般认为，一方面，"前言"与正文一样，都构成宪法典的内容，对立法、行政和司法等国家机关都具有法律拘束力，如果要修改前言，必须依据《日本国宪法》第96条关于修宪的程序来进行；另一方面，在"前言"是否和正文一样具有裁判规范的性质方面存在着争论。否定者认为：第一，前言内容过于抽象；第二，即使具有作为法律规范的性质，也像宪法中的政治组织规范一样不能作为裁判规范；第三，要成为法院真正的判断标准，必须依据把"前言"内容具体化的正文各条款来进行。肯定者则认为：第一，正文各条款也存在抽象的规定，正文与"前言"抽象性的有无只是相对性的差别；第二，不能因为正文的具体化而

---

① ［日］三浦隆：《实践宪法学》，李力、白云海译，中国人民公安大学出版社2002年版，第22页。

否认前言的裁判规范性;第三,从比较宪法的立场来看,像法国第五共和国宪法前言那样抽象的语言,法国宪法委员会作为法律审查的标准予以适用。①目前,否定说在日本法学界占有主导地位。

(二) 国民主权

《日本国宪法》的国民主权原则实际是对《明治宪法》下"天皇主权"原则的否定,《明治宪法》规定"大日本帝国由万世一系的天皇统治之"(第1条),"天皇为国之元首,总揽统治权,依本宪法条规行之"(第4条),从而确立了主权属于天皇的原则。在此基础上,在国家具体权力的运用之中,进一步规定:"天皇以帝国议会之协赞,行使立法权"(第5条),在行政权的行使中,"各国务大臣,辅弼天皇"(第55条),司法权也是"由法院以天皇名义,依法律行使之"(第57条)。可见,所有的权力均来源于天皇。不仅如此,作为天皇的大权,天皇还可以不经议会同意发布敕令或紧急命令(第8、9条),拥有任免文武官吏的权(第10条)、和战及条约缔结权(第13条)、军事统帅权(第11条)等。上述天皇的广泛权力均是"来源于祖先且传之于子孙",即来源于传说中的天照大神。与此相对,《日本国宪法》否定了这一天皇主权的原则,明确了所有权力均来源于国民,因此,天皇也就不具有政治的权力或权威,只是一种象征,只能进行宪法规定的形式上的、礼仪性的"国事行为",不具有任何关于国政的权能,并且,作为象征的天皇的地位也要以"国民的总意"为基础。

与《日本国宪法》的国民主权原则相关,日本的年号、国旗、国歌长期以来存在很多争论。日本的年号体制来源于中国古代,日本自大化革新开始使用,明治维新后,在1868年,以太政官布告的形式确立了"一世一元"的体制(只有在发生皇位继承时才改元,即一位天皇只用一个年号),从而确定了天皇的统治与年号不可分的关系。第二次世界大战后,在《日本国宪法》之下,上述太政官布告等法律均归于无效,年号失去了法律依据,但事实上,"昭和"的年号被沿袭下来,因此,为了给年号一个法律依据,日本在1979年制定了《年号法》,该法仅有两条,只是对明治以来的"一世一元

---

① [日] 工藤达郎:《宪法速解》,筑磨书房2006年版,第16—17页。

制"进一步确认,其思想基于每一个天皇的统治时期为一个时代,试图通过年代的增加把天皇作为一个权威,这实际与国民主权原则相矛盾。作为日本国歌的《君之代》和国旗的"日之丸"长时期内也没有任何法律依据,但日本文部省在《学习指导大纲》中把其定为国歌和国旗,并在1989年作为学校的义务强制推行;因此,遭到了很多人的反对,有学者认为:文部省的行为是一种越权行为,且《君之代》的内容明显违反国民主权的原则。[①]

总之,《日本国宪法》"国民主权"原则的采用,意味着日本政治的最终决定权在于日本国民,虽然关于国民的含义存在争论,即是指全体国民还是国民中的有权者,是抽象总体的国民还是具体的每一个国民,但随着有权者范围的扩大和参政体制的完善,国民主权原则会进一步得到深化。

(三) 象征天皇制

1. "象征"天皇制的含义

《日本国宪法》第1条规定:"天皇是日本国的象征,是日本国民统合的象征",这是对第二次世界大战后天皇地位的总体规定。而该宪法关于象征天皇的行为本身没有任何规定,因此,如何理解"象征"的含义存在很大争论。

一般来说,象征是把抽象的无法用眼睛看到的东西以具体的形式表现出来,或者说是其媒介物,这一点与代表的概念不同,所谓"代表",是以代表的与被代表的是同质的为前提的,代表者的行为视为被代表者的行为,而象征的概念则不同,象征的与被象征的是异质的,"象征"这一语言本身不存在任何法的含义,象征的与被象征的之间也没有任何法的关系,实际是一种感觉的问题,在逻辑上并不必然归结为是那样的。天皇作为日本国的象征与此相似,天皇不等于日本国,天皇与日本国之间没有必然的联系,它是作为人的感觉问题,即通过天皇的存在来实际上感受日本国,实际是人的内心的问题,因此,即使宪法规定了天皇的"象征",本质上也没有任何积极的含义,或者说没有任何法的含义,当然也就不能导出任何法的效果。[②] 因此,

---

[①] [日] 浦部法穗:《(新版)宪法学教室》,日本评论社1996年版,第217页。
[②] 同上书,第221页。

天皇作为象征的法的含义只能通过宪法的明文规定来确定，即天皇没有关于国政的权能，只能依据内阁的"助言和承认"行使宪法所定的关于国事的行为，这样，天皇的象征就具有了法的含义。

那么《日本国宪法》为何要写两个象征而不写一个？这里当然有其特殊的含义。

众所周知，在准备制定《日本国宪法》的过程中，中、苏、澳、菲等国和日本进步人士都要求废除天皇制，但美国占领军当局却从尽量减小日本国民对占领的抵触和反抗情绪的目的出发，力求在大幅削减天皇实权的情况下保留天皇制，以期为美国的对日占领总体目标服务。为此，美国占领当局授意日本天皇裕仁在1946年的新年讲话中向日本国民宣布自己是人而不是神，这一被称为《人格宣言》的讲话，是美国设计保留天皇的重要步骤。美国三部协调委员会在1945年制定的文件中曾指示美国占领军总部，天皇可以在一定条件下得以保留，但必须被剥夺《明治宪法》赋予的全部军事权力。而远东委员会后来在1946年5月通过的《关于日本新宪法正式通过的准则》和7月通过的《制定日本新宪法的基本原则》等两份文件则更明确地表达了"应鼓励日本人民废除天皇制"的倾向，这就使以麦克阿瑟为首的盟军最高统帅部的处境更为艰难，因为：一方面，如果完全废除天皇制，就可能会在日本引起大规模的动乱，从而给美军占领带来很大的麻烦。而前一阶段盟军最高统帅部在日本的顺利行动很大程度上应该归功于以天皇为首的日本政府的"支持"和"帮助"，所以，麦克阿瑟等人更倾向于保留天皇，正如麦克阿瑟本人所说，天皇的战斗力超过20个机械化师。另一方面，如果保留天皇，同时保留天皇的一切传统权力，则不符合美国改造日本的总体政策原则，也为主张废除天皇制的远东委员会所不能容忍，从而极易遭到其否决。

正是在这种复杂的背景下，由盟军最高统帅部民政局起草的宪法草案中只用了"天皇是象征"的表达，这使日本的币原内阁感到实难接受，后经美日双方反复协商，才有了"天皇是日本国的象征，是日本国民统合的象征"的提法，该提法比美方草案中"天皇是象征"的表达含义要广泛一些。"天皇是象征"的提法基本上是从贬义的角度来理解的，而修改后的提法用了两个"象征"，并加上了"日本国"和"日本国民统合"的定语，除使其具有褒义的理解外，还使天皇的象征作用由单一的、形式上的象征，又增加了强调天皇是日本国民精神上统合的象征这一更高层次的作用。①

当然，从《日本国宪法》的本质和原则来说，其着眼点并非这两个使日本国民感到有一点体面和尊严的"象征"，这种表面上的"象征"对注重实际的美国来说，并不具有太大的意义，美国政府更重视的是对天皇实际作用的规定与限制。

与天皇的象征地位相关联，天皇是否还是君主或国家元首的问题也存在很大争论。有学者认为，虽然天皇世袭，具有象征地位，但不是主权者，不能对外代表国家，因此不是君主。并且，如果说元首是指握有一定的统治权、具有对外代表国家地位的国家机关，那么天皇难以被认为是元首，毋宁说握有处理外交关系和缔结条约实权的内阁，进一步说，代表内阁的内阁总理大臣更接近于元首的地位。②

但实际上，《日本国宪法》中虽然没有关于国家元首的条文，但从国际关系方面来看，天皇实际起到日本国元首的作用。如认证全权委任状及大使、公使的国书；任免大使、公使；认证批准书及其他外交文书；接受外国大使、公使。虽然这些国际上的国事行为是"依据内阁的建议和承认"，但天皇在国与国的关系中，都是被世界各国视为元首的。正是由于宪法上没有明确元首身份，天皇在国际关系中又具有实际的元首作用，使得第二次世界大战后70多年来，天皇的元首化问题成为日本政界一大热点。一部分右翼势力则一直试图借此恢复天皇的权力和权威。③

第二次世界大战后，日本上层集团试图恢复天皇制的活动始终没有停止过，尽管由于进步势力的反对，通过修宪来实现天皇元首化的企图未能实现，但天皇的形象确实得到了提高，其权威也得到了加强。

2. 天皇地位的世袭

依据《日本国宪法》第2条的规定，天皇的地位世袭，"依据国会议决的皇室典范的规定继承"，所谓世袭，是对某种地位或财产的继承资格，仅

---

① 于群：《美国对日占领政策研究》，东北师范大学出版社1996年版，第60页。
② ［日］高野真澄：《现代日本的宪法问题》，有信堂1988年版，第24—25页。
③ 王金林：《日本天皇制及其精神结构》，天津人民出版社2001年版，第453—454页。

限于特定的系统，特别是属于特定血统者。虽然承认世袭地位与近代宪法原则不相容，与《日本国宪法》第14条规定的平等原则相矛盾，但作为妥协的产物，宪法本身作为例外予以承认。学说则认为，应该在尽量减少矛盾的基础上对关于天皇的各项规定予以解释。① 在这里最典型的是关于"女天皇"问题。

依据《皇室典范》的规定，皇位由"属于皇统的男系男子继承"，同时，为了维护世袭制，规定了由天皇和皇族构成的皇室体制，其范围是"皇后、太皇太后、皇太后、亲王、亲王妃、内亲王、王、王妃及女王"（第5条），皇位的继承顺序是：（1）皇长子；（2）皇长孙；（3）其他皇长子的子孙；（4）皇次子及其子孙；（5）其他皇子孙；（6）皇兄弟及其子孙；（7）皇叔伯父及其子孙；（8）在上述皇族不存在时，以最亲近系统的皇族来继承。如果作为第一顺序皇位继承人的皇嗣有重大身体或精神疾病，可以变更皇位继承顺序，但是需要皇室会议决定。这样，皇位继承的顺序是以"长系"及"长子优先原则"为基础的，明显保留了旧的家族体制的痕迹，并且，这一规定不承认女性的皇位继承权，因此，反对者认为，上述规定违反了《日本国宪法》第14条规定的"法律面前的平等"和第24条规定的"在婚姻生活中两性平等和男女平等"的原则，且反对者担心这会助长日本法体制和习惯上的两性差别。由于过去日本曾存在女天皇，因此，无论从历史事实还是今后继承的现实要求来看，都应该承认女天皇的呼声很高。但赞成者则认为，宪法本身规定天皇制的世袭就是违反第14条的例外规定，因此，皇位继承中的男女不平等不能说是违宪。② 可见，女天皇的问题实际来源于"象征天皇制"的矛盾，而这一问题的解决也只能从这一体制本身出发。

3. 天皇的权能

依据《日本国宪法》的规定，天皇只能从事"关于国事的行为"，没有"关于国政的权能"，天皇的国事行为包括《日本国宪法》第6条和第7条列举的行为。《日本国宪法》第6条规定，天皇依据国会的提名任命内阁总理

---

① ［日］浦部法穗：《（新版）宪法学教室》，日本评论社1996年版，第225页。
② ［日］工藤达郎：《宪法速解》，筑磨书房2006年版，第23页。

大臣、依据内阁的提名任命最高法院院长。第 7 条规定，天皇依据内阁的建议与承认，为国民行使下列关于国事的行为：公布宪法修改、法律、政令及条约；召集国会；解散众议院；公示国会议员总选举的施行；认证国务大臣及其他法律规定的官员的任免和全权委任状及大使、公使的信任状；认证大赦、特赦、减刑、免除刑罚执行以及恢复权利；授予荣典；认证批准书以及法律规定的其他外交文书；接受外国大使及公使；举行仪式。

对于天皇从事国事行为的性质，学说上存在一定的争论。第一种学说认为，国事行为本来伴随着实际的决定权，但通过"内阁的建议与承认"而被吸收，结果成为形式上的、礼仪上的行为（结果形式说）；[①] 第二种学说认为，从《日本国宪法》第 4 条的规定可以看出，天皇所从事的国事行为本来就是形式上的、礼仪上的行为（本质形式说），当然是与政治无关的行为。[②] 这种思考方式的差异根源在于，《日本国宪法》下的"象征天皇制"与旧天皇制是存在一定连续性还是与旧天皇制没有任何关系而由新宪法创设的，结果形式说建立在连续性的观点之上，实质形式说建立在断绝的观点上。[③] 两种学说的结论都一样，乍一看好像没有任何意义，但在"众议院解散问题"上，围绕实质解散权的所在议论，其意义逐渐显现。因为宪法对这一问题不明确，依据第一种学说，对解散众议院这样的国事行为，"内阁的建议与承认"是实际上决定解散的程序，因此，《日本国宪法》第 7 条的"建议与承认"是内阁行使众议院解散权的依据。依据第二种学说，《日本国宪法》第 7 条规定的天皇的解散权只是形式上的、礼仪性的行为，不是天皇解散众议院，而是天皇对别的机关已经作出的解散决定在礼仪上的一种表示，因此，内阁的"建议与承认"只是该种礼仪性表示行为的"建议与承认"，不包括实质的解散决定权，众议院解散的实际决定权应该在第 7 条以外寻找宪法依据，必须由解释来决定。对上述学说，浦部法穗教授认为，虽然第一种学说在解释上比较通顺，尽管是形式上的，但天皇拥有众议院解散权这一构成不符合

---

① ［日］佐藤功：《日本国宪法概说》，学阳书房 1985 年版，第 262 页。
② ［日］樋口阳一、佐藤功等：《注释日本国宪法（上）》，青林书院新社 1984 年版，第 87 页。
③ ［日］横田耕一等：《现代宪法讲座（上）》，日本评论社 1985 年版，第 36 页。

"国民主权"原则,因此,第二种学说比较妥当。①

与上述问题相关联,依据《日本国宪法》第3条,所有的国事行为都需要内阁的"建议与承认",因此,天皇的国事行为由内阁控制,并负其责任,依据《日本国宪法》第66条第3款,内阁"对国会负连带责任",这里的"责任"应理解为政治责任。问题是,天皇除国事行为以外的其他行为如何理解,像日常生活、旅行、研究等私人行为自不必言,但其他如国内巡幸、国会开会时的致辞、对外国的正式访问、参加各种大典等公务的行为,宪法上是否承认,这些行为都是从作为天皇的立场出发进行的,既不是私人行为,也不属于宪法规定的国事行为,且很难说与政治没有任何关系,从《日本国宪法》第4条的规定来看,这些行为当然是违宪的,学说上存在着肯定和否定的争论,但一般认为,否定这些行为实际上是不现实的,应该属于服从内阁的"建议与承认"的政治控制行为,但宪法解释仍然不明确。

对于皇室的财产,在《明治宪法》之下,皇室财产不属于政府和议会监督的范围,但《日本国宪法》规定了皇室财产属于国有财产,必须服从国会的控制,为了阻止皇室与外部的结合,确保皇室的中立性,还规定了向皇室转让财产、皇室接受财产或赐予财产,必须以国会的议决为基础。这些措施在一定程度上保证了象征天皇制不至于转化为真正的天皇制。

二、放弃战争

(一) 和平主义与和平的生存权

《日本国宪法》的制定反映了第二次世界大战后日本国民热爱和平、要求民主的愿望。因此,《日本国宪法》在"前言"中指出:"日本国民期望永久的和平,深怀统治人类相互关系的崇高理想,信赖爱好和平的各国人民的公正与信义,决心保护我们的安全与生存。我们希望在努力维护和平,从地球上永久消灭专制与隶属、压迫与偏狭的国际社会中,占有光荣的地位。"为表明实现这种理想的决心,《日本国宪法》又在第9条明确规定:"日本国民衷心谋求基于正义与秩序的国际和平,永远放弃作为国家主权发动的战争、

---

① [日] 浦部法穗:《(新版) 宪法学教室》,日本评论社1996年版,第228页。

武力威胁或使用武力作为解决国际争端的手段。为达到前项目的，不保持陆海空军及其他战争力量，不承认国家的交战权。"纵观各国宪法，明确规定放弃战争和不保持武装力量的只有《日本国宪法》，虽然自近代以来，特别是第二次世界大战后，一些国家的宪法规定了放弃"以征服为目的的战争"（法国、巴西）、"作为国家政策手段的战争"（缅甸）、"作为解决国际纠纷手段的战争"（意大利），甚至规定"准备侵略战争的行为都是违宪的"（德国），但无论怎样表达，表明的都是禁止"侵略战争"，甚至《联合国宪章》也没有否定作为行使自卫权的武力行使。与此相对，《日本国宪法》第9条第1款规定的放弃战争是否包括自卫战争尽管存在很大争论，但在第2款规定的为使放弃战争成为现实而废除军备这一点上，使其超越了其他国家的宪法，应该属于典型的和平主义，它反映了日本人民维护和平的决心，在世界史上具有一定的意义，这也是《日本国宪法》的一大特色。

《日本国宪法》和平主义的重要意义在于，把"和平的生存权"作为和平主义的基础，把和平作为人权问题提了出来。因为战争不仅否定自由和人权，甚至危及人的生存，人的自由和生存只有在和平中才能得到保护，所以和平是一切人权的基础。

（二）《日本国宪法》第9条的由来与结构

1.《日本国宪法》第9条的由来

《日本国宪法》第9条是依据《波茨坦宣言》和第二次世界大战后初期美国对日方针的精神制定的。具体来说，首先，基于美国第二次世界大战后对日政策的总体目标，此即美国三部协调委员会 SWNCC150/4 号文件中所规定的"确保日本今后不再成为美国的威胁，不再成为世界和平与安全的威胁"；其次，基于以三部协调委员会 SWNCC228/1 号文件形式发表的美国参谋长联席会议备忘录，在这份备忘录中，美国军方的将军们对日本将来最担心的是日本在军国主义分子和极端民族主义分子的操控下再次发动侵略战争；最后，麦克阿瑟和盟军最高统帅部在认真研究了包括上述文件在内的一系列美国相关文件，在1946年2月7日，对 GHQ 民政局的成员提出了制定宪法草案的三项原则，其中第2条明确指出："废除作为国家主权的战争，即使是作为解决纠纷的手段或保卫自己的安全，日本也必须放弃战争。日本不得拥有陆海空三军武装力量。日本的防卫和保护要依靠当今推动世界发展的崇高的理想"。在这里，明确地表达了连自卫战争都要放弃，但是，这一表现在 2 月 13 日 GHQ 的草案和此后的《日本国宪法》中没有继续，这也是此后产生"宪法第 9 条没有放弃自卫权和自卫战争"解释的原因。[①] 在"盟总"起草的宪法草案中，依据麦克阿瑟的提议，提出了放弃战争、不保持陆海军和否定日本交战权的内容。该草案的表述为："放弃以国权发动的战争。无论任何国家，作为与别国解决争端的手段，永久地放弃武力威胁和使用武力。未来不赋予保持陆、海、空军及其他战争力量的功能，不赋予国家交战权。"[②] 此后，日本政府在这一基础上对日本宪法进行了修改，但基本继承了这一原则。在草案的第 9 条规定：永远放弃以国家主权发动的战争、武力威胁或使用武力作为解决国际争端的手段；不允许保持陆海军及其他战争力量，不承认国家的交战权。在草案提交议会审议时，在第 1 项的前面又增加了"日本国民衷心谋求基于正义与秩序的国际和平"，在第 2 项的前面增加了"为达到前项之目的"。这就是《日本国宪法》第 9 条的由来。[③]

当然，也有日本学者从思想的角度对《日本国宪法》第 9 条提出的思想背景从五个方面进行了总结：（1）两次世界大战期间的和平思想；（2）1928 年签署的《巴黎非战公约》的相关规定；（3）日本国民的厌战情绪；（4）币原喜重郎的和平思想；（5）麦克阿瑟的作用。[④]

2. 关于《日本国宪法》第 9 条的学说解释

围绕《日本国宪法》第 9 条的学说解释主要包括以下几种类型：（1）第 1 款全面放弃和第 2 款全面禁止说。该学说认为，第 9 条第 1 款规定了连自卫战争在内的所有的战争和武力行使都放弃，为此，第 2 款是对全面禁止战力的确认。（2）第 1 款部分放弃和第 2 款全面禁止说。该学说认为，关于第

[①] [日] 小泽隆一：《聚焦宪法》，法律文化社 2008 年版，第 31 页。
[②] [日] 高柳贤三等：《日本国宪法的制定过程：原文与翻译》，有斐阁 1972 年版，第 242 页。
[③] [日] 日本近代法制史研究会：《日本近代法 120 讲》，法律文化社 1992 年版，第 262 页。
[④] [日] 千叶真、小林正弥：《日本宪法与公共哲学》，白巴根等译，法律出版社 2009 年版，第 39—48 页。

1款，因为国际法（《巴黎非战公约》和《联合国宪章》）没有禁止作为自卫手段的武力行使，因此，应该采取限定放弃的宗旨，关于第2款，是全面禁止战力的保持。(3) 第1款部分放弃和第2款限定禁止说（自卫战力合宪说）。该学说认为，第9条第1款意味着部分放弃，第2款"为达到前款目的"这一用语应理解为没有放弃作为自卫的战争和武力行使。(4) 第1款部分放弃、第2款的"战力"禁止和"自卫力"允许说（"自卫力"合宪说）。该学说关于第1款的解释与第二种和第三种学说相同，第2款禁止"战力"的解释与第二种学说相同，但认为，第2款没有禁止"为了自卫的必要最小限度的实力"，这也是自卫队创立以来政府的主要见解。依据第一种和第二种学说，第9条可以理解为禁止保持超过警察力量的实力，因此，现在的自卫队是违宪的。此外，依据第三种和第四种学说，自卫队作为自卫力量是合宪的。[①] 本来，自卫权这一观念是国际法上的观念，在国际法上，自卫权被作为国家的基本权利，属于传统上主权国家所固有的权利，是指一个国家在遭受外国的非法入侵时，为保卫自己的国家而诉诸武力或实力的一种权利。《联合国宪章》第51条对自卫权也予以有限的承认，但是，作为行使军事力的军队的存在在《日本国宪法》上并没有规定，从这一点上来说，自卫队的存在是不符合宪法规定的。

---

① ［日］小泽隆一：《聚焦宪法》，法律文化社2008年版，第32—33页。

Chapter 2 第二章

第二次世界大战后至20世纪末的日本修宪活动

第一节 直接修宪的曲折

第二次世界大战后制定的《日本国宪法》在第10章用3个条文（第97条、第98条、第99条）规定了宪法的"最高法规"性，[①] 又在第96条规定了宪法的严格修改程序，即"本宪法的修订，须经各议院全体议员三分之二以上赞成，由国会创议，向国民提出，并得其承认。此种承认需在特别国民投票或国会规定选举时进行的投票中获半数以上赞成（第一款）；宪法的修订在经过前项承认后，天皇立即以国民的名义，作为本宪法的组成部分予以公布（第二款）。"依据该条款规定，《日本国宪法》的修改需要经过国会提议、国民投票和天皇公布三个阶段。

与一般法律相比，《日本国宪法》的修改程序可谓非常严格，因此，自该宪法实施以来，始终没有进行过修改，但这期间，围绕宪法修改问题，日本国内各种政治势力之间展开了长

[①] 《日本国宪法》第97条规定：本宪法对日本国民保障的基本人权，是人类经过多年努力争取自由的结果，这种权利在过去几经考验，被确认为现在和将来都是国民不可侵犯的永久权利。《日本国宪法》第98条规定：本宪法为国家的最高法规，与其条款相违反的法律、命令、诏敕以及关于国务的其他行为之全部或一部，不具效力。日本国缔结的条约及已确立的国际法规，应诚实遵守。《日本国宪法》第99条规定：天皇或摄政以及国务大臣、国会议员、法官以及其他公务员，负有尊重和维护本宪法的义务。

期有时甚至是非常激烈的斗争，迄今斗争仍在持续，虽然日本政府试图全面修改宪法的企图没有达到，但一些宪法条文的规定，如宪法第9条"不得保持战斗力量"的规定，通过日本政府的解释、议会相关立法，已经逐渐变得空洞化，但该宪法条文本身的存在，毕竟也构成了对日本政府的某种制约。进入20世纪90年代以后，日本国内沉寂多时的修宪活动再次活跃起来，特别是90年代末，修宪活动呈现加速之势。

纵观战后至20世纪末，日本国内的修宪运动大体可以分为以下四个时期：第一个时期从1947年至1952年。从宪法史的角度来看，这一时期可以看作盟国占领之下各项宪法体制制定的时代，但是，从斗争的角度来看，是对宪法理想开始最初进攻的时代，可以看作修宪攻守史的预备阶段。第二个时期从1952年到20世纪60年代。此时是受到美国压力的日本保守统治者试图修改宪法，从而造成宪法第一次危机的时期，与此同时，也是反对修宪运动逐渐高涨的时期。第三个时期从20世纪60年代末到20世纪90年代初。此时，在修宪运动中失败的日本保守政权一方面通过宪法解释歪曲宪法的基本原则，另一方面基本遵循宪法的结构进行统治。第四个时期是20世纪90年代。在这一时期，由于"冷战"结束，世界处于美国的单级霸权之下，因而为配合美国的世界战略需要，日本自卫队需要突破海外派兵的限制，而《日本国宪法》成为达成这一目的障碍物。因此，修改宪法进入了新的高潮。最终实现了自卫队向印度洋的派遣巡逻以及伊拉克战争的后勤支援行动，但是，因为存在对派兵的恐惧和反对运动，不得不对向海外派兵附加了种种限制。此时，虽然出现了明文修宪的企图，但由于国民的反对运动，行动力度受到了限制。以下对这一时期的修宪运动做一详细解读。

一、占领下对《日本国宪法》的最初进攻——修宪攻守的第一个阶段

（一）"冷战"与宪法的"阻碍"

《日本国宪法》制定之初，因为美国的亚洲战略与宪法构想是一致的，所以占领军当局努力使宪法条款具体化，对与其相矛盾的各项体制强行进行改废。当时的日本政府也积极配合，致力于宪法体制的具体化。但是，随着

"冷战"的激化,特别是中国革命的蓬勃发展,促使美国改变其远东战略。为稳定所谓亚洲的自由市场秩序,对"自由阵线"的防护成为首要的课题。因此,作为远东反共据点的日本,其经济重建迅速提上了日程,而《日本国宪法》的构想成为占领军当局对日本控制的"阻碍"。

(二)试图利用占领权力修宪的最初攻势

最初受到影响的是作为宪法第二支柱的民主主义、市民的自由问题。为强制重建经济,对劳工运动的限制必不可缺,并且,对不断高涨的民主化运动进行限制也非常必要。首先出炉的是对在占领下劳工运动发挥巨大作用的公共部门劳工运动进行压制的《政令201号》,对《国家公务员法》进行了修改。随后,为了压制日本共产党等"左"翼政党的活动,1949年制定了《团体等规正令》,1950年制定了《妨害占领目的行为处罚令》等管理法令,由于这些依据占领权力发布的命令不需要国会通过而自动生效,因而作为控制法规迅速得以实施,这就与宪法体系产生了很大的矛盾。

随着上述控制法令的迅速实施,1949年9月,"在日朝鲜人联盟"乃至工人联盟都被勒令解散。1950年朝鲜战争爆发后,开始了对日本共产党干部的公职追放。与此同时,1948年始于福井县的《公安条例》迅速蔓延至各地,而作为当时政治活动最简便形式的游行示威开始受到压制。随后,同样是在1950年朝鲜战争爆发后,作为宪法第一支柱的《日本国宪法》第9条规定的"非武装国家支柱"被改变了,在战争爆发后,占领军当局就下达了日本再军备的命令,但很明显,这违背了占领当局协助制定的《日本国宪法》第9条,因此,盟军司令部称再军备为"警察预备队",以避免违宪的指责。[1]但很显然,这违背了《日本国宪法》规定的"非武装国家"理念。

二、《日本国宪法》的第一次危机及阻止运动的对抗——修宪攻守的第二个阶段

(一)修宪的第一次危机——复古修宪

日本政府的修宪运动正式开始于1952年所谓"旧金山和约"的签订、

---

[1] [日]渡边治:"日本国宪法攻守的70年及现在",载《法与民主主义》2015年第9期。

日本恢复"独立"前后。此前,日本保守政权内部尚没有公开主张修宪的声音,也没有把修宪作为政治任务的动向。其证明是,在《日本国宪法》制定后,当时的远东委员会怀疑"盟军"司令部施加了强制影响,提出了应该保证日方再次自主讨论的机会的劝告,日本政府在接到可以重新讨论宪法的消息后,当时的首相吉田茂政权根本没有在意,占领当局也没有修宪的意思,因此,他们回复远东委员会说,吉田茂政权没有修宪的意思。并且,整个1949年,对当时的公法研究会提出的"宪法修改意见"和东京大学宪法研究会提出的"宪法修改草案",日本政府根本没有考虑。[1]

这一情况随着1950年朝鲜战争的爆发有了改变,依据占领当局的指示,当时的日本政府迅速成立了警察预备队。1952年,随着所谓"旧金山和约"的签字,日美签订了《安全保障条约》,美军长期驻扎日本。这就产生了与《日本国宪法》第9条的抵触问题,但作为首相的吉田茂试图通过对第9条的解释越过这一障碍。与此同时,讲和后,许多被判刑关押的前政府官员又重新复归政界,以这些人为中心,日本的修宪论开始抬头。但在初期,修宪活动还不是保守政治的主流,它包含反主流一方对政权批判,并试图夺取政权宝座的含义。因此,吉田茂政权对此采取了一贯的消极立场。他认为,美国要求的再军备应该是在维持宪法基础上进行的,此后,在1952年的"内阁统一意见"中,针对宪法禁止的"战力",内阁的解释是"适应近代战争程度的装备和编制",[2] 但是,随着不久预备队改为保安队,保安队又升级为自卫队,界限的突破只是时间问题。

但此后,自由党内以吉田茂为首的主流派和以鸠山一郎为首的反主流派之间对立进一步激化,特别是1952年国会的临时解散,1953年的不合理解散以及随后的解散和总选举,吉田派自由党的议席大幅减少。为保持在议会内的多数派地位,吉田茂不得不和鸠山派联合。1953年11月,作为鸠山派22名自由党议员复归的条件,双方商定,在新党内设立"外交调查会"的同时,设立"宪法调查会",而宪法调查会的会长则由主张修宪的岸信介担任,

---

[1] [日]大石真:《宪法史与宪法解释》,信山社2000年版,第184页。
[2] [日]山中永之佑等:《资料中的宪法》,法律文化社1997年版,第66页。

以此为开端，修宪立刻成了政治议题。在当时东京召开的修宪座谈会上，岸信介对修宪更是一副成竹在胸的样子。自由党设立宪法调查会的同时，当时的改进党也通过《关于建立新日本国民宪法的决议》，在改进党内设立了"宪法调查会"，开始讨论修宪方案。

1954 年年末，吉田内阁倒台，以反吉田派为主组成的民主党为基础，主张修宪的鸠山一郎就任日本首相，而岸信介则成为执政党民主党的干事长，一时间，修宪成为保守政治的主流。这一状况一直持续到 20 世纪 60 年代中期之前。

这一时期日本修宪具有以下三个特点。

第一，修宪主要由保守政治人物主导，是一种政治优先的修宪。此时修宪最主要的原因之一是《日本国宪法》第 9 条与再军备之间的矛盾。面对日本政府不断扩充军备，当时的工会和"左"派社会党进行了激烈的反对，而保守政权认为单靠宪法解释无法跨越这一障碍，只有废除作为反对再军备依据的《日本国宪法》第 9 条，才能破解这一矛盾，这些从当时的修宪草案和新闻媒体的反应也可以看出，前者如作为当时开修宪风气之先的《渡边经济研究所修宪草案》，其重点正是放在了《日本国宪法》第 9 条。后者以当时《朝日新闻》和《每日新闻》的评论为典型代表，评论呼吁解决宪法与现实的矛盾，设立修宪机关等。

除上述原因之外，另一主要原因是，当时的保守政治人物认为，在《日本国宪法》体系之下，安定的保守政治不可能实现，因此，这就引出了修宪的第二个特点，以第二次世界大战前天皇制国家为模型的复古的国家构想，即作为国家元首的天皇制的复活，权力保障体系的重新探讨，政权组织的调整等。[①] 就第一个表现而言，这一时期的很多修宪草案不仅要求对《日本国宪法》第 9 条进行修改，而且以全面修改宪法为主要目标，这从当时内阁法制局公开的《关于修宪问题的调查资料》和自由党宪法调查会自己设定的研究课题"自由党宪法调查会的论点"可以看出。就第二个表现而言，修宪内容具有浓厚的《明治宪法》的影子，如改变现行宪法关于天皇象征的规定，恢复《明治宪法》下天皇的"元首"地位；通过修改《日本国宪法》第 9

---

① ［日］奥平康弘："日本国宪法的轨迹及其综合评价"，载 jurist，2001 年第 1 期。

条，不仅恢复军队，还要恢复统帅权、宣战布告、戒严、军法会议等《明治宪法》下的各种军事体制；在人权方面，增加以国防义务为主的各种义务规定以及保护家族的规定，达到恢复和强化日本社会传统体制的目的；设立在紧急情况下不根据国会法律的发布紧急命令权、关于财政的紧急处分权和依据前一年预算执行等《明治宪法》下证明有效性的体制；废除地方自治体首长的选举规定，恢复《明治宪法》下内务省"一元化"管理下的地方自治体制等，草案试图复活《明治宪法》的意图不言自明。此时，以复古为目标的代表性的修宪草案主要有：自由党宪法调查会的《日本国宪法修改草案要纲》、改进党的《现行宪法问题点的概要》、宪法研究会的《日本国自主宪法试案》、广濑久忠的《日本国宪法修改草案》等。当然，不是所有的草案都以复古为主要内容，中曾根康弘的《自主宪法修改要纲试案》就明确地对复古明治宪法进行了否定，与此类似的还有自主宪法期成青年同盟的《青年宪法草案》、大西邦敏的《新日本国宪法草案》等，这些草案提出了"福利国家"的轮廓，但从总体上看，这些草案实际上是福利国家构想和复古国家构想的混合。因此，这一时期的修宪草案基本上具有复古的国家构想。

第三个特点是第二次世界大战后民主主义运动的高扬。针对修宪潮流的发展，日本反对修宪的民主运动迅速发展起来。1953年，成立的"和平宪法拥护会"，到1954年又进一步发展为"拥护宪法国民联合"，虽然该联合为了吸引拥护宪法总同盟和右派社会党参加，把日本共产党排除在外，但作为护宪的共同组织，其意义不可低估。① 除此之外，当时轰轰烈烈的反对美军扩张基地的斗争、禁止原子弹爆炸运动、反对再军备和军事大国化的教育界联合会的成立以及妇女大会运动等和平运动等不断涌现，而这些作为第二次世界大战后民主运动整体价值理念的基础都源自新宪法，这些运动从整体上来说构成了当时护宪运动的雄厚基础。

以上述广泛意义的护宪斗争为背景，日本国民的意识也在迅速变化。在当时的舆论调查中，对宪法表示亲近感的逐渐占据多数，这进一步加大了反对修改宪法的呼声，使修宪与护宪的形式逐渐发生逆转。在1955年的众议院

---

① [日]长谷川正安：《宪法现代史（下）》，日本评论社1981年版，第448页。

议员选举中，护宪势力获得了阻止修宪发起的必要的 1/3 以上议席，在 1956 年 7 月的参议院议员选举中，护宪势力也确保了 1/3 以上的议席。正是在这场护宪运动中，此前处于分裂状态的左、右社会党实现了统一，而同样处于分裂状态的日本共产党，在 1955 年 7 月召开的全国代表大会上，主张武装斗争的冒险主义派别也进行了自我批评，此后实现了统一。此外，作为保守的鸠山一郎政权为了强化修宪的政治力量，也在 1955 年 2 月实现了自由党和民主党的合并，成立了新的自由民主党，简称"自民党"。此后，为了确保修宪派在众议院获得足够议席，自民党酝酿导入小选举区制，但遭到了社会党的强烈反对，加之媒体也表示反对，自民党遭到了挫折，因此，虽然在国会上通过了《宪法调查会法案》，但要想达到早期修宪的目的却变得非常困难。[1]

此后，面对不断高涨的民主运动，保守势力终于认识到，当初认为比较简单的修宪并不是一项容易的任务，日本国民对修宪保持警惕的关键是担心军国主义和天皇制的复活。因此，为了对抗民主主义运动和消除日本国民的抵抗心理，当时的保守势力开始采取迂回策略，这从以后的宪法草案可以看出，如自民党宪法调查会提出的"修宪焦点"就出现了几处变化：一是对天皇的元首化只表示"要慎重考虑"，回避了作出决定；二是对《日本国宪法》第 9 条辩称不是恢复军事大国化；三是关于人权部分很突兀地增加了福利国家人权的规定等。日本政府的宪法调查会也体现了这种顾虑，因为，继鸠山一郎担任首相的岸信介，任命倾向护宪的东京大学教授我妻荣任调查会会长，并试图把社会党的成员也拉进调查会，但尽管调查会启动较晚，一些著名的大牌学者还是拒绝加入，结果，最后以东京大学英美法教授高柳贤三任会长的调查会终于启动了，但社会党认为调查会就是修宪机构，坚决拒绝派议员参加。

（二）复古修宪走向低潮

这样，在岸信介内阁下，修宪问题被重新定位，即不再单纯以通过恢复战前型的政治体制来确立稳定的保守政治为目标，而试图更进一步，在当时的"冷战"体制之下谋求重新恢复军事大国。为此，岸信介政府，一方面，希望通过修改《日美安全保障条约》使日美同盟对等化，从而使日本作为反

---

[1] ［日］长谷川正安：《宪法现代史（下）》，日本评论社 1981 年版，第 468 页。

共阵营的一员，在从属、依附美国的同时达到恢复军事大国的目标；另一方面，以对东南亚的战争赔款为契机，使日本经济逐渐渗透东南亚，从而把东南亚纳入日本的势力范围。岸信介的这一修宪策略，在一次与 NBC 记者的会见中说得很清楚，他认为，日本为了能协助美国参加对付共产主义的战争，必须修改安全保障条约、修改宪法。①

在这一野心驱使之下，岸信介政府首先对作为和平运动和民主运动承担者之一的"日本教师联合会"（日教组）进行限制，为此，他试图导入对教师的工作评议体制。同时，为限制大众运动，岸信介决心强行修改《警察职务执行法》。针对岸信介政府的政策，日本各种民主势力掀起了激烈的反对运动，该运动以反对基地扩张的"砂川事件"为开端，迅速高涨，因此，日本政府虽然强行通过了对教师的工作评议制度，但修改《警察职务执行法》的企图遭到了失败。

在上述背景下，岸信介政府开始着手修改《日美安全保障条约》，岸信介政府认为，通过修改条约可以实现日美对等地位，应该会获得国民的支持，在这一基础上稳定政治基础，然后考虑进一步修宪。但日本政府的这一打算很快落空了，因为民众担心，通过修改《日美安全保障条约》，日本可能会追随美国发动的战争，从而会使日本再次卷入战争之中，加之岸信介政权的强权式行为，使很多人感到日本有再次复活第二次世界大战前军国主义的危险，因此，之后反对修改安保条约的斗争和反对修改警察职务执行法的斗争、反对扩大砂川基地的斗争呈现交替进行的状况，并逐渐高涨。在这一运动中走向高潮的 1959 年，在日本知识分子的领导下，成立了包括社会党、共产党在内的广泛的共同斗争组织——"修改安保条约国民会议"，以协调运动的统一，与此同时，以知识分子为主还成立了反对修宪的研究组织——宪法问题研究会，该研究会通过举行研讨会和讲演会等方式展开了护宪运动。以研究会为中心联合起来的学者不仅站在反对安保运动的前列，还从理论上指导着运动，与此同时，在使参加运动的广大市民重新确认宪法价值、使宪法进一步深入人心方面也发挥着积极的作用。

---

① [日] 渡边治编著：《修宪的论战点》，旬报社 2002 年版，第 432 页。

在结成阻止修改《日美安全保障条约》的1959年3月，日本东京地方法院针对"砂川事件"作出了《日美安全保障条约》违宪的判决。[①] 这一判决进一步增强了护宪运动的正当性，使日本的护宪运动更加高涨。

1960年1月，时任首相岸信介访美，并同美国签订了关于日美安全保障条约修改的规定，双方还商定同年6月美国总统艾森豪威尔访日，为了在此之前使日本国会审议通过该条约的修改，5月19日，岸信介内阁在众议院会议上对条约修改进行了强行采决，这一行动使反对斗争火上浇油，也使反对日美安保条约的斗争带有拥护民主主义的性质。[②] 由于反对运动的高涨，美国艾森豪威尔总统取消了访日行程，首相岸信介也被迫下台。

岸信介内阁的倒台对日本保守政治冲击很大，此后保守政治的路线被迫作出转换，以避免再次重蹈安保噩梦的覆辙成为日本保守政治的铁律。同时，对于激起国民的警惕、担心日本军国主义复活的政策也只能放弃。这一变化的主要体现是宪法政策的转换，岸信介之后继任首相的池田勇人在选举前的记者会上，信誓旦旦地保证，在自己的任期中绝不修改宪法，实际上放弃了修改宪法的念头。此后的自民党政府被迫在宪法范围内从事政治活动，而自民党也开始转换此前具有复古政治色彩的政治政策，将精力转移到大力推进经济成长方面，通过经济的高度增长获得的税收，实现对农村和城市个体经营者的"利益诱导政治"，以达到稳定自民党政权的目的。此后，日本进入了自民党政治的稳定时期。

伴随着日本自民党政策的转换，宪法调查会的态度也发生了变化。这主要表现在两方面：（1）作为当时宪法调查会会长的高柳贤三对修宪问题发出了消极的观点。他认为：首先，宪法调查会不是社会党和护宪派所说的修宪机关，而是一个公平的宪法调查机关；其次，调查会依据公平的海外调查结果认为，《日本国宪法》不是美国强加的产物，而是美国与日本共同合作的产物；最后，依据宪法实际运用的现实状况，在产生必须修改的事态时才能着手修改宪法，如果不修改也能与修改发挥同样的作用，则没有必要进行修

---

① 因反对美军基地扩张，在1955年以工会成员为主的群众与警察发生冲突，日本政府以《日美行政协定》为基础，依据《刑事特别法》对工会成员进行了起诉，此即砂川事件。
② ［日］长谷川正安：《宪法现代史（下）》，日本评论社1981年版，第533页。

改。以这一消极观点为基础，对于《日本国宪法》第9条，他提出了"政治宣言"论点，认为：《日本国宪法》第9条不是严格意义上的法律规范，而是类似于表达理想的"宣言书"。在现实中，日本是否保持自卫队，是否向海外派兵，甚至是否保持核武器，都不是《日本国宪法》第9条的问题，而是政策问题。关于天皇，高柳贤三认为，"象征"与"元首"不应该对立起来进行考虑，象征只不过是元首的一种属性，所以，没必要把天皇改为元首。以上述高柳贤三的修宪消极论为基础，1963年6月，调查会向宪法调查会总会提出了题为《关于宪法问题的意见》备忘录，该备忘录表明了在宪法调查会内修宪消极观点占据了主导地位。这样，本来是以修宪为目的的宪法调查会，在受到保守政治转换的空气影响后，起到了使修宪消极观点正当化功能的作用。当时与池田勇人首相关系密切的宪法学家宫泽喜一也持该种观点，这样一来，修宪消极观点逐渐成为日本保守政府占主导地位的意识形态。(2) 宪法调查会内修宪派的主张也发生了变化。作为典型代表的是中曾根康弘，他敏感地察觉到安保斗争后日本国民意识的变化，因此，把自己的修宪论与国民意识的变化巧妙结合起来，他发表了以首相直接公选为中心的修宪草案，即具有高度民主主义的民定宪法草案，草案中提出了首先进行以首相公选为中心的宪法修改，然后再进行《日本国宪法》第9条修改的顺序。[①] 当然，当时在宪法调查会内部也存在一些反对高柳贤三和中曾根康弘主张的复古派代表，他们与调查会外的修宪派联合起来提出了一些复古宪法草案，这样，在宪法调查会内部就出现了修宪消极派和修宪派的冲突，而修宪派内部也分裂为传统修宪派和中曾根康弘式的新型修宪派，但总体上说，此后很长时间，日本修宪势力的影响逐渐减小。

三、修宪受挫——修宪攻守的第三个阶段

（一）自民党政治的大转变——放弃修宪

20世纪60年代初期宪法调查会内部的分裂和冲突，使该调查会最终不仅不能拿出一份综合的宪法修改草案，甚至提不出修宪的必要性措施，最终，

[①] [日] 渡边治编著：《修宪的论战点》，旬报社2002年版，第438页。

该报告只罗列了各成员分歧的观点，1964年7月经总会议决后，交给了当时的池田勇人首相。对于这样一份报告书，日本社会党、共产党、宪法研究会相继发表了声明，对宪法调查会的修宪动向提出了强烈地批判，而对提出报告书感到危机的护宪运动派别则试图进一步强化反对修宪运动。在这一背景下，1965年，设立了"阻止宪法改恶各界联合会"，但在实际上，无论是当时的池田勇人内阁还是此后被称作"鹰派"的佐藤荣作内阁，都已经没有插手宪法修改的意图，因此，在提出报告书一年后，宪法调查会静静地关上了大门，这也意味着开始于19世纪50年代初的修宪运动至此终于告一段落。

20世纪60年代中期后，在日本自民党政治中，较长的时间内没有把修宪问题提上政治议程，相反，日本自民党政府开始专心于在不突破宪法框架下使政治得到有效运行。促使这一时期保守政治在宪法框架内活动的主要力量当然是以反对安保斗争为象征的战后日本民主主义运动，但除此之外，其他的一些重要因素也不能忽视。

首先，此时美国的军事力量比较稳定，通过日本提供的基地，美国获得了在亚洲和太平洋地区活动的据点，面对不断高涨的日本国内反安保斗争，美国感到只要日本能发挥最低限度的稳定基地功能就可以了，暂时不需要对日本提出更多的军事要求。其次，日本经济界要求军事大国化的呼声还不强，因为当时正是日本经济高速成长时期，而该成长正是通过企业社会与自民党政治所固守的国内生产达成的结果，与经济大国化相比，经济全球化问题还没有提上日程，这样，对日本经济界来说，在《日本国宪法》第9条之下，采取较小规模的安全保障政策也没有什么不好。最后，由于日本企业社会的建立，工会运动也开始企业主义化，从而使反对保守政治的工会运动控制力逐渐降低，而反体制运动政治力量的消退，从国内统治的角度来看，也减弱了要求修宪的运动，因此，日本保守政治能在不突破宪法框架的情况下使政治得以很好地运行。但上述条件如果有一项遭到破坏，保守统治阶层内的修宪活动就有可能再次复活。

日本保守政治修宪冲动后退的象征是：中曾根康弘就任防卫厅长官前后所倡导的"自卫队合宪国民投票论"，其试图通过国民投票来确认日本自卫队的存在不违反《日本国宪法》第9条，他甚至在一次谈话中说："宪法第9

条可以存在，但需要通过国民投票确保对第9条的解释。我们需要达成以下共识：第一，不实行征兵制；第二，不拥有核武器；第三，不向海外派兵；第四，承认自卫队。"① 该谈话一方面表现了当时保守政治与围绕宪法气氛的变化，另一方面作为附加条件也说明其着眼点主要在于解决日本自卫队的合宪性问题。

此时，日本保守政治中修宪欲望的减弱，也使保守政治内的修宪派开始后退，虽然自民党内仍有许多主张修宪的人，但由于大多成为阁僚，如果发表容忍修宪的言论会受到媒体和反对运动的批判，从而成为攻击政权的口实，甚至会影响法案的通过，只能被迫辞职，因此，修宪发言成为政府内的"禁忌"。自民党内的宪法调查会也长期处于休眠状态，虽然在1972年曾发表一个妥协的修宪草案，但没有引起重视。

与保守政治的变化相对应，反对修宪运动一方也发生了一些变化。由于明文修宪的后退，此后的反对修宪运动将矛头转向了解释修宪的活动，为与保守政治的解释修宪相对应，他们试图提出实现宪法理念的行动纲领，特别是针对《日本国宪法》第9条的和平主义，如日本社会党发表的"非武装与和平中立之路"，日本共产党发表的"关于日本中立化与安全保障的构想"等。

（二）"第二次世界大战后政治总决算"与修宪论者的苦恼

20世纪80年代以后，随着日本自民党在众、参两院选举中取得压倒性的胜利，对现存政治改革的呼声再次提上日程。变化的起因开始于铃木善幸首相的就任，铃木本人虽然对修宪持消极立场，但此前一度停滞的军事大国议论开始抬头。其表现是：在当时铃木善幸内阁担任法务大臣的奥野诚亮因发表修宪言论遭到非议，但经过内阁解释居然过关，以此为契机，处于休眠状态的自民党宪法调查会再次开始了活动，在稍后的1981年10月，成立了民间的"守护日本国民会议"，开始积极地展开活动。

上述"鹰派"开始活跃的背后，除了自民党在国会获得多数席位出现一种稳定感之外，与日本经济经过多年的高速成长，日本成为世界经济大国这

---

① ［日］渡边治编著：《修宪的论战点》，旬报社2002年版，第443页。

一事实也存在密切的关系。与经济大国相对应，成为政治大国的梦想开始抬头。如为了增强爱国心而强化对教科书的检定，从而遭到亚洲各国反对就是典型的证明。

自民党内的宪法调查会重新开展活动虽然加深了护宪势力的危机感，但此时的调查会已不同于此前，会内的许多新成员对修宪持消极立场，这反映了修宪问题即使在自民党内也不容易取得一致。1982年调查会提出的中间报告，在绝大多数内容上都是维持现行宪法的现状。

1982年，中曾根康弘内阁上台，修宪派对此给予了厚望，因为，中曾根康弘一直主张修宪。他提出了"第二次世界大战后政治总决算"的口号，试图克服以经济成长和利益诱导相结合的政治。主要体现在：一方面，在日本积极推行英美式的新自由主义改革，并进行行政改革；另一方面，试图使日本成为与经济大国相适应的政治大国。因此，对中曾根康弘来说，在自己任期内的主要任务是摆脱《日本国宪法》第9条的束缚，而不是修宪。为此，他为自己设定了三个目标：一是军事费用突破GNP1%的限制，这一限制是1976年三木内阁的内阁会议谅解，但此后作为限制军备的惯例得到了确定；二是实现首相对靖国神社的公式参拜；三是制定国家秘密法、有事法制等。其中，关于首相对靖国神社的公式参拜问题，自三木内阁以来一步一步地向前走，离正式参拜只有一步之遥，因此，右翼的期待非常强烈。有事法制自1978年福田内阁解除对有事法制的研究以来，日本防卫厅开始讨论并在1980年提出了中期报告，1982年提出第二次中间报告，实实在在地在准备。但是，尽管中曾根费尽全力，最终实现的只有军事费用突破GNP1%的限制。作为首相对靖国神社的正式参拜，虽然在1985年强制实现，但由于遭到了中国、韩国的强烈抗议，之后不得不取消。国家秘密法虽然在1985年强行在国会提出，但遭到了否决，至于有事法制，则根本没有向国会提出。

中曾根实现大国梦的挫折表明，日本国民意识中对军事大国化的警惕仍然比较强烈，而亚洲各国对此也很敏感，并进行了强烈反对，因此，修宪派要想从正面取得突破仍然存在很大的难度。进入20世纪90年代后，日本政府不得不设法回避这些障碍，并探索新的路径。

与上述问题相关，在20世纪80年代虽然迎来了修宪的第二次小高潮，但形成并发表的修宪草案只有三个，修宪草案少成为一项特点。以自民党宪法调查会中间报告为代表的修宪草案，与20世纪五六十年代形成了鲜明的对照，即对《日本国宪法》第9条尽量在小范围修改，小规模修宪理论成为一项特点。在军事领域，主要是对在《日本国宪法》第9条之下实现的军事力量增强正当化的现状追认。另外，草案增加了新的人权规定。

四、《日本国宪法》第二次大危机——修宪攻守的第四个阶段

进入20世纪90年代以后，日本的修宪活动再次迎来了新的高潮，这一点仅从宪法草案的数量也可以一窥端倪。自1991年至2001年的10年间，仅公开发表的有影响的宪法草案就达到19个，这些宪法草案既包括团体草案（如读卖新闻宪法草案、日经新闻宪法草案、自由党和自民党桥本派宪法草案、民主党宪法调查会草案），也包括个人草案（如小泽一郎草案、中曾根康弘草案、鸠山由纪夫草案），所以，此次修宪动向完全不同于以前，实际是试图改变第二次世界大战后日本社会改革的一环，这一改革正是时任首相小泉纯一郎强制推行的"结构改革"，与此相关，也是日本追求军事大国化目标的改革，而宪法修改正是作为这一改革的一环出现的。

此时，日本修宪活动活跃的原因很多，大体上可以分为三个方面，即军事大国化的要求、创建新的社会构想的要求、社会的总体保守化，三者合流产生了修宪的高潮。

（一）"冷战"结束与军事大国化要求

20世纪90年代以后日本修宪的活跃与军事大国化密切相关，原因如下：首先，"冷战"结束后美国世界战略的需要出现了变化。"冷战"结束以后，随着世界经济的全球化，美国的超级大国地位进一步巩固，其世界警察角色更加明显，但无论人力还是物力，单靠美国自己很难完成这一任务，为维护"冷战"后的世界秩序，美国需要在欧洲依靠北约，在亚洲和太平洋地区当然希望日本来承担这一角色。其次，日本国内结构产生了变化，特别是日本企业的全球化不断扩展。当然，长期以来，日本企业的竞争力主要源于企业控制体制、转包以及自民党政治等日本国内的体制，当欧美企业为谋求扩大

资本积累开始逐渐走向全球化的同时，日本企业则长期固守国内生产、海外输出体制，但日元升值和经济摩擦的增加，使日本企业在20世纪80年代后期开始积极向海外扩展。为保护日本企业的海外利益，经济界开始出现要求日本向军事大国化发展的强烈愿望。

美国和日本经济界几乎同时出现的要求强烈地摆在日本政府面前。但是，日本的军事大国化面临着非常大的障碍。首先是《日本国宪法》的存在，宪法第9条禁止日本保持军备，虽然保守党政权不顾该条存在不断地扩大军事力量，但该条的存在毕竟使其不能随心所欲再军备。其次是存在支持宪法、反对日本军事大国化的和平运动和日本国民的和平意识，如果没有这些力量，日本政府可以很简单地通过修宪消除第9条。最后是第二次世界大战前受日本侵略的中韩等亚洲各国的反对与警惕。日本要想实现军事大国化必须排除以上障碍，特别是作为第一个障碍的《日本国宪法》第9条，因此，随着军事大国化冲动的加强，修宪问题再次摆上政治舞台也就顺理成章了。但在20世纪90年代初期，这一军事大国化愿望并没有直接与修宪联系在一起，相反，当时日本政府试图在不触动宪法本身的情况下推进军事大国化。当然，要想实现向海外派兵，修改宪法是最好的选择，但如果采取修宪这一正面突围方式，不仅需要做大量的工作，还有可能点燃其他两个障碍物之火，因此，对日本保守政客来说，修宪不是最好的方式，只能采取其他策略。

在上述背景下采取的应对措施是出台《日美安保共同宣言》和建立新防卫线，即针对美军在亚洲太平洋地区的作战行动，不仅日本自卫队，各级地方政府、民间都要做好补给和运送等保障工作，而自卫队的海外派兵也以做美军后方支援的方式来实现。这样，日本自卫队既能对美军的作战行动提供必要的后方支援，又不至于触动《日本国宪法》和《日美安全保障条约》。这当然也是美国政府所希望的。当时，美国主导新防卫指针的官员曾说："对美国来说，没必要修改安保条约和日本宪法，因为，一旦触动宪法问题，就会打开潘多拉盒子"，"现在，重新构筑日美安保关系的两国工作正在进行，但始终是在安保条约和日本宪法的范围内进行的。"[1] 正是在这一指导思

---

[1] ［日］渡边治编著：《修宪的论战点》，旬报社2002年版，第26页。

想下，1996年，两国共同出台了《日美安保共同宣言》，实际上是对《日美安全保障条约》进行修改。1997年出台《日美防卫协作指南》，1999年通过《周边事态法》，从而实现了军事大国化的阶段任务。

但是，以《周边事态法》的通过为开端，情况有了进一步的变化，主要体现在，同期日本国会通过了《修改国会法》，决定成立"宪法调查会"，这表明20世纪90年代初推行的回避修宪的军事大国化路线的修正和转换。[①] 其实，早在1997年就出现了要求在国会设立宪法调查会的提议，但当时的日本政府和执政党没有重视。1999年后，日本政府的军事大国化政策开始迈入新的阶段，即从对美军的后方支援改为全面支援，这样，日本宪法的修改不可避免。

此时，日本政府和自民党对宪法政策的转换有内外两方面的原因。

从外部世界来看，在《周边事态法》通过之后，美国的要求进一步提高。此前，美军虽然也希望自卫队对美军的作战行动能够提供全方位的支援，但考虑到需要日本政府变更宪法解释，担心会引起日本政治的混乱，所以，只要能满足最基本的后方支援就可以了，但一旦这一要求通过《周边事态法》的制定得以实现，要求提高是很自然的。这一要求提高的典型表现是以美国共和党为中心的超党派研究者在2000年10月联名向美国总统提出的《美国与日本——面向成熟的伙伴关系》的研究报告。该报告要求进一步强化日美军事同盟关系，主张日本应该进一步发挥其能动性，摆脱《日本国宪法》第9条对行使集体自卫权的限制，并通过构建自卫队紧密参加美军作战行动的态势，将日美同盟关系由"分担负担向分担权力"转化，日美同盟应该与英美同盟一样强化。

从日本内部来看，《周边事态法》的通过并没有得到国内民众预想的抵抗，以前恐惧修宪、试图采取迂回方式向大国化迈进的思路开始转为直接走下去的欲求。与此同时，在这一法律成立之前，很多日本财界的报告都指出，在一个全球化的世界中，日本要想作出更大的贡献，必须修改宪法，解禁集体自卫权。例如，经济同友会提出"紧急提言：应尽早着手的我国安全保障

[①] [日] 奥平康弘："日本国宪法的轨迹及其综合评价"，载 jurist，2001年第1期。

的四项任务",在要求尽早出台《周边事态法》的同时,作为后续政策,应该修改关于集体自卫权的政府解释,制定有事法制等。受财界的影响,日本政府开始采取行动,当时的小渊惠三首相主持的"21世纪日本构想恳谈会"报告,作为日本参加"国际安全保障军事活动"的方针,就呼吁"就宪法、集体自卫权等安全保障问题进行国民讨论",虽然此后因小渊惠三的突然去世,这份报告被束之高阁,但以首相恳谈会的方式提出修宪问题不能不说是日本政府的一大转变。而美国的报告正是看到了日本政府的这一动向,采取了促使其加速前进的含义。

正是存在上述基础,在美国的报告出炉后,日本国内立刻出现了利用该报告进一步修改集体自卫权的论调,其典型是2001年3月,自民党国防分会提出的《日本安全保障政策的确立与日美同盟》报告书,该报告书在指出修改政府关于行使集体自卫权解释的必要性后,提出了变更政府解释和制定新法律的方式,从而避开了耗费时间的明文修宪方式。与此同时,经济同友会在《面向和平与繁荣的21世纪》报告中,明确提出了修宪的观点。可见,这一时期日本修宪动向的特点是:一是通过立法早期修改关于集体自卫权的解释,使日本迈向军事大国化的新阶段;二是从根本上实现宪法的修改。最早提出这一构想的正是中曾根康弘,他在2000年4月的《诸君》杂志,刊登了《我的修宪观》一文,系统地阐述了上述构想。此后,日本国内的修宪论开始活跃起来,各种宪法草案层出不穷。各种草案虽花样百出,但在一点上是明确的,即不仅要实现对美军作战的支援和保障联合国的集团安全,还要尽可能实现向海外派兵。

在日本迈向军事大国化和修宪活动的高潮中,2001年4月,小泉纯一郎继任日本首相,小泉内阁一方面试图进一步推进1998年桥本龙太郎内阁之后停滞的"结构改革",另一方面在推进日本的军事大国化和修宪方面也带有强烈的欲望。这一点在他就任首相后不久的发言中就有体现。他表示,在面临外敌入侵时舍命作战的是自卫队,因此,让"自卫队违反宪法"的讨论持续下去是对自卫队的失礼。在表达了强烈的修改《日本国宪法》第9条的意愿后,对日美军事合作,他认为:"日美友好对日本来说是最大的国家利益,如果在日本近海共同行动的美军受到攻击，日本不能无动于衷。"① 因此，对小泉纯一郎内阁来说，不仅要修改不能行使集体自卫权的宪法解释，更要在修宪方面获得突破。但与结构改革不同，如果触及修宪问题不仅很多日本国民难以接受，弄不好会严重影响自己的支持率。特别是在2001年8月15日小泉纯一郎参拜靖国神社遭到中、韩等亚洲国家的激烈反对后，小泉纯一郎的野心不得不暂时收敛。但此后发生的"9·11"事件为日本带来了转机。

"9·11"事件发生后，小泉内阁认为这是日本迈向军事大国化的绝佳机会，日本必须利用这一机会实现海外派兵的目的。但由于这一机会来得太早太突然，小泉内阁原来设想的修改关于集体自卫权的政府解释或修改宪法都来不及，因此，他决定先通过一个法案，即《恐怖对策特别措施法》，这是一个在以美军为中心的对恐怖分子报复性的军事攻击时、为日本自卫队向海外派兵实施全面后方支援提供正当理由的法律，这一法案克服了《周边事态法》对"日本周边"范围的限制和自卫队使用武器的严格限制，在不触动《日本国宪法》第9条和不修改日本政府相关政府解释的情况下，实现向海外派兵的目的。因此，在《恐怖对策特别措施法》制定后，小泉政府又先后推动国会修改了自卫队法、海上保安厅法、联合国维和行动（PKO）协作法等法律，同时，小泉内阁还着手准备自卫队在任何时候都可以参加战斗、行使武力的"有事法制"的制定。

（二）新自由主义改革与修宪

20世纪90年代之后，日本修宪活跃的主要原因除上述军事大国化的冲动之外，与日本统治阶层追求的新自由主义改革也密切相关。

在经历了20世纪90年代的经济泡沫危机后，日本经济长期增长乏力，企业界认为主要原因是日本企业竞争力低，因此，要求恢复，甚至强化企业竞争力的新自由主义改革要求对当时的日本保守政治产生了很大的影响。②

---

① ［日］渡边治编著：《修宪的论战点》，旬报社2002年版，第30页。
② 新自由主义改革：是20世纪70年代英美等先进国家在面对大危机时采用的政策体系，主要内容是减轻对企业的税收负担、取消影响企业发展的各种束缚，回复企业的活力。但长期固守于国内生产等于输出体制的日本企业认为没有必要，20世纪80年代以后，随着全球化的扩展，日本企业因竞争力不足陷入深刻的危机，开始呼喊新自由主义改革，日本也称作"结构改革"。

但是，与欧洲各国新自由主义改革中要打到的"敌人"是工会及支撑劳动政党的福利国家不同，日本大企业的工会已经企业化，并且成为促进企业成长的动力，还是自民党和官僚政治统治的基础，因此，日本新自由主义改革的主要矛头是针对公共部门的劳工运动、自民党政治和官僚制。故这场改革在日本被称作"结构改革"。

改革涉及许多方面，如财政改革、税制改革、教育改革以及行政改革，而这种全面改革有可能使自民党的支持基础遭到动摇，因此，改革需要面对自民党和官僚机构的抵抗。但这一改革本身开始并没有涉及宪法问题。

最早开始推进新自由主义改革的是1996年上台的桥本龙太郎内阁，该内阁提出的"六大改革"基本都属于新自由主义改革的组成部分，但是，随着改革的不断推进，修宪问题成为不得不面对的一大问题。其原因是：（1）由于改革否定福利国家的收入再分配政策，因而会造成贫富差距的进一步扩大，如何压制社会的分裂和不满成为政府必须面对的问题，同时，在限制缓和后，如何确保市民安全和被害救济也是非常重要的。因为改革会从根本上颠覆既存的社会观念，而新的社会观念必须通过新的宪法来实现。（2）随着改革的进一步推进，会产生比财界和保守政治预想的更大的对既存社会的破坏，因此，必须找到新的统合社会政策，而新的社会统合政策核心应该是以新宪法的形式体现的。

在这一背景下，修改宪法和教育基本法的讨论开始活跃。而这一时期出现的宪法草案不仅是军事大国化目标问题，重塑日本社会秩序也成为修宪的一项主要目标。但是，对于塑造什么样的社会秩序，在日本统治层内部却存在着既相互联系又互相对立的两种倾向：一是新自由主义的或美国式的社会设想，这是经济界和保守政治主流思想，二是民族主义的社会构想，这是统治阶层的"鹰派"以及以"新历史教科书学会"为中心结合起来的日本部分知识分子的构想。以此为基础，日本的宪法修改观点也分为两种类型。

新自由主义修宪论的最大特点是：主张改变现代日本保持的福利国家功能（对因企业和市场活动面临困难的老年人、患者、未成年人、失业者等，国家通过医疗、社会保障、教育等福利政策以防止差距扩大的功能），即从

"事前限制型社会"改为"事后监督救济型社会"。这些人认为，因资本活动造成小企业、弱者的衰落和被淘汰是自然的，国家对此如果进行预防和保护，只能使国家机构增大，从而妨碍个人的自立，削弱社会发展活力。因此，与其通过福利给贫困者提供平等待遇，毋宁需要创造一个补偿通过努力获得成功的人的社会。这一模式是美国型社会统合的模式。该模式具体包括两大支柱：（1）通过新自由主义的彻底改革，使社会阶层分裂为前提，试图建立一个使中上层社会稳定统合的体制构架，这就需要扩大中上层市民向政治和行政反映自己诉求的路径，主要改革内容包括扩充信息公开体制、降低拥有选举权者的年龄、改善解决事后纠纷的审判体制、使司法更贴近人民等。（2）对于不能统合的下层社会，通过强化治安来加以对应，即建立"强制国家"。近年来，日本不断通过的刑事司法修改强化政策就是典型的表现，例如，制定《监听法》、修改《国民基本账簿法》、修改《少年法》。

日本民族主义修宪论的特点是：他们把社会危机归结于第二次世界大战后新宪法所表现的个人主义和自由主义原则，同时猛烈攻击第二次世界大战后在日本形成的社会价值观。他们反对资本全球化和新自由主义，认为必须通过对日本传统价值观的复归和规范重建来实现整个社会的重新整合。对该种修宪势力，日本主流社会向来不屑一顾，但随着现代社会危机的不断表面化，该势力的影响不断扩大，特别是由西部迈、小林良则、佐伯启思等组成的"新历史教科书会"，他们通过推动编纂教科书并使之检定合格、推动教育改革国民会议采纳其构想、修改教育基本法等方式，达到构想部分的政策化。

（三）日本的总体保守化

"保守"是相对于"革新"而言的，在日本的修宪活动中，保守势力主要是指强烈主张扩大军备，修改和平宪法，以自民党和右翼势力为首的修宪派别。革新势力是指以"左"翼的社会党和共产党为首的拥护宪法的派别。进入20世纪90年代，由于日本政局长期动荡不安，内阁更迭频繁。特别是1993年，长期执政的自民党由于内部分裂在国会选举中失去了多数席位，被迫与社会党等七党组成联合政权，由此宣告了"五五体制"的崩溃。

所谓总体保守化，即是指"五五体制"解体后，各主要政党的政策逐渐走向趋同，导致国家整体右倾化的趋势以及民众社会意识的保守化倾向。"五五体制"是在美苏两大阵营对立时期形成的，而东欧剧变苏联解体使得社会主义阵营消失，以社会主义、共产主义为旗帜的政党也深受影响。这一形式也间接地影响了日本的国内局势，当时主张护宪的日本共产党受到沉重的打击，社会党则逐渐右倾化，中间政党公明党执政党化。与此同时，民众社会意识随着日本经济的强盛、国家战略的变化以及国际局势的变动也开始保守化。

1. 革新势力逐渐保守化

在第二次世界大战后日本国内长期的反对修宪运动中，以社会党和共产党为首的革新势力的强烈反对一直是限制修宪派顺利修宪的一个重要因素。他们否认自卫队的合法性，反对《日美安全保障条约》，坚持捍卫《和平宪法》。正是由于护宪派的制约，使得修宪提议在日本国会一直不能达到修宪要求的2/3以上席位。但是，进入20世纪90年代后，日本革新势力逐渐趋于保守化，保守势力进一步壮大。其标志事件是：1990年4月，日本社会党在第55次大会中，将党章前言中的"和平、民主地实现社会主义"改为"选择社会主义最民主的方针——社会民主主义"，这一转变是日本社会党保守化的开始。同年9月社会党委员长土井多贺子在第5届全国政策研究会上发表《新型政治挑战》的演说，提出社会党应采取更加现实的政策，暗示社会党将承认"日美安保体制"和自卫队的存在等。[①]

此后，为了能够实现上台执政的理想，日本社会党开始不断调整党的政策和策略，逐渐放弃了原来的政治立场，开始与坚持要求修宪的保守的自民党的政策趋同。1993年，社会党委员长山花贞夫提出了所谓的为积极变革现状，"解决宪法和现实之间的矛盾"的"创宪论"。1994年，社会党委员长村山富市上台执政，新政府是社会党和自民党的联合政权。因此，同年9月在社会党第61届代表大会上，社会党开始调整其一些基本政策，如放弃非武装中立的一贯立场，承认自卫队符合宪法，继续坚持"日美安保体制"，依

---

① 王新生："简论日本社会党50年"，载《日本学刊》1996年第5期。

据《联合国维持和平活动合作法条》在宪法允许的范围内参加联合国维持和平行动等。这一政策转变导致社会党的分裂，在此后的国会选举中，社会党席位大减。1996年1月，日本社会党改名为"社会民主党"（社民党）。此后，部分"左"派议员宣布退出社会党，成立"新社会党"。社会党一贯坚定的护宪立场由此开始动摇。

与社会党不同，日本共产党在修宪运动中也一直扮演着护宪派的角色，苏东格局的剧变使日本共产党的势力也遭到了削弱，但是日共在国会中仍占有重要席位。随着形势的变化，日本共产党的护宪态度也产生了一定的变化。1997年第21届全国代表大会后，日本共产党开始逐渐改变过去的一些策略，提出"要阻止将宪法改恶和全面复活军国主义"。[①] 从日本共产党的策略来说，他们对修宪并不反对，反对的是"将宪法改恶"。2004年1月，日本共产党在第23届全国代表大会上修改党纲，新党纲指出："将依据人民意愿推进宪法第9条的完全实施"，承认自卫队合宪，从而改变了日本共产党长期以来坚持的护宪立场。

日本公明党的前身是日本创价学会，是一个具有浓厚宗教色彩的政党，它以创价学会教义中的"现世利益"为行为准则，坚持中道主义。追求现世利益的最大特点便是功利主义和现实主义色彩浓厚。在"冷战"时期，日本公明党实行的政策还具有一定的革新色彩，如在有关自卫队和安保体制以及和平运动等问题上采取与社会党合作的姿态。但1993年，在"五五体制"崩溃后，公明党为了能够实现执政目的，开始与一些保守政党联合起来，组建联合政权，逐渐由中道转为保守，而其对修宪的态度也逐渐保守化，例如，开始承认自卫队合宪，要求加强日美联盟等。

2. 新保守势力崛起

所谓新保守势力，是指先后从自民党中分裂出来组成的日本新党、民主党和先驱新党等新兴政党。"冷战"结束后，大国意识膨胀和"五五体制"崩溃后日本政治的涣散局面是日本新保守势力崛起的基础。为了取得执政地位，1994年11月，新生党、公明党和民社党等九个党派联合成立了一个新

---

① 王新生：《政治体制与经济现代化——日本模式再探讨》，社会科学出版社2002年版，第157页。

的党派——新进党，它成为仅次于自民党的日本第二大党。日本前首相海部俊树为党首，小泽一郎为首任干事长。在其党纲中明确提出要"建立一个为世界和平与繁荣负责的新日本"，"讨论包括解冻对日本自卫队参加联合国维持和平部队在内的自卫队派遣和使用方法等问题"，[1] 主张毫无禁忌地讨论日本现行宪法。

在1995年7月第17届参议院选举中，新进党以占国会议员31.1%的票数战胜社会党、自民党。1995年12月28日，小泽一郎以绝对优势当选新进党党首。而他的"普通国家论"逐渐成为新进党的政策主张。1997年12月27日，由于党内矛盾无法解决，新进党被迫解散。

民主党是又一新兴保守势力。日本社会党的衰落和日本共产党的失势使得自民党和新进党在政治格局中逐渐占据主导地位，在这种形势下，民主党的兴起成为与它们相抗衡的重要政治力量。1996年9月28日，在鸠山由纪夫和菅直人等的筹组下日本民主党成立。新进党解散后，民主党成为日本最大的在野党。为了在国会选举中得胜，1998年4月27日，日本民主党联合日本民政党等10个党派组成新民主党，新进党解体后的各党派又加入了民主党，民主党势力进一步增强。2003年9月，民主党和小泽一郎领导的自由党合并为一个新的民主党，民主党成为与自民党势均力敌的政党。由于民主党的主要成员来自自民党中比较激进的派别，如小泽一郎、菅直人，他们都是"鹰派"政治人物，因而民主党在对外政策上主张比过去更积极地参与国际事务。对内主张加强日本的防卫力量，修改日本宪法。民主党的壮大增强了日本的保守势力，加快了日本的总体保守化。

3. 日本民众意识的保守化

第二次世界大战后初期，日本民众大多都渴望和平安宁的生活，因此在"二战"结束后的相当长时间内，日本的主流思潮是和平主义思潮。1947年《日本国宪法》颁布后，其中的第9条"放弃战争"条款得到他们的积极响应和支持。在日本民众看来，第9条的重点是日本战后（战败国）身份的认定，要改写它，几乎是不可想象的。这也成为20世纪五六十年代

---

[1] 吕耀东：《冷战后日本的总体保守化》，中国社会科学出版社2004年版，第113页。

日本修宪派不能成功修宪的一个重要因素。如前所述，在20世纪60年代的岸信介内阁时期，由于强烈主张修宪的岸信介企图通过修改日美安全保障条约来修改宪法，增强日本的军事力量，激起了日本民众的强烈愤慨，由此引发了一场规模浩大的反安保运动。这次运动的规模之大和斗争之激烈也在一定程度上说明了和平民主思想深入人心，日本人民护宪的立场坚定。在这种状况下，岸信介的修宪计划破产，关于修宪的相关议题在整个20世纪70年代被搁置。

但此后，伴随着日本经济大国化战略的实施，日本经济逐渐恢复并走向振兴和繁荣，国民收入增加，生活水平提高，精神享受的要求也在一定程度上得到满足，同时他们极端地重视现实的个人利益，对政治关心度底。而20世纪70年代日美安全保障条约的延期没再掀起运动浪潮即是典型的证明，这表明日本民众开始接受日美安保体制的存在。

与此同时，到20世纪80年代，随着日本经济的强大，日本的民族意识逐渐高涨。特别是在中曾根"国家观念"的灌输下，日本民众中的大国主义情感日益滋长。尤其是进入20世纪90年代以后，一方面，海湾危机的出现及海湾战争爆发后，日本社会兴起了"国际贡献论"，在这种使命感的号召下，民众逐渐重新关心政治，希望日本参与联合国行动，提高自身国际地位。日本总理府关于"自卫队参与联合国维和活动"的舆论调查显示，从1991到2000年，赞成者的比例从46%上升到80%，而反对者的比例则由38%降为9%。[1] 1991年《朝日新闻》针对"日本派遣维和部队到海外"的问题进行的舆论调查显示，65%的民众支持，而反对者仅有24%。

另一方面，在这一时期，日本的周边环境也发生了大的变化，特别是中国的迅速崛起，朝鲜的核危机等，让日本民众的安全防卫意识有了明显改变，他们逐渐要求加强日本的防卫力量，提升国防实力。上述因素都进一步影响了日本民众的修改宪法态度，1993年《读卖新闻》调查显示，赞成修宪者为50%，反对者为33%，[2] 同期的《每日新闻》调查统计赞成者为44%，反对

---

[1] 黄大慧：《日本大国化趋势与中日关系》，社会科学出版社2008年版，第129页。
[2] ［日］《读卖新闻》，1993年4月3日。

者为 25%。①

新进党上台后将对现行宪法的讨论公开化，人们开始关注防卫安全问题和自卫队的派遣等与修宪密切相关的问题。在国际舆论的刺激下，迫切希望改变"特殊国家"的现状的人逐渐增多。"9·11"事件发生后，日本民众的安全防卫意识更加强烈，在追求和平的基础上，"正义战争"得到了人民的支持和谅解，要求加入国际反恐行列的呼声愈响。2002年媒体调查显示，民众中赞成修改《日本国宪法》第9条的最大理由是因为"国际贡献"。这说明20世纪90年代以来越来越多的民众站到了修宪派的队伍中，他们希望通过修改宪法使日本承担更多的国际责任，提高日本的国际政治地位，增强个人的民族荣誉感。总之，在20世纪90年代，日本众多民众在希望继续保持《日本国宪法》第9条的同时，开始承认日美安保体制和自卫队合宪。正是日本国民对修宪的认同，推动了日本政界的修宪步伐。

（四）20世纪90年代日本修宪论的新特点

纵观20世纪90年代以后日本的修宪，主要有以下特点：（1）像20世纪50年代一样，要求进行全面修改。这与第二个阶段的修宪草案基本都主张维持现状的小规模修宪论完全不同，并且，所有的修宪者在自卫队海外派兵这一点上大体意见一致，只是对现存社会改革观点不同。（2）与《日本国宪法》第9条相关的修改内容发生了很大变化，以前是以自卫队的存在合宪化为目的，现代修宪论者则把精力放在了自卫队海外派兵正当化的规定上。（3）围绕天皇条款的修改出现了新动向，即重新出现了天皇元首化论点，而放弃了强化以天皇为国民统合中心的方向，更强调民主主义的统合。（4）在人权条款方面，所有的修宪论者都增加了"新人权"规定，同时出现了强调依据国民义务或公共利益对人权的制约规定。（5）在政治体制方面，设立宪法法院和首相公选制也成为众多宪法草案探讨的对象。（6）像前几次一样，修宪条款的缓和也是这一时期各草案一直关注的对象。

---

① ［日］《每日新闻》，1993年4月27日。

第二节 解释修宪的是非

一、日本政府关于"放弃战争"的解释变迁

对《日本国宪法》所体现的彻底和平主义，一方面，表明了日本国民对和平的决心，另一方面，是美国初期占领政策对日本非军事化和民主化强大推进的表现；但是，随着东西方"冷战"的激化以及中华人民共和国的成立，美国的对日占领政策开始发生变化，即从过去压制日本军国主义东山再起转化为利用日本作为阻止共产主义的"堡垒"。因此，以规定不保持一切军备为出发点的《日本国宪法》第9条体制，随着1950年朝鲜战争的爆发、1951年《日美安全保障条约》的缔结和1954年自卫队的建立出现了重大变化。

在宪法制定后的初期，日本政府对"放弃战争"的解释是连自卫战争也包括在内的，但在1950年，随着朝鲜战争的爆发，驻日美军大量调往朝鲜，从而使日美关系逐渐缓和。麦克阿瑟在给当时日本首相吉田茂的信中，承认日本有防卫本国的权力，他要求日本建立75000人的"警察预备队"，并把海上保安厅人员增加8000人。在美国的允许和指导下，同年8月，日本建立警察预备队，从而为日本的再军备迈出了第一步。[①] 关于警察预备队设立的目的，在《警察预备队法》第1条曾说："为维护我国的和平和秩序，保障公共利益，在必要的限度内，补充国家地方警察和自治体警察的警察力量"，"警察预备队的活动应该限制在警察的任务范围之内"。但实际上，无论从其装备还是训练上来看，是一支地地道道的军队。

1952年4月，所谓"旧金山和约"和《日美安全保障条约》生效，从此，美军结束了对日本公开的军事占领和全面控制，日本获得了政治和外交的自主权。同年7月，日本政府改警察预备队为保安队和警备队，并扩大了

---

① ［日］浦部法穗：《（新版）宪法学教室》，日本评论社1996年版，第145页。

规模。与此同时，日本政府关于《日本国宪法》第 9 条的解释也发生了变化。在 1952 年 11 月日本政府公布的"有关战争力量的统一见解"中规定：《日本国宪法》第 9 条所禁止的是保持"战争力量"，而"战争力量"是指具备能够完成现代战争程度的装备和编制而言，其标准必须以该国所处的时间和空间环境作具体判断；《日本国宪法》第 9 条第 2 款所说的"保持"是指我国是保持的主体，美国驻军是在保卫我国，这是美国为此而保持的军队，所以与《日本国宪法》第 9 条不发生关系，保安队和警备队不相当于"战争力量"。[1] 在这里日本政府的目的不言自明。

1954 年 7 月，日本政府公布了"防卫二法"，即《防卫厅设置法》和《自卫队法》，以此为基础建立了自卫队，即改保安队为陆上自卫队，警备队为海上自卫队，并新设航空自卫队，从而确立了真正的陆、海、空三军体制。对自卫队的任务，该法第 3 条规定："以在遭受直接或间接的侵略时进行防卫为主要任务，必要时，担当起维护公共秩序的责任"，这就从正面表明了，自卫队不是维持国内治安的"警察"，而是"抵抗外敌"的"军队"，日本政府对宪法的解释也改为"为了自卫，保持必要的、最低限度的自卫力不违反宪法"。此后，以 1958 年的第一次防卫整顿计划为开端，日本自卫队走向了不断加强的道路。

20 世纪 60 年代初，在右翼代表岸信介执政时曾扬言，即使日本持有核武器也没关系，但此后的佐藤内阁则发表了日本不拥有、不生产、不引进核武器的所谓"非核三原则"。1971 年，众议院通过了"非核三原则"。与此同时，日本国内围绕宪法修改进行了激烈的斗争，特别是关于第 9 条的修改与自卫队设立更是斗争的焦点。尽管由于广大进步势力的斗争，修宪势力未能得逞，但通过政府的解释和一系列判决，[2] 造成了对自卫队既成事实的承认，从而使《日本国宪法》第 9 条的含义发生了变化。

20 世纪 90 年代以后，随着苏联解体，东欧社会主义国家的剧变以及海湾战争的爆发，此前围绕《日本国宪法》第 9 条的争论虽然还在继续，但争

---

[1] ［日］宫泽俊义：《日本国宪法精解》，董璠舆译，中国民主法制出版社 1990 年版，第 145—146 页。
[2] 何勤华等：《日本法律发达史》，上海人民出版社 1999 年版，第 66 页。

论的状况已发生很大变化,即不再围绕自卫队的存在是否违宪,而是自卫队能否被派往海外,在国际上发挥其应有的作用。1992年,日本议会通过了《联合国维持和平活动合作法案》(即《PKO法案》),该法规规定:日本自卫队可以以自卫队员的身份携带武器装备,以部队的形式参加联合国的维和行动,当自卫队员的人身安全受到威胁时,可以用武器自卫。对于自卫队参加联合国的维和行动是否属于《日本国宪法》第9条第1款禁止的"武力行使",日本政府提出了"武力行使"与"武器使用"区别的论调,并认为,自卫队的活动只要不是和外国军队的武力行使"一体化"就没有问题,① 这一论点也为此后一系列法案所继承。

20世纪90年代中期以后,关于日本自卫队海外派兵的法律不断增加,1997年日美确定了"新防卫指针",此后,日本于1999年制定《周边事态法》,2001年制定《恐怖对策特别措施法》,2003年制定《关于在伊拉克实施人道复兴支援活动及确保支援安全的特别措施法》(以下简称《伊拉克特别措施法》)《武力攻击事态法》,2004年6月制定《国民保护法》《美军支援法》《特定公共设施等利用法》《外国军用品等海上运输管理法》《自卫队法修改法》《关于俘虏等管理法》《国际人道法违反行为处罚法》七项法律,即所谓的"有事法制",从而为在武力攻击事态发生以前构筑日本全国的军事态势提供了法律依据。此后,2006年12月通过《自卫队海外活动化法》,2007年5月通过《在日美军再编特别措施法》,2008年1月通过《新供油特别措施法》,2009年6月通过《海盗行为对处法》。2012年12月安倍第二次上台后,加快了解禁集体自卫权的步伐。2013年12月通过《国家安全保障战略》和新"防卫计划大纲",2014年4月将《武器输出三原则》修改为《防卫装备转移三原则》,同年7月1日,安倍内阁决定承认"集体自卫权的行使",此后又制定和修改了相关法案。②

这样,通过以上法令和措施,《日本国宪法》的部分内容已发生了变化,虽然《日本国宪法》第9条仍然存在,但已逐渐变得空洞化,尽管如此,它

---

① [日]小泽隆一:《聚焦宪法》,法律文化社2008年版,第38页。
② [日]本秀纪:"军事法制的展开与宪法9条2款的现代意义",载[日]《法学论坛》2015年1月。

的存在对日本扩大军事力量仍有一定的限制作用，因此，在当今日本政府的修宪草案中，第9条仍是修宪派和护宪派争论的焦点之一。

二、第二次世界大战后关于《日本国宪法》第9条的系列诉讼

日本违宪审查制确立初期，对日本政府建立的作为现今自卫队前身的警察预备队，日本社会党曾向最高法院提起违宪诉讼，但被最高法院以不符合受理条件为由驳回了原告的诉讼。该判决虽然最终确立了日本违宪审查制的性质，但对于日本政府借行使自卫权重新武装却没有进行宪法和法律上的判断，客观上纵容了日本政府重新武装的决心。[①] 此后，日本军事力量不断发展，从而构成了对《日本国宪法》第9条的挑战。而关于《日本国宪法》第9条的诉讼也不断出现，通过不同时期各级法院的判决，大体上可以从一个侧面反映日本国内对《日本国宪法》第9条的复杂认识及其变化。

关于《日本国宪法》第9条的第一个主要判决是前述1959年最高法院关于涉及美国驻扎军的"砂川事件"判决。[②] 在该判决中，关于"自卫权"和"战力"问题，最高法院认为：《日本国宪法》第9条关于放弃战争、不保持战力的规定，没有否认日本国作为主权国家所固有的自卫权。宪法的和平主义规定并非指不防御、不抵抗，因此，为了维护本国的和平与安全，保持国家领土的完整，国家采取必要的自卫措施是行使其固有权能的当然结果。"宪法所禁止的战力主要指我国作为主体所行使指挥权和管理权的战力，实际上也就是我国自己的战斗力量，外国军队即使驻扎在我国，也不属于宪法所禁止的战力。"以此为基础，最高法院以《日美安全保障条约》属于"具有高度政治性的问题"为由，驳回了被告的违宪主张。

继上述事件后，在1967年的"惠庭事件"判决中，札幌地方法院对被告提出的自卫队法及自卫队的存在本身违反《日本国宪法》第9条及前言的问题，没有进行宪法判断，只是就被告破坏的电线等不属于自卫队法所说的军事物资为由，宣告了被告的无罪。因此，虽然就自卫队的合宪、违宪问题，

---

① 有日本学者认为：自卫队是否合宪是宪法议论的核心问题，在警察预备队违宪诉讼判决中，最高法院没有就此作出宪法判断，使人产生一种违宪审查形式化的印象。
② [日] 最判昭和34年（1959年）12月16日，载《刑事审判集》第13卷第13号，第3225页。

检察机关和辩护方在长达三年多的多次庭审中进行了激烈的争论,学术界也给予很大的期待,但法院却适用回避宪法判断的方法结束了审判。①

正是在上述背景下,1973 年札幌地方法院就"长沼事件"作出的违宪判决②才格外引人注目。

该事件起因于 1968 年 5 月,日本防卫厅计划在北海道长沼町的马追山设立航空自卫队的导弹基地,因当地有国家设立的"水源培养保护林",为此,农林省决定解除该保护林。当 1969 年 7 月正式决定作出后,当地居民迅速向札幌地方法院提起诉讼,要求取消解除决定并停止执行该处分。对该诉讼申请,札幌地方法院经充分审理,于 1973 年 9 月 7 日作出判决(因审判长为福岛重雄法官,故该判决又被称作"福岛判决"),判决在承认了居民请求的同时,就涉及的自卫队问题,指出了自卫队正是相当于《日本国宪法》第 9 条第 2 款所禁止的战争力量,因而是违宪的。

在该案件中,原被告双方就各自的观点展开了激烈的争论。原告认为:(1)《日本国宪法》第 9 条第 2 款明确规定了放弃作为国权发动的战争和放弃以武力作为解决国际纷争的手段,并不承认国家的交战权,这实际上是宣布放弃一切战争。(2) 自卫队无论从其规模、装备还是能力等方面看,都属于该条所禁止的战争力量,设立导弹基地也是违反宪法规定的,因此解除保护林的行为是无效的。与此相对,被告方则主张:(1) 虽然取消了保护林的指定,但因为设立了其他代替设施,当地居民的利益不会因此而受到侵害,其提起诉讼的要件并不存在。(2)《日本国宪法》第 9 条所禁止的只是侵略战争,并不包括自卫权在内。(3) 自卫力量的内容是依据国会、内阁来决定的,属于具有"高度政治性"的问题,因此,不属于司法审查的范围。

针对双方的意见,法院以自卫队是否符合宪法为中心,在充分调查证人并进行法理分析的基础上,基本承认了原告方的主张。

判决主要从五个方面进行了分析:(1) 关于当地居民的利益。该居民的利益是通过森林法予以保护的利益,原告属于行政事件诉讼法所说的"具有

---

① [日] 芦部信喜:"法律解释中的回避宪法判断",载《宪法判例百选(第三版)》,jurist 专刊第 130 号,1994 年版,第 354 页。
② [日] 札幌地判昭和 48 年(1973 年)9 月 7 日,载《判例时报》第 712 号,第 24 页。

法律上的利益者"。保护林的目的是保护当地居民的和平生存权,但导弹基地的建立,在有事时很容易成为攻击的第一目标,原告为预防和平生存权受到侵害,要求取消本件处分符合法益的要求。(2)关于司法审查。对法治主义来说,不服从司法审查的国家行为只能是例外。关于是否保持军事力量,《日本国宪法》前言和第 9 条有明确的法律规定,其解释也应该在客观上确立。本件仅进行单纯的法律判断是不够的,应该积极地进行宪法判断。(3)关于和平的生存权。和平的生存权产生于和平主义的基本思想,表现为公民个人在和平中生存,并具有追求幸福的权利。因此,在《日本国宪法》第三章各条款,对个别的基本人权进行了具体规定。(4)关于《日本国宪法》第 9 条。判决明确指出自卫队是违反宪法的,宪法的和平、民主、人权三原则是一体的,《日本国宪法》第 9 条第 1 款规定了放弃战争,第 2 款禁止陆海空军和其他战斗力量、完全否认交战权,从而使一切战争都不可能。(5)关于自卫队的实际状况。判决在考察了自卫队的发展历程,对其组织、编制及行动的相关法令及自卫队的实际装备、行动进行分析后认为,自卫队相当于"陆海空军"这一战斗力量。因此,判决最后认为:防卫厅设置法、自卫队法都违反《日本国宪法》第 9 条第 2 款,是无效的。本件解除保护林的处分缺乏森林法所说的"公益上的理由",是违法的,应予以取消。

由于本判决是日本历史上第一次,也是唯一的一次作出自卫队违宪的判决,因此,在日本评价很高。在该判决作出几天之后,被告农林省向札幌高等法院提起控诉。二审札幌高等法院没有就自卫队是否符合宪法问题进行事实审理,就在 1976 年 8 月作出判决,取消了一审判决,驳回了原告的诉讼。[①]二审法院在承认原告适格的同时,不承认以和平生存权为理由所主张的法益,并认为具体代替设施的存在使原告的诉讼利益丧失。对自卫队是否符合宪法问题,只是在旁论中进行了分析,认为:自卫队的存在是否符合宪法,属于"具有高度政治性的问题",除非明显的违宪、违法,都不属于司法审查的范围。对判决不服的原告又上诉到最高法院,最高法院没有触及宪法问题,在

[①] [日]札幌高判昭和 51 年(1976 年)8 月 5 日,载《判例时报》第 821 号,第 21 页。

1982年作出了支持二审的判决结论。①

"长沼诉讼"在日本国宪法史上具有比较特殊的意义。对于自卫队的存在是否符合宪法这一问题，日本朝野上下长期处于激烈的争论状态，而法院长期以来也一直回避对这一问题的宪法判断。"福岛判决"可以说是日本反对再军备的进步力量的一次公开表达。正如有学者所说，"它给了日本政府对再军备、加强军事力量政策一次反省的机会"。② 但是，由于日本右翼势力的不断增强，在"福岛判决"此后，日本国会成立了"法官追诉委员会"，以福岛法官加入"日本青年法律家协会"、该协会为政治团体，从而违反了限制法官加入政治团体的规定等为理由，试图对福岛法官进行追诉，只是迫于反对呼声，又改为缓期追诉，后不了了之。这反映了日本司法反动化倾向的加强。而在案件上诉到札幌高等法院之后，握有司法行政权的最高法院又迅速更换了该高等法院负责案件的法官，结果使二审作出了与一审完全不同的判决。

在"长沼判决"此后，虽然日本学界仍存在自卫队违宪的论点，但日本朝野大多数实际已经默认了《日本国宪法》第9条内容的实质变化。③ 此后争论的焦点也转向了自卫队的核武装、海外派兵、输出武器、引入征兵制等具体的"自卫战力"问题。

与上述事件不同，"百里基地诉讼"④ 主要涉及《日本国宪法》第9条与私法的问题。该事件起因于自卫队百里基地买用耕地的民事诉讼。双方争论的宪法焦点是：本件买卖合同是否相当于《日本国宪法》第98条第1款的"关于国务的其他行为"，并违反《日本国宪法》第9条无效；如把本合同视作私人间私法上的行为，是否可以直接认为违反宪法无效。

对此，最高法院判决认为：

"关于国务的其他行为"，是与同条列举的法律、命令、诏敕具有同一性

---

① [日] 最判昭和57年（1982年）9月9日，载《民事审判集》第36卷第9号，第1679页。
② [日] 浦田贤治：《和平的生存权与自卫队》，载《宪法基本判例（第二版）》，有斐阁1996年版，第182页。
③ [日] 高野真澄：《现代日本的宪法问题》，有信堂1988年版，第66—67页。
④ [日] 最判平成元年（1989年）6月20日，载《民事审判集》第43卷第6号，第385页。

质的国家行为,换句话说,意味着行使公权力确立法律规范的国家行为,……在与私人对等情况下行使的国家行为,没有伴随上述法规范的确立,因此,不属于"关于国务的其他行为"。

《日本国宪法》第9条作为宪法规范的性质,其目的不是对私法的行为效力进行直接限制,与关于人权的规定一样,不能直接适用于私法行为。当国家不是作为行政主体,而是站在与私人对等的立场上,与私人之间签订私法上的合同,从该合同订立的经过及内容上看,不存在公权力的发动问题,则不能直接适用《日本国宪法》第9条。

该判决涉及自卫队的合宪性问题,但与"惠庭事件""长沼事件"不同,该事件主要针对买卖合同这一国家的私法行为。对于《日本国宪法》第98条第1款的规定,最高法院认为只限于国家的公权行为,国家的私法行为应该除外。对此,虽有支持的观点,但更多的是批评意见。批评者认为:宪法的拘束力应及于国家的私法行为,考虑到具体情况,可以对拘束力设定一个差别。而对《日本国宪法》第9条的直接适用一般予以否认。[①]

进入21世纪后,围绕日本海外派兵的名古屋高等法院判决具有一定的代表性。

2003年3月,美国以伊拉克开发大量破坏性核武器为借口发动了伊拉克战争,为了支援美国的作战,日本政府在同年7月制定了《伊拉克特别措施法》,以该法为基础,从同年12月开始向伊拉克及相关地区派遣了自卫队。对此,在日本国内多地就基于《伊拉克特别措施法》派遣自卫队到海外违反《日本国宪法》第9条提起了诉讼,全国加入原告的人数达到5800余人,合计形成了800人的律师团。此后,从2004年2月开始,在"名古屋诉讼"中,原日本驻黎巴嫩大使等原告向名古屋地方法院提出了:确认海外派遣自卫队违宪、停止派遣和对侵害原告和平生存权给予各1万日元损害赔偿的诉讼请求。一审名古屋地方法院以确认违宪和停止派遣之诉不合法为由驳回了该诉讼。作为上诉审的名古屋高等法院于2008年4月17日作出了上诉人

---

① [日]浦田一郎:"宪法第9条与国家的私法行为",载《宪法判例百选(第三版)》,jurist专刊第130号,1994年版,第361页。

(一审原告)败诉的判决。但是,二审名古屋高等法院在判决中认为:航空自卫队在伊拉克的航空运输活动违反了《伊拉克特别措施法》第2条第2款禁止武力行使和该条第3款活动地区限制在非战斗区域的规定,同时,含有违反《日本国宪法》第9条第1款的活动。虽然该判决最后没有承认因本次派遣侵害了作为上诉人具体权利的和平生存权、最终导出了驳回诉讼的结论,但因为承认了自卫队向伊拉克派遣活动的违宪性以及承认了作为和平生存权的具体权利性,在日本国内被看作"划时代的判决"。而日本政府因为胜诉也没有再上诉,从而使该判决成为确定判决。①

---

① [日] 辻村良子:《比较中的修宪》,岩波新书2014年版,第154页。

Chapter 3 第三章

21世纪的日本修宪风云

第一节 日本政府主导的修宪活动

一、进入21世纪后日本修宪的主要动向及特点

（一）众参两院"宪法调查会"的设立

20世纪60年代后期开始，是日本修宪逐渐进入低潮后的30年，此时，日本经济高度成长，出现了"一亿总中流化"的情况，在国际社会的存在感不断增强。其间，劳动基本权的行使状况、女性进入社会的比例都在逐渐好转。在维持《日本国宪法》第9条的同时，日本政府强化了自卫队，加强了与美国军事力量的结合。进入20世纪90年代后，随着日本泡沫经济的破裂，经济开始停滞不前，自民党的长期执政地位也开始动摇。与此同时，随着苏联的解体，美国一极独大的趋势更加明显。以强化日美同盟为契机，谋求政治、军事大国化成为日本政府的目标。特别是"9·11"事件爆发后，日本国会于2001年10月29日通过《恐怖对策特别措施法》。2003年伊拉克战争爆发后，日美同盟进入了新的阶段。恐怖事件的频发以及日美同盟的强化对日本修宪提供了新的契机。为此，在小泉内阁时期，日本修改和平宪法的暗流逐渐走向明面。

早在1999年，日本国会通过了对《国会法》的修改，决定

在众参两院分别设立"宪法调查会"。两院宪法调查会的任务是对现行宪法进行广泛而综合的调查,并提出修改宪法意见。这表明随着修宪运动的发展,宪法调查会逐渐由自民党调查会到内阁调查会再到参众两院调查会,修宪问题逐步地上升为国会意志。而在具有修改宪法提议权的国会首次设立宪法调查会,使得宪法调查会的任务不仅仅是"报告"了,且多了提出修改意见的权利。

"宪法调查会"于2000年1月开始活动,不仅是在国会之中,与此同时,国会还派人在中央、地方举行公听会,赴海外进行调查等活动。2002年11月,众议院宪法调查会提交了《众议院宪法调查会中间报告书》,提出了各方有关修宪的不同意见,但没有明确的结论。2005年4月,众参两院宪法调查会关于宪法修改多数意见的报告相继出台——《众议院宪法调查会报告》和《最终报告书》,这标志着修宪运动进入了一个新阶段。

在调查过程中,众议院宪法调查会进行了为期五年的广泛调查,包括在全国九个地方实施地方听证会、为期五天的中央听证会、先后五次对28个国家和国际组织进行的海外调查。2002年4月15日,《众议院宪法调查会报告》出台。报告的多数意见认为应该坚持《日本国宪法》第9条第1款规定的"放弃战争"条款,但主张修改《日本国宪法》第9条第2款"不保持军队"的规定。其中提出了修改《日本国宪法》第9条的具体意见:承认自卫队和自卫权的存在,允许自卫队参加国际合作活动,允许自卫队在海外行使武力,行使集体自卫权,强化日美同盟。但"报告书"在是否可以行使集体自卫权以及在宪法中增加参与国际合作的规定上没有形成统一意见。

2005年4月20日,参议院宪法调查会在自民党、民主党和公明党赞成,共产党和社民党反对的情况下,通过了《最终报告书》。多数意见认为应该坚持现行宪法的国民主权、和平主义和尊重基本人权的原则;保持象征天皇制;"坚持国会两院制";允许行使个别自卫权;文官指挥自卫队;有必要保持为了自卫的最小限度的组织。但在关于是否"保持战争力量"和可否行使集体自卫权以及是否在宪法中写明"自卫队存在"和"国际贡献"等问题上还有着明显的分歧。

在两院的"报告书"中,均将焦点放在是否修改和如何修改《日本国宪法》第 9 条第 2 款上。报告中明确了修改《日本国宪法》第 9 条（保持军队、明确自卫队的国际贡献）、"前言"中需要明确日本的文化和传统、在人权部分强化义务规定、通过公共利益强化对人权的制约、修改家族规定、在政治体制中强化行政权、明确国民对宪法的尊重拥护义务等内容。

两院宪法调查会报告书的出台，明确了修改宪法的必要性，结束了日本朝野长期以来关于是否要修改《日本国宪法》的争论，同时也为《国民投票法案》的颁布奠定了基础，同时在事实上进一步推动了日本修宪运动的步伐。从此，修宪运动的焦点由修宪与护宪的论争转变成关于宪法内容的修改，日本开始进入了实质性的修宪阶段。

与"宪法调查会"的审议、调查相呼应，日本明文修宪的活动开始加强。在 2004 年，当时的执政党自民党与作为第一大在野党的民主党竞相公布修宪构想，自民党将构想整理后于 2005 年 11 月 22 日发表其修正案，民主党和公明党也各自出台了《宪法提言》和《论点整理》。修宪一时成为日本国内的热门话题。而作为政治人物个人，中曾根康弘和鸠山由纪夫分别发表了各自的《修宪草案》（2005 年），作为媒体的《读卖新闻》则发表了《修宪 2004 年草案》。

在各种修宪草案中，作为执政党的自民党于 2005 年 11 月 28 日通过的《新宪法草案》最为典型。该草案主要内容包括：（1）删除《日本国宪法》第 9 条第 2 款"不保持陆海空军及其他战争力量，不承认国家的交战权"的规定，而代之以自卫军"作为行使自卫权的组织"，保持存在。"为确保国际和平与安全，自卫军可以参与在国际协调下展开的行动、在紧急事态下维持公共秩序的行动，以及为保卫国民生命或自由的行动。"（2）将"有事法制"列入宪法，提出设立国家紧急事态条款。（3）扩大首相的权力，行政权属于首相，首相为自卫军的最高指挥官，在发生紧急事态时，首相在原则上得到国会的事前允许后，可以发布命令，施行指挥。

其中最主要的是对于《日本国宪法》第 9 条和平条款的修改。草案虽保持了"放弃战争"的条款，却将自卫队更名为"自卫军"，由只具有防御自卫权的自卫队升格为拥有战争权的军队。这在一定程度上反映了修宪派的真正意图。自卫军的指挥权专属首相，使首相成为实际上的最高指挥官，让自卫队成了真正意义上的国家军队。将有事法制引入宪法，并且赋予了自卫军可以参与的军事行动,进一步完善了战时法制,这实际上使"放弃战争"徒有虚名。简化了修宪程序是草案的其中一项重要内容,草案规定"宪法的修改必须经各议院全体议员一半以上赞成,由国会提议,向国民提出,得其承认",将国会向国民提出投票表决的条件由参众各议院全体议员 2/3 以上赞成改为过半数赞成,企图通过操纵国会以修改宪法。

与上述政界的修宪活动相关联,在经济界,活动也开始频繁。从 2003 年到 2005 年发表的关于修宪报告书或提言有:经济同友会的《宪法问题调查会意见书》、日本东京工商会议所和宪法问题恳谈会的《修宪意见＝中间总结》、日本经济团体联合会的《基本问题的思考:日本未来的展望》、关西经济同友会的《新世纪的日本安全保障》、日本工商会议所的《宪法问题恳谈会报告书:关于修宪的意见》等。

但当时关于修宪的要点和思路还存在很多争论,如在自民党内部,存在强调"不是复古的(回到第二次世界大战前)而是彻底面向未来的姿态"的观点,因此,其立场应该是"在正视历史的基础上,反省其坏的一面,将好的一面传至后世"(自民党宪法调查会宪法修改起草委员会提出的"为了'大家都满意'的'共存宪法'为目标"。2004 年 11 月 17 日的文书,但同年 12 月 4 日撤回)。①

在第二次小泉内阁和第一次安倍内阁时期,先后发表了明确记载保持军队的 2005 年 11 月自民党《新宪法草案》、制定了 2007 年 5 月的《修宪国民投票法》,从而开启了明文修宪的道路。但由于 2007 年 7 月参议院选举中自民党的惨败,安倍被迫辞去首相,随着 2009 年 8 月民主党政权的建立,修宪议论一时低迷。2007 年 3 月的调查结果显示,同意修宪的为 46%,不同意的 39%,赞成者与 2006 年相比下降了 9%,连续三年减少。②

(二)"作为脱离战后政治"的安倍派修宪论的出现

经过两大政党协商进行修宪这一可以预测的修宪方向,以 2006 年成立的第一次安倍政权"在我的内阁内"开始着手修宪为契机,而走到尽头。有观

---

① [日]爱敬浩二:"检证'修宪实态'",载《法学论坛》,2007 年第 10 期。
② [日]《读卖新闻》,2007 年 4 月 5 日朝刊。

点认为：《修宪投票程序法》（2007年）制定的经过使两大政党事实上通过协商修宪的方向戛然而止。此后，随着参议院选举实现执政党与在野党在参议院的逆转，2009年众议院选举的结果实现了两党的政权交替，在两大党激烈的对抗中，修宪问题从政治的表面一时后退。成为在野党的自民党开始重新自己起草"修宪草案"，并于2012年4月公布。

在2012年众议院总选举之前，自民党作为在野党的选举策略，强烈支持安倍"脱离战后政治"的修宪观点。而前东京都知事石原慎太郎更是辞去任期未过半的知事，以回归国政为目标，对现行宪法进行攻击，并高喊"宪法荒谬"。因此，修宪问题成为选举战的焦点之一而受到注目。作为2012年12月众议院的选举结果，获得大量议席的自民党和公明党建立了联合政权，并以经济政策作为执政重心，但明里暗里安倍首相本身时时不忘提及修宪问题。

与此同时，自2011年9月民主党野田内阁诞生后，同年10月，《修宪国民投票法》规定的"两院宪法审查会"开始活动，随着2012年12月总选举后自民党重新夺取政权，第二次安倍内阁开始，实施明文修宪的方向逐渐明确。除上述自民党修宪草案之外，此时出台的修宪草案还有日本青年会议所的《日本国宪法草案》（2012年10月12日）、《产经新闻》的《国民的宪法》（2013年4月26日）。

（三）当今日本修宪论的特点

纵观当今日本的修宪动向，主要有以下三大特点。

第一个特点是，明文修宪实现的可能性（或说危险性）进一步提高。在目前以"保守两大政党制"为目的的小选举区为中心的选举体制之下，作为担纲第二次世界大战后日本"护宪势力"的政党（社会民主党与共产党）议席大幅减少，与此同时，赞成修宪议员（容忍派）的数量不断增加。在2012年12月的选举后，众议院议员的72%赞成修宪（《每日新闻》的调查），而2014年大选后，赞成修宪的议员增加到80%以上。

第二个特点是，作为应对国内外形势的对策，以东北地区地震为契机的"搭乘赈灾便车修宪论"开始出现。2011年3月11日，日本发生9.0级地震，引发大规模海啸，造成重大人员伤亡，并引发日本福岛第一核电站发生核泄漏事故。当时的日本政府派出 10.7 万余名自卫队成员参与救灾行动。在这次救灾中日本的陆海空三军协作统一行动，与美军设立共同调整所，及时进行救援，从而使灾害程度降至最低。这充分显示了日本自卫队的实力，并与 1995 年阪神地震自卫队救援不力的情况形成了鲜明对比。《读卖新闻》在大力赞扬自卫队出色表现的同时，亦提出自卫队有"不足之处"，要进一步强化自卫队的应急能力。借此机会，修宪派重提修宪论调。

此后又相继出现以领土问题、朝鲜问题为背景的修宪论。前者强调"紧急事态法"的制定，后者强调对《日本国宪法》第 9 条的修改。

第三个特点是，出现了许多媒体狂热支持自民党修宪的情况。特别是安倍上台后不断打压反对其修宪的"左"翼媒体，从而使支持修宪的媒体不断增多。

另外，无论 2012 年年末的众议院大选、2013 年夏的参议院大选，甚至 2014 年年末安倍解散众议院重新举行的大选，自民党与其联合执政的公明党议员已超过修宪提议条件的 2/3。这是非常值得注意的现象。

在今天日本国内的各种修宪论调中，最具有迷惑性的是：使"不符合现实"的宪法更符合现实的"现实主义修宪论"和通过国民投票重新选择民主和平主义以及基本人权原则的所谓"民主主义修宪论"。这两种理论都否定长期以来的"解释修宪"而选择"明文修宪"，其讨论的基础均为"解释修宪最有害论"，特别是一些国际法、国际关系研究者，他们支持日本参加关于"国际安全保障活动"的军事行动、积极推进行使集体自卫权，并自称自己的观点为"护宪的修宪论"。

持上述观点的人的目的在于，尽量避免与"二战"体验很深的反对修改《日本国宪法》第 9 条论者对抗，以免陷入"护宪派对修宪派"的直接对抗中，从而获得从现实出发者的支持。

二、《修宪国民投票法》的制定及其分析

1946 年制定的《日本国宪法》对修改程序作了严格的规定，因此，在第二次世界大战后很长的时期内修宪势力试图修改宪法的各种图谋都没有得逞。因为《日本国宪法》第 96 条并没有具体规定国民投票的细节，所以要修改

宪法首先需要制定关于国民投票程序的法律。2007年5月，当时的安倍晋三政权不顾在野党的反对，在议会强行通过了《修宪程序法》，从而使宪法的修改成为一个时间问题。与第二次世界大战后日本政府主导的前两次修宪活动相比，该次宪法修改在各个方面都表现了不同的特点。面对执政的自民党一意孤行的制定修宪程序法，以日本共产党为首的"左"翼政党则进行了激烈的反对。

（一）《修宪国民投票法》的制定

关于国民投票法的制定，长期以来并没有被提上日程，自2001年由"超党派宪法调查推进议员联盟"发表《修改日本国宪法国民投票法案》，批评不存在国民投票法是"立法的不作为"，此后，围绕制定国民投票法的议论开始高涨，由于出现了执政的自民党和公明党方案与在野的民主党方案的对立，加之没有制定必要的意见也非常有力，使草案的出台陷入了停滞状态。

2005年年末，事情出现了转机，在所谓"邮政选举"此后，自民、民主、公明三党之间就共同提出法案达成了一致意见，从而使立法活动开始加快。在2006年的一般国会中，虽然执政党和在野的民主党分别提出了自己的法案，但此后三方就法案内容进行了调整，使两法案在结构和内容上大体一致，经此后临时国会审议，双方几乎达成了"事实上的修改合意"。但是，2007年年初，情况发生了变化，由于2006年9月上台的安倍晋三首相表明了在任期中实现修宪和宪法是参议院选举的焦点的态度，民主党采取了对抗姿势，共同提出修正案出现了困难。这样，执政党单独提出了修正案，该修正案实际上是以执政党和在野党合意修正案为基础的，2007年5月14日，在《日本国宪法》实施60年后，该草案以执政党强行表决的方式在议会获得了通过，5月18日公布，并定于2010年5月18日实施，法律全名为《关于日本国宪法修改程序的法律》（一般简称《修宪程序法》或《修宪国民投票法》）。当然，《修宪国民投票法》的制定并不表明修宪的国民投票运动自动实行，以制定新宪法相标榜的自民党在2007年7月的参议院选举中大败，参议院席位减少到83个，而在野的民主党则有60人当选，议席达到了109个，民主党成为参议员第一大党，对此，有人认为这是国民对"安倍修宪政权"投的不信任票。① 此后，随着安倍的下台以及政局的不断变化，似乎国民投票运动暂时又离开了政治的主要议题，但无论如何，自 2010 年 5 月 18 日以后，宪法的修改将成为可能。

（二）《修宪国民投票法》的主要内容及其问题

1. 《修宪国民投票法》的主要内容

依据《修宪国民投票法》的规定，修宪的国民投票大体包括以下主要内容。第一，国民投票在国会提出修宪动议之日起 60 日之后到 180 日之内、国会议决的日期举行（第 2 条）；第二，投票权者为 18 岁以上的有权者（第 3 条）；第三，在国会提出修宪动议时，在国会内设立国民投票广报协议会，负责关于国民投票的广告事宜（第 12 条以下）；第四，户外张贴广告和入室访问原则上予以承认，但投票日的 2 日前禁止播放广告（第 105 条）；第五，禁止管理投票事务的部分公务人员参加"国民投票运动"（第 101 条）；第六，禁止教育者、公务员等利用其地位的国民投票运动；第七，政党或政党指名的团体可以在媒体做免费广告（第 106 条）。除此之外，法律还对一人一票的原则、投票用纸、投开票的情况进行了规定，并规定赞成票超过投票总数 1/2 时，被认为是国民承认了修改宪法。

2. 《修宪国民投票法》的问题

上述国民投票法存在许多问题：（1）缺乏最低投票率的规定。依据《日本国宪法》第 96 条的规定，宪法的修改需要国会提议，国民只是对国会提议的草案表示同意与否，因此，国民对修宪案的赞成具有作为主权者的国民表明其真正意思的实质，这就需要一项能充分保障这一权利的投票体制。但是，国民投票法在规定"国民过半数赞成"的基础数字是"有效投票总数"时，却没有设立国民投票成立的必要的最低投票率（或投票数），这样，就会出现即使国民中极少数人赞成修宪也会成功的情况。②（2）国会提议至投票期间的时间规定太短。在修宪过程中，每一个国民必须获得信息并充分议论然后才能形成自己的意思，从提议到投票需要多长时间很难有定论，一般宪法

---

① ［日］爱敬浩二："检证'修宪实态'"，载《法学论坛》，2007 年第 10 期。
② ［日］小泽隆一编：《焦点宪法》，法律文化社 2008 年版，第 240 页。

学说认为，为了避免投票者获得信息不充分出现欠考虑或情绪化的投票风险，至少需要两年以上的时间。[1] 如果考虑到变化的政治形势以及操作信息的危险性，相当程度的期间规定是非常必要的，但是国民投票法却规定了"60日以后180日以内"这一比较短的期间，不能不说有一定的问题。（3）对国民投票运动的限制。《修宪国民投票法》第103条禁止公务员和教师利用其地位影响投票运动，这实际是模仿《公职选举法》的规定，虽然该法没有设立罚则，但又可能把违反行为看作违法行为。在这里很多概念是非常模糊的，如"影响力"，一般来说，获得地方居民、学生、毕业生信任的公务员和教师非常多，像反对修宪那样大规模的运动自不必说，但一般的"度"则很难把握，因此，有学者认为：草根运动的原动力正是人与人之间的信任关系，国民投票法却对此保持高度的警惕。[2] 除上述各点之外，该法还存在其他一些问题，如"多数人收买及利害诱导罪"规定得暧昧；只有政党及其指定的团体可以获得公费支持的表达意见广告的支持措施等。

从以上分析可见，《修宪国民投票法》实际表现了对每一个国民为主体的草根运动的敌视，从而使国民成为修宪的"客体"，也不希望国民对宪法进行议论，国民只要从政党和媒体获得信息然后投票就可以了，因此，如果是以这样的程序修改宪法，就会出现一个根本不代表国民意愿的宪法。

第二节 《修宪国民投票法》重要条文解读

一、关于"国民投票宣传协调会"

（一）概述

依据修改后的《国会法》，在提议修改宪法时，为了对国民广泛宣传宪法修正案，国会需要设立"国民投票宣传协调会"，其成员由议会议员组成

---

[1] ［日］松井茂记：《二重基准论》，有斐阁1994年版，第306页。
[2] ［日］奥野恒久："修宪国民投票法与民主主义"，载《法学论坛》2007年第10期。

(《国会法》第102条之11）。依据《修宪国民投票法》第14条的规定，该协调会的主要任务是：制作宪法修正案的要点和国民投票公报宣传品；负责在报纸、电视上进行宣传和其他关于宪法修正案的宣传工作。可见，协调会是一个广泛管理国民投票的机关。

当然，关于国民投票的意见开始是不确定的，毋宁说，自国会提议到投票日期间，国民通过接触到的各种信息，经过辩论和思考形成自己的意见，因此，在国民投票时，除了需要确保国民自由的言论活动外，还需要向国民提供必要的正确信息，在这一含义上来说，作为管理国民投票宣传的机关，国民投票宣传协调会承担着重要的任务。从这一角度说，关于国民投票的宣传，对于赞成或反对修宪的意见应该保持中立。但是，因为协调会设立在议会中，议会既是宪法修正案的起草机关，又是向国民提议的机关，国民投票正是国民对于国会提出的宪法修正案表达赞成与否意见的活动，因此，国会很难在国民投票中成为真正中立的机关。[1]

《修宪国民投票法》也规定，协调会在执行任务时，"必须客观、中立"，"公正且平等地对待"对修宪的赞成或反对意见（第14条第2款），当然，能否真正中立需要拭目以待。

以下就协调会委员的组织和协调会进行宣传广播中政党的意见广告条款进行解读。

（二）相关条款解说

1.《修宪国民投票法》第12条第3款（协调会的组织）

（1）条款：（协调会）委员，依据各院各派别议员数量比例，在各派之间按比例选派。但是，在按比例选任时，如果出现在修宪提议议决时投反对票的议员派别不选派委员的情况，各议院尽量考虑该派别的利益按比例选出委员。

（2）解读：依据该条第2款，协调会的委员数量各议院分别为10人，第3款是按比例分配的规定。据此，确定了在各派别议员中按比例分配的原则。这一规定是模仿《国会法》关于国会常任委员的选派办法。但是，因为国会

---

[1] ［日］井口秀作："国民投票宣传协调会"，载《法学论坛》2007年第10期。

的提议方式是两院各自议员 2/3 以上赞成，而协调会委员按各派别议员比例分割，会造成赞成修宪提议委员占压倒多数的情况。因此，国民投票宣传要求的中立性和公正性是令人怀疑的。另外，依据各派别议员比例分配委员时，可能会出现反对修宪提议派别不选派委员的情况，此时，虽然规定了"尽量照顾"原则，但"尽量照顾"并不能保证选派。换句话说，即使因该种照顾选出了反对修宪提议的委员，但因为委员的压倒多数是赞成修宪的，根本不能解决实际问题。实际上，无论修宪提案获得多大多数的赞成，都还需要另外的国民投票来赞成，这是《日本国宪法》第 96 条的规定，因此，如果在国会议员全体一致赞成修宪提议，管理国民投票的协议会成员是否赞成修宪没有多大关系。因此，规定协调会委员必须是国会议员有些多此一举。

2.《修宪国民投票法》第 106 条（国民投票宣传协调会及政党的宣传）

（1）条款：①国民投票宣传协调会……利用电台广播或电视广播的广播设施，进行修宪宣传的播报；②前款的播报，由国民投票宣传协调会的修宪草案及其要点、其他应参考事项的海报及对修宪草案赞成的政党及反对政党等提出的意见广告组成；……④在第 1 款的播报中，依据两议院议长的协调规定，对政党关于修宪草案赞成或反对的意见可以免费播报；……⑥关于第 1 款的播报，对修宪草案赞成的政党及反对政党双方必须提供同样的时间和同等时段等同等的便利；⑦在第 1 款的播报中，可以进行意见播报的政党，依据两院议长的协议规定，该播报的部分内容可以由其指派的团体进行。

（2）解读：协调会的工作之一是为宣传修宪草案进行的广播，第 4 款规定了免费对各政党（要求该党派必须在国会中有 1 人以上的议员）的观点进行广播，而不管该政党是赞成还是反对修宪。该政党的免费意见广告可以认为对国民投票时的意见形成有一定的帮助。当然，第 6 款进一步规定了该协助措施必须对赞成和反对意见均等，但是，由于广播内容不同意见外，还包括对修宪草案的宣传，因此，实际上，对赞成意见明显有利。另外，因为国民投票的主体是国民，而该协助对象限定于政党明显缺乏理由，所以在第 7 款又规定政党可以将部分广播委托其指派的团体进行。

二、关于国民投票运动

（一）概述

《修宪国民投票法》第 101 条第 1 款对修宪国民投票运动的定义是：对修宪草案进行赞成或反对的投票以及劝导不进行投票的行为。应该与一般政治活动区别开的是，该活动的对象是修宪草案，且设置了劝导条件，试图画出一条界线。在该范围之内，本法以确保国民投票运动的公正为目的而进行限制。首先，关于活动主体的禁止包括：在职期间和相关区域内的投票活动相关人员进行的国民投票运动（《修宪国民投票法》第 101 条）、中央选举管理会的委员和特定公务员在职期间的相同活动（《修宪国民投票法》第 102 条）、国家和地方公共团体的一般公务员和教育工作者利用各自地位进行的活动（《修宪国民投票法》第 103 条）。其次，关于对国民投票运动存在重大影响的广播，一方面，从投票日开始的 14 天前，禁止播报广告（《修宪国民投票法》第 105 条）；另一方面，关于国民投票的广播，还需要符合《广播法》关于节目编辑的准则（《修宪国民投票法》第 104 条）。

（二）相关条款解说

1. 《修宪国民投票法》第 103 条（公务员及教育工作者利用其地位阻碍国民投票活动）

（1）条款：①国家或地方公共团体的公务员或特定独立行政法人及特定地方独立行政法人的工作人员、《公职选举法》第 136 条之 2 第 1 款第 2 号规定的公库工作人员，利用其特殊地位对国民投票活动造成一定影响或提供方便之可能时，不得从事国民投票活动。②教育工作者因其对学生、儿童教育上的地位对国民投票活动造成一定影响或提供方便之可能时，不得从事国民投票活动。

（2）解说：本条主要是禁止一般公务员和教育工作者利用其地位影响国民投票运动。问题是"利用其地位"的判断问题。除了明显的事例之外，何种国民投票活动符合这一情况，最终需要具体问题具体分析。但是，这有可能造成在工作时间之外公务员表明其立场的国民投票活动也被禁止。关于教育工作者，对与成绩评价相关的投票劝导或在工作时间之外，如在学区内明确教员立场的劝导行为等，都有可能被禁止。另外，虽然教师在课堂上就修宪草案表明意见原则上不属于禁止的对象，但依据具体情况是否有可能被判断为利用其地位进行的国民投票活动，规定并不明确。

当然，考虑到公务员和教育工作者的表现自由问题，对违反本条的行为并没有规定罚则。但无论如何，作为一种违法行为，这属于惩戒的对象。特别是对公务员，如果被认为是丧失信用的行为，会成为惩戒等行政处分的对象（教育同样），甚至可能上升为滥用职权罪（《刑法》第193条）而受到处罚。另外，如果属于公务员滥用职权妨碍国民投票自由时，本法设立了罚则（《修宪国民投票法》第111条）。

2.《修宪国民投票法》第104条（关于国民投票广播的注意事项）

（1）条款：一般广播机构、有线电视台、有线电台的从业者以及其他相关播报机构从业者，在从事关于国民投票的广播时，必须注意《广播法》第3条之2第1款的规定宗旨。

（2）解说：依据日本《广播法》第3条之2第1款的规定："从事广播事业者，在国内从事广播节目编辑之时，必须符合下列规定：①不可损害公平及善良风俗；②政治上公平；③在报道中不得歪曲事实；④对于存在不同意见的问题，尽量从多角度阐明观点。"在当初的草案中，曾规定禁止媒体对国民投票进行虚假报道，但在正式条款中，改为"必须注意《广播法》第3条之2第1款的规定宗旨"，实际上并没有对国民投票的报道进行特别限制。

3.《修宪国民投票法》第105条（为了国民投票运动顺利进行，在投票前对广告播报的限制）

（1）条款：自国民投票开始14日之前到国民投票之日，除下条规定情况之外，任何人不得利用一般广播设施播报或使之播报为了国民投票运动的广告。

（2）解说：本条限于广播（电视台、电台），禁止在投票日期14日前开始播报关于国民投票运动意见的广告。

首先，限制的对象限定在播报意见广告，因此，印刷品或互联网上的意间广告原则上是自由的。作为设定该差异的理由，一般认为，与其他媒体相比较，广播的社会影响力更大。

其次，禁止的期限是"自国民投票开始14日之前到国民投票之日"。其理由是：第一，排除在投票日临近时诉诸感情的舆论，确保对修宪草案的深思熟虑机会。但是，与从修宪提议之日开始到国民投票日期之间，规定时间是在60日之后180日之内相比，仅在国民投票开始14日之前禁止播报意见广告，对照上述宗旨，是否有效值得怀疑。第二，考虑到投票日临近之前如果承认广告则没有充分的给予反击意见的机会，也存在规避这一事态的意图。[1]

最后，本条试图限制的当然是为了国民投票运动的意见广告，而对于一般的有关政治活动及表现意见则不在禁止范围之内。但是，因为关于国民投票运动定义的模糊性，哪些是应该限制的意见广告以及应该由谁来判断，是一个值得思考的问题。另外，需要说明的是，对违反本条的行为，该法没有设定罚则。

三、提议方式、投票方式和承认条件

(一) 概述

1. 提议方式、投票方式和承认条件的重要性

《修宪国民投票法》是基于《日本国宪法》第96条第1款制定的关于修宪程序的法律，具体来说，主要规定以下三方面内容：(1) 关于国民投票运动规则等实施国民投票的程序；(2) 关于修宪提议的程序；(3) 关于国民对投票的承认。

所谓修宪，是具有修宪权的人（作为主权者的国民），作为主权行使的一环，决定人权保障的理想方式和政治体制运作方式的重要行为。因此，在进行修宪国民投票的体制设计之时，一方面要保障国民获得修宪的充分信息和思考机会，另一方面要实现通过投票充分反映国民意思的机制。从这一角度说，提议方式、投票方式和承认条件属于《修宪国民投票法》的核心内

---

[1] [日] 西土彰一郎："国民投票运动"，载《法学论坛》2007年第10期。

容，其体制设计需要慎重考虑。

2. 国会提议与修宪草案的"内容关联事项区分方式"

《日本国宪法》第 96 条第 1 款规定了对宪法的严格修改程序，即"本宪法的修订，须经各议院全体议员三分之二以上赞成，由国会提议，向国民提出，并得其承认。此种承认须在特别国民投票或国会规定选举时进行的投票中获半数以上赞成"。依据该条款，作为宪法的修改的前提是"国会提议"。所谓国会提议意味着国会决定将宪法修正案付诸国民投票，因此，它在修宪程序中具有特别重要的含义。因此，为了使在提议之前完成的修宪草案内容让国民充分理解，修正案有哪些内容、如何进行修改必须予以明确。

关于《修宪国民投票法》的提议方式，依据该法第 151 条对《国会法》的相关条款进行了修改，采用了"内容关联事项区分方式"。在本条的立法过程中，与投票方式问题相关联，产生了是采用对包括多数条文的修正案一起投票的"连带投票方式"还是采用对每个条文修正案进行单独投票的"个别投票方式"之争论，最终采用了折中的中间方式，即采用区分内容关联事项进行投票的"内容关联事项区分方式"。

3. 投票方式与"国民承认"的要件

为了通过国民投票正确、公平地反映国民对修宪的意思，理想的投票方式和如何理解基于《日本国宪法》第 96 条第 1 款规定通过国民投票获得"过半数国民赞成"的承认条件是关键问题。

关于投票方式，依据《修宪国民投票法》第 57 条，对宪法修正案的赞成与否，采用了对在投票用纸上印刷的赞成、反对记号画圈的方式，但这种方式需要排除空白票和无效票，这样部分国民的意思未必能得到正确、公平的反映。

关于国民承认的条件，《修宪国民投票法》第 126 条第 1 款规定了以"投票总数的过半数"为修改宪法的成立要件。在立法过程中，关于"过半数"的分母是有权者总数还是投票者总数亦或是有效投票总数产生了很大的争论。另外，该法没有规定最低投票率，这意味着，无论投票率多低，即使少数人赞成，修宪也可能成功。这非常不利于宪法的正当性和稳定性。

（二）相关条款解说

1.《国会法》第 68 条之 3

（1）条款：在前条规定的修宪原案提议之时，必须就每一内容关联事项区分进行。

（2）解说：本条是《日本国宪法》第 96 条第 1 款关于"国会提议"具体化的条文。

这里需要注意的是，本条款所谓"修宪原案的提议"是指该条第 2 款"议员提出日本国宪法修改草案的原案"的"提议"。因为本条采取的"修宪原案"提议方式，即内容关联事项区分方式，基于《日本国宪法》第 96 条第 1 款的宪法修改草案的国会提议也采取同样的方式。但是，这一内容关联区分方式也存在一些问题，即以什么内容关联，其标准不明确并且是相对的。如《日本国宪法》第 9 条的修改和环境权的新设，在内容上没有关联性是可以区分的，但是，环境权条款与隐私权条款的新设，在新的权利创设这一点上具有关联性，关于其判断则会出现意见分歧。假设在隐私权保障条款出现试图限制报道自由的内容，则会出现反对意见，即乍一看具有关联性，但在出现其性质上需要对不同价值进行判断之时，"内容关联事项区分"的模糊性就会成为问题。

上述问题即使在一些内容具有关联性的个别条文修改中也会产生，例如，在《日本国宪法》第 9 条修改时，国防军的创设与集体自卫权的承认条款设置之时，因为自卫权包括个别自卫权和集体自卫权两种情况，赞成建立国防军但反对集体自卫权的人并不在少数，因此，对同一条款的修改草案，存在两种互相对立的情况。

因为修宪草案仅限国会提议，所以是否属于内容上的关联事项，是由国会在提议之前决定的事情，但是，国民在对修宪草案投票中进行是否赞成的价值判断之时，需要明确的理解哪些部分需要进行怎样的修改并进行判断，因此，有日本学者认为：作为提议方式，原则上应该采取"个别事项投票方式"，只有在多个条文不合在一起讨论缺乏整合性的特别情况之下，才采取"内容关联事项区分方式"。并且，在"个别事项投票方式"中，如果出现同一条款内部存在不同的价值判断之时，国会应该充分听取民意，在充分酝酿的基础上，进行修宪草案的提议。

正是考虑到以上情况，参议院的"关于日本国宪法调查特别委员会"在采决《关于日本国宪法修改程序法律案的附带决议》时（2007年5月11日），作为18条款之一，增加了"在修宪原案提议之时，关于内容关联性的判断，在争取判断标准的明确的同时，需要征求外部有识者的意见，进行适当和慎重的判断"。

2.《修宪国民投票法》第57条（投票的记载事项及投函）

（1）条款：①投票人在投票场所，对修宪草案赞成之时，将投票用纸上印刷的"赞成"文字圈起来做上〇的记号；对修宪草案反对之时，将投票用纸上印刷的"反对"文字圈起来做上〇的记号，并将票投入投票箱。②投票用纸不得记载投票人的姓名。

（2）解说：本条是关于投票方式的条文。《日本国宪法》第96条第1款对"特别国民投票或国会规定选举中进行的国民投票"，提出了国民过半数承认作为修改的要件。关于国民投票中的投票方式，因采取不同的国民赞成与否的表达方式以及对待空白票或无效票的方式，可能会对投票结果产生很大的影响。因此，关于投票方式的体制设计，为了正确表达国民的意思，必须慎重考虑。

作为投票方式，主要有以下四种：①只对赞成做〇的记号（空白票即视为反对票）；②只对反对做×的记号（空白票视为赞成票）；③赞成者做〇的记号，反对者做×的记号；④设立赞成栏和反对栏，赞成者在赞成栏、反对者在反对栏各自做〇记号。

当初执政党自民党草案采取的是赞成者做〇的记号，反对者做×的记号，空白票无效，即第③种方式。而在野的民主党则主张只对赞成做〇的记号，反对者不做记号，即第①种方式。而最后的结果实际是采用了第④种方式。

关于投票的效力，本法第81条规定："在听取到场开票人意见后，必须由开票管理者决定。在决定之时，与次条2号的规定无关，对在投票用纸上印刷的反对一词作出×的记号、以双横线及其他记号划掉的投票作为赞成票，对在投票用纸上印刷的赞成一词作出×的记号、以双横线及其他记号划掉的投票作为反对票,都属于有效票。只要不违反次条之规定,进行投票的投票人的意思非常明确,则该投票必须有效。"体现了对投票者意思的最大限度尊重。另外,除"没有使用规定用纸"的情况之外,对"记载○记号以外事项""没有自书○记号""对赞成与反对词语都划了○记号"或"不能确认是赞成或反对"的情况,视为空白票或不积极表明意见的票,一律无效。同时,依据本条第 2 款的规定,投票人在投票用纸上记载姓名的也视为无效票。

回顾《日本国宪法》第 98 条第 1 款关于宪法最高法规性的规定和第 96 条严格的修宪程序规定可知,《日本国宪法》是一部对修宪非常慎重的硬性宪法。由此出发,《日本国宪法》第 96 条第 1 款规定的"过半数国民承认"的要件,应该理解为"只要不是积极明确地赞成修宪意见的国民达到过半数,就不能修改宪法"。因此,空白票和无效票都视为反对票的上述第①种方式更适当。

3.《修宪国民投票法》第 126 条(国民投票的效果)

(1) 条款:①在国民投票中,对修宪草案赞成票的数量超过《日本国宪法》第 98 条第 2 款规定的投票总数的 1/2 时,则该修宪草案符合《日本国宪法》第 96 条第 1 款规定的国民的承认。②内阁总理大臣依据《日本国宪法》第 98 条第 2 款的规定,在获知对修宪草案的赞成票超过了该款规定的投票总数的 1/2 的消息时,必须立即着手进行该宪法修改的程序。

(2) 解说:本条是对国民投票效果的规定。《日本国宪法》第 96 条第 1 款关于通过国民投票修宪的"国民承认"给出了"国民过半数赞成"这一要件,但是,对于哪一数字为基数的过半数则规定不明确。

考察这一问题的重要角度是,在主权者或具有修宪权者之中,赞成修宪的人占多大比例则承认这一修改。迄今为止日本宪法学界针对这一问题存在以下观点:①有权者总数基准说;②投票总数基准说;③有效投票总数基准说。其中,第③种学说属于流行学说。因为依据第①种学说,所有弃权者都是反对者,这显然不对。依据第②种学说,所有无效投票都归于反对者,显然也不合适。且按①②两种学说,特别是第①种学说,明显增加了过半数赞成的修宪难度。当初执政的自民党主张排除空白票和无效票的第③种学说,民主党主张第②种学说,最后虽然在条文上采纳了民主党的主张,但是,针对"投票总数"的定义，该法第 98 条第 2 款明确规定"对修宪赞成票的数量和反对票的数量之总和"，这实际上还是意味着排除了空白票和无效票的"有效投票总数"。①

但是，如前所述，从《日本国宪法》强调的"最高法规性"和严格的刚性宪法性质来看，以有权者总数为标准比较妥当，或至少应该以真正的投票总数为标准（不应该排除空白票和无效票）。② 另外，如前所述，该法没有规定最低投票率也是一大问题。关于这一问题，在当初的立法过程中虽然存在很大的争论，但是无论是执政的自民党草案还是在野的民主党草案，都以可能导致联合抵制运动为理由，都没有采纳。问题是，对于"国民承认"除了第①种学说"有权者过半数"这一高门槛之外，如果按第②、第③任何一种学说，假设投票率为 50%，则超过有权者数量 25% 即可进行宪法修改。换句话说，如果不采纳最低投票率，即使赞成者很少，也会出现"国民承认"的结果，从而达到修宪的目的。因此，为维护宪法的正当性和稳定性，最低投票率的规定是必须的。也许为此，在参议院的"附带决议"中关于最低投票率问题规定：为了不使因低投票率产生对修改宪法正当性的怀疑，宪法审查会在本法实施之前对最低投票率体制的意义、争论进行研究。但迄今为止没有研究结果。

第三节　修宪议论场所：宪法审查会

一、宪法审查会的建立与运行

进入 21 世纪后，在日本国会中进行修宪讨论的舞台即是众参两院设立的"宪法审查会"。国会议员提出的修改草案需要在此审议，同时，该机构还可以进行与宪法相关的调查，甚至自己也可以提出修改草案。因为修宪成为现

---

① ［日］内藤光博："提议方式、投票方式和承认要件"，载《法学论坛》2007 年第 10 期。
② 近年投票者总数基准说逐渐流行。参见［日］福井康佐：《国民投票法》，信山社 2007 年版，第 239 页。

实中政治课题的可能性提高，其作用也显得非常重要。

宪法审查会是伴随《修宪国民投票法》的制定于2007年分别在众、参两院设立的，众议院的宪法审查会人员包括会长共计50人，参议院的审查会人员包括会长共计45人。成员包括反对修宪的政党成员。

2013年6月，众议院宪法审查会的保利耕辅会长在面对记者问及今后的议论方向时回答：在大家的议论之中可以发现，到底是逐渐坚定修改信心还是不确定，这是一个从纷纷扰扰之中发现什么的地方。[①]

保利耕辅作为自民党的宪法修改推进本部的部长，虽然长期承担修宪的重任，但作为审查会长，需要照顾各党派的立场，发言也显得模棱两可。因为对于涉及修宪这样的重大问题，稍不注意就可能招致政治的对立，从而增加宪法审查会的运作困难。

在实际的运行中，宪法审查会的确受到了政治的影响。2007年5月，虽然《修宪国民投票法》在议会通过，但遭到了最大在野党民主党的激烈反对，当时，由于执政的自民党和公明党强行表决，民主党采取了对决的姿态。由于民主党在2007年的参议院选举中获胜，进而在2009年的众议院选举中获胜并取得政权，宪法审查会一度处于不开会的休眠状态。直到2010年参议院选举民主党失败丧失参议院过半数席位，民主党在国会运行中需要与自民党协调，才承认了宪法审查会的活动。而此时离该会成立已过去4年时间。

二、三项遗留问题

虽然宪法审查会在2010年开始活动，但实现修宪还需要越过三个障碍，此即《修宪国民投票法》"附则"提到的所谓"三项遗留问题"的解决。

所谓"三项遗留问题"是：（1）为实现18岁投票等的法律整顿；（2）关于公务员政治行为的法律整顿；（3）扩大国民投票对象的讨论。其中，（1）和（2）规定在《修宪国民投票法》实施之前（2010年5月18日实施）完成，（3）要求在《修宪国民投票法》实施后尽快得出结论。但是，由于受到参众两院宪法审查会将近四年时间的休眠状态影响，三项遗留问题

[①] ［日］《读卖新闻》政治部：《修宪论争的基础》，中央公论新社1993年版，第222页。

没有一项得到解决。

2012年12月上台的安倍晋三首相多次表达了解决三项遗留问题的意愿。因为三项遗留问题不解决，即使修宪草案在国会提议，也不能进行国民投票。2013年5月1日，安倍晋三首相在访问沙特阿拉伯时，曾对随行的记者团说："《修宪国民投票法》的三项遗留问题尚未在国会进行充分审议，因此现在的主要任务是先解决好这三项遗留问题。"[1]

以下就三项遗留问题进行分析。

(一) 为实现18岁投票等的法律整顿

《修宪国民投票法》"附则"第3条第1款规定："为使年龄满18岁以上未满20岁者能够参加国政选举，需要对规定选举权年龄的《公职选举法》以及规定成年年龄的《民法》等相关法令规定进行讨论，考虑采取必要的法律措施。"

《修宪国民投票法》第3条规定了国民投票的投票年龄为18岁以上。因此，第一项遗留问题是，现行法律规定的年满20岁以上的选举权年龄与成年年龄是否需要与国民投票年龄符合下降为18岁。

纵观世界各国，选举权年龄和成年年龄几乎都规定在18岁以上。但是，在日本，仅修改成人年龄就需要修改100多部法律，对社会的影响很大。如18岁犯罪就要按成人裁判，另外因法律禁止未成年人饮酒与吸烟，成年年龄的下降也会带来一些社会问题。即使在日本政府内也存在意见分歧，如负责公职选举法的总务省主张选举权年龄与成年年龄应该同时下调，但是，与民法相关的法务省则认为成年年龄没有必要与选举年龄同时下调。

(二) 关于公务员政治行为的法律整顿

《修宪国民投票法》"附则"第11条规定："为了撤除禁止公务员在国民投票时就修宪作出的赞成与否的劝说及其他意见表达的限制，对关于规定限制公务员政治行为的《国家公务员法》《地方公务员法》等相关法令必须进行讨论，并采取必要的法律措施。"

---

[1] 同上书，第224页。

《日本国宪法》第 15 条规定，公务员是全体公民的服务者，其政治活动自由必须受到限制。因为如果允许公务员无限制的活动，其行政的中立性就会受到怀疑。因此，日本的《国家公务员法》第 102 条，《地方公务员法》第 36 条都规定了对公务员政治活动的限制。

但是，修宪对国民来说是非常重要的问题，得到公务员工会支持的民主党首先提出了应该在这一问题上承认公务员的政治活动。这成了第二项遗留问题。

（三）国民投票对象的扩大

《修宪国民投票法》"附则"第 12 条规定："对于是否需要修宪的问题以及可以成为修宪对象问题的国民投票体制，其意义及必要性的有无，需要从确保其与日本宪法采用的间接民主制的整合性角度及其他观点进行讨论，采取必要措施。"

该条的实际问题是：在产生可能与修宪相关的问题时，是否导入在修宪提议之前倾听国民意见的"预备国民投票"，这是第三项遗留问题。

依据《日本国宪法》的规定，日本采用了由国会议员代表公民行使国政权的代表民主制（间接民主制），国民投票作为修宪和最高法院法官国民审查等例外的体制而设立。这一问题是参加"修宪国民投票法案"各党审议的民主党要求扩大国民投票的对象，期待民主党对法案合作的自民党让步写入的。本来，民主党主张对国民投票的对象并不限于修宪问题，包括"对脑死亡时的器官移植是否赞成"等与国政相关的案件也列为对象，但有观点认为，该种国民投票在现行宪法修改之前是不可能的。

从各国来看，也有广泛使用国民投票的事例，如英国，自 1970 年以后，凡是重要问题在议会议决之前都进行国民投票，1997 年后，就苏格兰和威尔士的议会设立问题也进行了国民投票，因为获得肯定，所以制定了设立议会的相关法律。

三、"紧急事态"和"新的人权"是否能达成一致

日本众议院的宪法审查会曾在 2013 年 3 月至 2013 年 5 月，对各党派关

于宪法各章的观点进行了整理,各党派各自表明了对各个问题的态度。主张修宪的自民党、日本维新会、大家党三党的观点基本一致,主要包括四个方面:(1)明确天皇的元首化(第一章);(2)明确记载日本作为国家拥有自卫权(第二章);(3)国会提议修宪要件的缓和(第九章);(4)对应紧急事态条款的设立。其中,关于第(4)点,民主党也表达了赞成态度。

公明党提议在宪法中加入环境权等新的人权,自民党、日本维新会、民主党也表达了支持修改的意愿。

可见,紧急事态和新的人权相关条款的设立获得了主要政党的赞成。但是,对于安倍晋三首相虽然表达了修改意愿却引起争论的"修宪提议要件缓和"问题(先修改《日本国宪法》第96条,降低修宪门槛),各党立场出现了微妙的差别。自民党和日本维新会对此表达了赞成的态度,大家党虽然也赞成,但提出了应该以公务员体制改革等行政财政改革为前提条件。对于先行修改第96条的观点,虽然公明党和民主党表达了反对的观点,但公明党的齐藤铁夫干事长(代理宪法调查会长)又说:"除人权、民主、和平主义三原则关联条款之外,缓和三分之二要件存在讨论的余地。"表达了赞成"部分缓和"的可能性。民主党对是否反对修改第96条本身态度不明确,因为,只是表达了"加深对第96条本身的议论,明确党的思想"。[①] 因此,单看审查会的讨论,对修改第96条并不是一致坚决反对。

第四节　日本"左"翼政党的反修宪运动

第二次世界大战后,日本的修宪运动中一直存在一股反对修宪的强大力量——护宪派。在每个阶段,护宪派都进行了维护宪法的努力和抗争。进入20世纪90年代后,由于日本政治的总体保守化,护宪派势力逐渐削弱,一些护宪派的立场也开始发生转变,尽管如此,以日本社会党(后改为社民党)和日本共产党为主的护宪派依然对修宪派企图修改宪法尤其是《日本国

[①] [日]《读卖新闻》政治部:《修宪论争的基础》,中央公论新社1993年版,第232页。

宪法》第 9 条的行为进行了抵抗。而且，一些坚持拥护和平宪法的民众也自发组织护宪团体与修宪派进行斗争，发起多次护宪运动。正是这些护宪派的不断努力，在一定程度上维护了和平宪法，阻滞了修宪运动的步伐。进入 21 世纪后，伴随着日本社民党势力的急剧衰落，日本共产党逐渐成为日本反对修宪运动的核心力量。

一、日本共产党的反修宪运动

2013 年 6 月 2 日，日本共产党的机关报《赤旗报》意外地登载了对原自民党干事长、2012 年退出政界的古贺诚的采访。

古贺诚在引退之前担任会长的"宏池会"是自民党内的著名派阀，该派阀由原首相池田勇人创立，除池田本人外，此后曾任首相的还有大平正芳、铃木善幸、宫泽喜一，是自民党内有名的"鸽派"派阀。古贺诚本人曾长期担任日本遗族会的会长，但他主张将甲级战犯从靖国神社中分祀，属于自民党内的稳健保守派。

在接受《赤旗报》的采访中，针对安倍晋三首相试图修改《日本国宪法》第 96 条的问题，古贺诚表示不承认，并认为绝不可以这样做。在采访的最后，古贺诚用有些鼓动的话语说："我认为，在战后长期的日本政治中，自由民主党与日本共产党虽然立场和政策不同，但各自都自信、自豪地进行活动，离散聚合的政党有很多，虽然有阳光灿烂之时也有乌云压顶之时，但两党都始终坚持不懈地奋斗，让我来说，只有自民党和共产党才是日本真正的两大政党。"[①]

古贺诚的话也许有对日本共产党恭维的成分，但也确实道出了一个事实，即在日本社会中，日本共产党虽然经历了众多的挫折，也从来没有成为执政党，但他战前战后对保守反动势力的批判和斗争从未停止过，也是战后日本主要的护宪力量，特别是 20 世纪 90 年代后，随着日本社会民主党政策的转换以及实力的急剧衰退，日本共产党成为反对日本修宪的中坚力量。

---

① ［日］《读卖新闻》政治部：《修宪论战的基础知识》，中央公论社 2013 年版，第 214 页。

(一) 日本共产党反对修宪的背景

日本共产党是一个拥有 80 多年历史的政党，"二战"以前，由于其鲜明的反对天皇制专制政府、反对日本法西斯的对外侵略，曾受到日本政府的残酷镇压。"二战"后，随着美国占领下民主化改革的实施和新宪法的制定，日本共产党成为合法政党。虽然在不同的时期，其政策纲领有所区别，日本共产党也从未成为执政党，但其拥护"和平宪法"，反对再军备的主张始终没有变化。正因如此，日本共产党以其鲜明的特色在在野党中始终独树一帜，特别是进入 21 世纪后，在日本国内政治不断右转，"修宪论"尘嚣甚上之时，日本共产党高举"反对修宪"大旗，赢得了众多日本民众的支持，成为保持日本社会平衡的重要力量。

1947 年实施的现行《日本国宪法》是"二战"后美国压力下的产物，该宪法体现了"和平、民主、人权"三大原则，得到了大多数日本国民的支持。1949 年后，随着"美苏冷战"的开始，美国的对日方针开始转变，由"坚决制止日本的再军备"转为"允许日本有限的再军备"。在朝鲜战争爆发后，日本迅速建立了准军事的"警察预备队"，成为日本战后再军备的开始。但由于《日本国宪法》第 9 条的存在，日本发展军事力量遇到了重大的障碍。1952 年美国结束占领后，日本国内出现了要求"修宪"的声音，此后的半个多世纪中，"修宪"与"护宪"的斗争从未停止过，可以说，"二战"后日本的宪法史就是一部修宪斗争史。尽管不同的时期斗争的焦点不同，但《日本国宪法》第 9 条关于"放弃战争、不保持海陆军和否定日本交战权"的规定始终是一个争论的焦点。虽然日本政府通过"解释宪法"的手段，在实际上已突破了该条的限制，但由于广大进步势力的反对，对该条的修改始终未能实现。

进入 21 世纪后，日本国内政局发生了重大变化，作为"左"翼政党的社民党、共产党受选举制改革等因素的影响，势力进一步下降。右翼的自民党逐渐稳住阵脚，继续执政，从自民党分裂出来的民主党成为第一大在野党。2000 年，日本众参两院设立了"宪法调查会"，从而使宪法的修改从议论阶段转向了具体起草修改宪法草案的阶段。此后，自民、民主两党开始了真正的修宪案起草，作为中间势力的公明党也加入了修宪的潮流。为了向国会提出关于修改宪法程序的"国民投票法案"，三党开始了密切的协商。与此同时，美国前副国务卿也公开声称"《日本国宪法》第9条是日美同盟的绊脚石"，鼓励日本修改宪法。而作为日本经济界重要组织的"经团连"也发表修宪提言，公然要求修改宪法。① 从而使日本修宪的危险性进一步提高。在这种状况下，日本共产党及时转变策略，积极领导了日本国内的反修宪斗争。

日本共产党是成立于1922年的一个具有悠久历史的政党，"二战"后，依据时代发展和形势变化，日本共产党在保持基本原则和目标的同时，不断调整自己的纲领和策略，从而保持了长久的生命力。特别是20世纪90年代，由于日本政局动荡，社会党为谋求执政，在政策上向自民党靠拢，从而失去了革新力量的支持，日本共产党一跃成为第二大在野党。与此同时，随着有利于大党选举制的改革，以及民主党势力的扩大，在现实中日本共产党执政（包括联合执政）的可能性进一步降低，许多在政策上支持共产党的人在选举时基于现实考虑把票投向自民和民主两大党。这使共产党在进入21世纪后的议会选举中，席位不升反降。为改变被动局面，以2000年11月第22次党代会的修改党章为契机，日本共产党拉开了21世纪变革的序幕。修改后的党章，去除了"前卫政党"的提法，提出日本共产党"不仅是劳动阶级，还是日本国民的政党"，并提出了当前民主改革的三大目标，其中第3条是：构建不许修改宪法的、没有复活军国主义危险的、民主主义的日本。但在此后的选举中，日本共产党并没有能制止议会席位下滑的局面。

2004年1月17日，日本共产党召开第23次党代表大会，会议通过了新的党纲，全面修改了1961年通过的党纲，体现了该党的现实性和灵活性，明确指出日本所需要的"不是社会主义性质的革命，而是在资本主义框架内尽可能推进的民主改革"，"捍卫包括前言在内的全部条款，特别是以完全实施和平民主的各项条款为目标"；关于天皇体制，党纲认为：因其是"宪法所规定的体制"，所以"是保持还是废除，应该等时机成熟时由全民的意愿来决定和解决"，同时必须重视要严格实施"天皇没有关于国政的权能"等限

---

① ［日］志位和夫："第三次中央委员会干部会报告"，载《赤旗报》2005年4月9日。

制性规定，防止以天皇的政治利用为开端，对宪法条款和精神的脱离。对于自卫队，党纲中表述为"停止海外派兵立法，采取裁军措施。依据安保条约废除后亚洲形势的新变化，将依据人民意愿推进宪法第 9 条（解散自卫队）的完全实施"，意味着在事实上认可了天皇制和自卫队。① 明确了适应现实社会情况的姿态。

以 2004 年日共通过修正后的新党纲为标志，日本共产党在许多人眼里似乎已经发生了根本性的变化，但实际上，这次大会一方面统一了全党的理论思想，另一方面原则立场更加坚定。其最主要的表现就是一如既往地高举反战大旗，反对修改《和平宪法》和《教育基本法》，反对参拜靖国神社等。在 2005 年 4 月的三届三中全会上，反对修改宪法更成为大会的第一主题，委员长志位和夫做了《团结国民的大多数，反对宪法"改恶"》的报告。从而在全国发起了一系列反对"修宪"的活动。

（二）日本共产党反对"修宪"的主要理论

进入 21 世纪后，日本共产党把反对修宪与新的党纲逐渐结合起来，在理论上也进一步完善，这些理论在日本共产党的志位和夫委员长 2005 年 4 月三中全会上的报告和不破哲三议长 2005 年 10 月在日本记者俱乐部的讲演中都有比较集中的阐述，② 综合日本共产党的新党纲和各领导人的讲话，其理论主要包括以下方面。

1. 清醒认识目前日本国内修宪的危险性，动员多数国民加入到反对修宪的运动之中

由于日本政、经两界的主要势力都主张修改宪法，美国的某些势力也积极鼓动，日本当下修宪的危险性进一步提高，这是日本共产党和一切爱好和平的势力必须面对的问题。但对修宪势力来说，今后的道路也并不平坦。因为，要求修宪的三党首先必须统一党内意见，其次，依据日本国宪法，修改宪法必须经过国会内 2/3 以上议员的同意，然后经过全体国民投票表决，半

---

① 《日本共产党纲领》，国际互联网日本共产党网页：http//www. jcp. or. jp。以下关于新纲领的引文均出于此。
② [日] 志位和夫："第三次中央委员会干部会报告"，载《赤旗报》2005 年 4 月 9 日；[日] 不破哲三："修改宪法第 9 条的三个盲点"，载《赤旗报》2005 年 10 月 19 日。

数以上赞成方能实现。目前，尽管修宪势力在国会内占有多数，但仍受到广大要求反战与和平的国民舆论的束缚，日本共产党必须利用一切可能的条件，动员更多的国民加入反对修宪的运动之中。如果能把国民的多数结合在一起，修宪势力即使以美国和财界为后盾，也不能强行修宪。

2. 必须有正确的政治诉求

要动员更多的国民加入到反对修宪的运动中，正确的政治诉求非常关键，对此，日本共产党主要从揭露日本政府修宪的政治目的入手，指出：第一，修宪是为了使日本成为"在海外进行战争的国家"。在各种修宪观点中，《日本国宪法》第9条始终是争论的焦点。其中，改变该条第2款"禁止保持战斗力量"和"否定交战权"的规定，使自卫队合法化是所有修宪势力的一致主张。其结果不仅是对自卫队现状的追认，更会使日本向海外派兵合法化，为参加美国发动的单边行动主义战争铺平道路。尽管修宪势力声称在宪法中增加"国际贡献"的规定，但由于和美国捆绑在一起，日本会成为亚洲乃至世界重大军事紧张或危险的根源国，进一步加剧日本在亚洲的孤立地位。这严重违背了《日本国宪法》的和平理念，违背了世界潮流的发展趋势。第二，修改宪法第9条是与美化侵略战争结合在一起的。在推动修宪的政治势力中，大多数都在肯定政府官员参拜靖国神社、推动歪曲历史的教科书在学校的推广等活动中，充当了肯定、美化侵略战争活动的积极分子。如果任由这些把侵略战争看作"正当战争"、对战争的正义性不加以区分的势力，在海外行使武力，怎能相信不会给亚洲带来灾难。因此，日本的修宪活动引起亚洲各国的担心及批判也在所难免。所以，日本共产党的任务是使日本国民明白：放弃《日本国宪法》第9条就是放弃对侵略战争的反省，这将导致日本在国际上的不信任。第三，维护《日本国宪法》第9条就是维护宪法的人权和民主主义条款。日本要在海外进行战争，必须有与此相符的战时动员体制，修改《日本国宪法》第9条，必然带来人权和民主主义条款的变质或后退，在自民党出台的修宪草案纲要中，增加了在"公共利益""公序良俗"名义下对基本人权的限制条文。这实际是对国民通过宪法控制国家权力的近代立宪主义思想的否定。本来，日本国宪法的"和平主义"与人权保障的条款密切关联。正是有了《日本国宪法》第9条，在所有条款中才排除了军国主义和限制人权的要素。

3. 必须采取一切方式，争取过半数的国民反对修宪

在当前修宪危险不断增大的时期，日本共产党必须团结一切可以团结的力量，超越政治立场、思想信仰的差异，把一切反对修改宪法的国民团结在一起，争取反对修宪运动的成功。

上述主张体现了日本共产党审时度势，既保持原则，又具有灵活性的特点。随着斗争纲领的明确，在日本共产党的领导下展开了一系列的活动，从而使日本共产党在选票下滑的同时，仍保持了强大的影响。

（三）日本共产党反修宪活动分析

进入21世纪后，日本共产党为贯彻党的纲领，团结一切力量阻止修宪活动，采取了一系列措施，展开了积极的行动，特别是2004年后，在日本国内形成了一股强大的反对"修宪"势力。

1. 通过修改党纲，把反对修宪提高到相当的高度，同时，扩大组织宣传，打破修宪派的理论

为发挥日本共产党在反对修宪中的独特作用，表明日本共产党对反对修宪的重视，日本共产党利用一切可以利用的场合和机会，展开了一系列的宣传。在新的党纲中，明确规定"捍卫包括宪法前言在内的全部宪法条款，特别以和平民主条款的完全实施为目标"。以图在打破修宪势力的理论、明确拥护宪法斗争大义中发挥积极作用。针对修宪派要求修改《日本国宪法》第9条的主要借口，即该条与现实背离、矛盾，是空想的理想理论。日本共产党一方面指出，其真正目的是使日本成为"在海外进行战争的国家"，另一方面指出，第9条与现实并不矛盾，也不是空想的理论，在现实中是可以实现的。其实现途径正如日本共产党党纲所说："废除美日安保条约，依据亚洲形势的新发展，在国民合意的基础上，朝完全实现宪法第9条的目标——解散自卫队——而努力。"针对修宪派主张的在宪法中加入"国际贡献"问题，日本共产党针锋相对，指出修改第9条，不仅不能为世界和平作出贡献，相反，会使日本成为与美国一样从事非法战争的国家，日本也将变成亚洲乃至世界军事紧张和军事危险的策源地。

2. 组织"9条会"

所谓"9条会",即是在各职业、地区、学校等领域反对修改《日本国宪法》第9条的民间组织。日本共产党的全国党组织及各支部积极动员,使全国的"9条会"有很大发展,特别是集结了下层民众的"草根会"发展很快,不管是保守民众,还是许多不关心政治的人都积极参加,在8个月的时间内全国已有一千多个"会"成立,这充分展示了日本共产党强大的组织能力,也表现了广大日本国民反对修改宪法的意愿。

3. 把反对修宪与反对修改《教育基本法》的运动结合在一起

《教育基本法》是"二战"后伴随着《日本国宪法》制定的,是日本教育方面的基本法,它以新宪法的基本精神为指导,把新宪法内在的教育理念进一步明确化,故有"教育宪法"之称。该法为"二战"后日本教育改革的开展及民主化教育体制的确立奠定了基础。该法自制定实施以来,已历半个多世纪,在此期间,尽管通过制定其他的教育法规和采取具体的行政措施,甚至通过对教育法的解释,基本法的某些内容已发生了变化,但至今尚未修改,这说明基本法符合日本广大人民的意愿和要求。但自20世纪80年代以后,日本国民对教育现状的不满不断增加,特别是"学力危机""道德下滑"等问题。而一些右翼保守势力则把国民对教育的不满归结为《教育基本法》的不完备,试图通过修改法律把以国民主权为基础的教育权转化为以国家为基础的教育权。这一企图遭到了众多进步势力的反对。日本共产党积极努力,把反对修改教育基本法与反对修改宪法结合起来,指出教育基本法的目的是培养具有健全人格的公民,而修改者的目的则是培养符合在国外进行战争的人。正是通过日本共产党的不断努力,使反对修改《教育基本法》的运动和反对"修宪"的运动逐渐合流,进一步扩大了反对修宪的势力。

总之,进入21世纪后,由日本共产党领导的这场反对修宪运动,对日本的未来发展有着重大影响。修改宪法是强化美日同盟的需要,在原来的宪法框架内,试图通过解释宪法实现在海外支援美国单边行动主义战争非常困难,因此,尽管遭到日本国民及亚洲各国的反对,日本政府仍一意孤行,坚持修宪,而在目前日本国民整体保守,自民党为主的右翼政党政权逐渐稳定,"左"派政党影响下降的形势下,日本共产党积极调整策略,高举反对"修宪"的大旗,成为维护"和平宪法"的中坚力量,其意义不可低估。而在目前安倍政权修宪的可能性进一步增大之时,日本共产党反对修宪的态度仍然非常坚决。① 这是非常令人佩服的。这场斗争也是对日本共产党在21世纪发展的一次考验。

二、日本社民党的反修宪运动

日本社民党的前身是日本社会党,他是日本典型的护宪政党。一贯坚持《和平宪法》,反对"太阳旗"作为日本国旗,反对《君之代》作为日本国歌,认为自卫队违反宪法,并坚持废除《日美安全保障条约》。因此,以原社会党为中心的革新势力,在"二战"后的日本长时间内占有众参两院20%—30%的议席,阻止了以"制定自主宪法"为党纲的自民党获得修宪提议的必要席位。虽然社会党长期处于日本众参两院第一大在野党的地位,但是,在1992年参议院选举时,围绕《联合国维持和平活动合作法案》(《PKO法案》)的争论,出现了转变。

《联合国维持和平活动合作法案》(《PKO法案》)是日本自卫队赴海外参加联合国维和活动的基本法,该法在1992年7月的参议院选举之前通过。在审议该法案时,社会党主张该法案违宪,为迟延对该法案的表决,社会党采取了"牛步战术"和表达社会党议员集体辞职意愿等行为。

但是,在此后的参议院选举中,社会党仅获得22席,与1989年参议院选举获得46席相比,出现了大幅度倒退。在1992年8月选举结束后,《读卖新闻》进行的舆论调查中,关于社会党的失败原因,回答"'牛步战术'和议员辞职愿望等国会对策"的占44%,是最多的。

当时,作为社会党国会对策委员长的村山富市面对《读卖新闻》的采访指出:实际上,在《联合国维持和平活动合作法案》(《PKO法案》)问题之前,社会党的势力已经开始减弱,"因为不能适应美苏'冷战'结束后的国际国内形势变化,对于国内产生的联合、工会的右倾化等现状没有迅速地适

---

① [日] 笠井亮:"日本共产党对修宪的思考",载《中央公论》2017年5月。

应,这是主要原因"。①

1994年6月,村山富市与谋求重新执政的自民党合作就任首相。由于社会党号称"万年在野党",没有任何组阁和治国经验。在村山富市当选后,"只拿了一个手提包,在众人的簇拥下走进了首相官邸",上任后的第五天,去意大利那不勒斯参加发达国家首脑峰会(1994年7月8—10日),什么都不清楚,在会议上完全按照自民党提供的脚本表演。甚至在与克林顿总统在会前举行的15分钟闭门会谈中,一见面就迫不及待地表明立场:"应当继续坚持《日美安全保障条约》,保持日美两国良好的外交关系。"以至于在会后举行的记者招待会上,克林顿说:"我们见到了一位与我们的预测完全不同的人。"他甚至用批评美国中央情报局的方式嘲笑日本说:"中央情报局的工作很不得力,他们提供的有关日本社会党的情报全是错的。"而这一切"指桑骂槐"让日本、日本社会党非常难堪。② 在此后的国会上,日本社会党承认了自卫队的合宪,从而在根本上改变了此前社会党长期坚持的政策。此后将党名改为社会民主党,简称"社民党"。此后,日本社民党的势力迅速衰落。进入21世纪后,日本社民党逐渐调整自己的政策,现今的社民党在2006年的宣言中再次将自卫队置于"违宪状态",重新退回了原社会党的主张。

但是,在2012年的众议院选举和2013年的参议院选举中,虽然社民党以护宪为诉求,但仅各自获得2个议席和1个议席。其在日本社会中的影响大为降低。为承担失败的责任,2013年7月25日,福岛瑞穗党首辞职。

至于为什么社民党的势力衰退得如此厉害,曾任社民党干事长的伊藤茂原运输大臣面对《读卖新闻》的采访,这样回答:"我认为,现今已经不是30、40年前单纯靠口号就能获得国民信任的时代,例如,对于东北亚的调停积极讨论拿出智慧,我想这也是护宪的责任。仅仅靠口号是不行的。"③

---

① [日]《读卖新闻》政治部:《修宪论战的基础知识》,中央公论社2013年版,第216页。
② 刘德秦:《从小到大再说日本》,世界知识出版社2015年版,第31页。
③ [日]《读卖新闻》政治部:《修宪论战的基础知识》,中央公论社2013年版,第217页。

Chapter 4 第四章

第二次世界大战后日本修宪的焦点

第一节 和平主义

2015年9月19日,日本国会不顾广大民众和在野党的反对,通过了所谓的《和平与安全法案》,也称作《新安保法案》,该法案共涉及11部法律,为此前日本安倍政权通过内阁解释解禁集体自卫权提供了法律上的依据。① 可以说,当今的安倍政权,在"积极和平主义"幌子之下,不仅试图将日本带入"军事国家",还想在进一步推进解释修宪的同时,实现明文修宪。2012年发表的《自民党修宪草案》,不仅要修改《日本国宪法》第9条,甚至要全面变更"前言",删除"信任原则"和"和平的生存权"规定。本部分在解构其意图的同时,试图进一步阐明第9条作为《日本国宪法》的"标本意义"。

一、围绕和平主义的解释修宪与明文修宪

众所周知,《日本国宪法》"前言"第2段在规定"日本国民期盼持久的和平,深知统治人类相互关系的崇高理想,信赖爱好和平的各国人民的公正和信义,决心保持我们的安全和生

---

① [日] 西原正:《简明和平安全法制》,朝云新闻社2015年版,第5页。

存"之基础上，进一步阐明"全世界人民均有摆脱恐怖和贫困、在和平中生存的权利"。同时，设立了第二章"放弃战争"，并在第9条第1款规定了"永远放弃以国权发动的战争、以武力威胁或武力行使作为解决国际争端的手段"，第2款规定"为达到前款之目的，不保持陆海空军及其他战争力量，不承认国家的交战权"。因此，《日本国宪法》规定的不仅是不保持军事力量，而且是基于信任关系构建和平的彻底的"非军事和平主义"。但是，自民党2012年修宪草案明确规定了设立"国防军"，国防军与自卫队相比，从组织性质上说是180度的大转弯，对国防军这一巨大的武装力量如何控制，修宪草案并没有说明，因此，修宪草案的思路作为军队的设计图是不确定的，从而使现行宪法第9条讴歌的"和平主义"丧失了基础。

（一）"二战"后日本的解释修宪与安保政策

如果按自民党2012年修宪草案的构想对日本的军事安全保障政策（安保政策）进行变更，的确是一场大的变革。因为，国防军与自卫队关于体制本质的逻辑完全不同。

宪法是确定国家权力界限的法律，因此，日本现行安保政策是在《日本国宪法》第9条的界限范围之内的，换句话说，是假定以自卫队为首的一系列安保政策总体上合宪。在尝试确保相关解释统一性和合宪性方面，日本的内阁法制局起到了关键作用。

长期以来，日本政府所持有的解释是：日本是独立国家，拥有作为国家固有权力的自卫权。为行使自卫权保持必要最小限度的武力，不属于宪法禁止的"战力"。

依据日本政府的解释，关于《日本国宪法》第9条第1款所说的"战争"，从国际法角度来说，并不意味着对自卫战争和制裁战争的放弃。但，依据该条第2款"不保持陆海空军，不承认国家的交战权"，作为对一切战力的保持和交战权的否认结果，意味着放弃所有的战争。即，该解释最大的要点是第2款，但自民党2012年修宪草案完全消除了第2款，从而使该条完全改变了面貌。

鉴于日本在《明治宪法》之下对陆海空军控制失败的经历，可以认为，

《日本国宪法》第9条起到了对自卫队一定的控制作用。其背景是政府解释与学说广泛的一致起到的影响。关于"不保持战力",日本学术界的主流观点与自卫队合宪的政府解释,就对自卫队是否合宪来看确实存在对立,但在第9条否定军队这一点上理解是相同的。换句话说,日本政府关于第9条的解释与学术界的主流学说是相同的。以下就安保政策来看一下上述解释。

在"二战"后的实践中,"不能保持战力但可以保持必要最小限度的实力"这一解释,可以说成为日本政府的"体制逻辑"并由此构建起了日本的各项安保体制。这一安保体制又形成了日本对外实力装置的控制机制。这就像金字塔一样,《日本国宪法》第9条及其解释处于最上层,自上而下是一个规范具体化的结构,下层具体化的法规范不能超越上层法的内涵。

处于金字塔上层的是《国防基本方针》(1957年5月20日阁议决定),该方针的宗旨是:"依据国力国情,在自卫的必要限度之内,逐渐整顿有效率的防卫力量",并且,"在将来联合国能够起到有效阻止战争的功能之前,以与美国的安全保障为基础应对来自外部的侵略"。在此之下,是迄今《白皮书》列举的其他基本政策,主要有"专守防卫""不做军事大国""非核三原则""确保文人统制",当然,如果再追加,还有作为和平国家原则的"武器输出三原则"这一禁止武器输出的政策以及占据外交基础的"控制军备外交"。以上是超出了时代情况应该维持的基本政策。

需要说明的是,在日本安保政策中居于中心地位的是自卫队,自卫队是日本为了所谓"自卫"的防卫组织,不属于"战斗力量",与军队保持了一定距离。通过将自卫队定义于不属于宪法禁止的"战力保持"这一消极的自我定义,使日本自卫队达到了不同于军队的结果。因此,2012年《自民党修宪草案》提倡的向"国防军"转化,不单纯是名称的变化。

从紧急时刻自卫队可以通过部队行动杀伤敌方战斗人员这一点看,自卫队完全不同于维持国内秩序的警察。并且,从拥有强大的实力和武器装备这一点来看,日本自卫队是的的确确的军队。但是,作为该体制逻辑的界限,因为否定了"军队的存在",从而妨碍了军事合理性的贯彻。因此,无论是导致《明治宪法》崩溃起因的兵力增强问题,还是向其他国家派兵问题等,设计了必须通过"政府解释"这一渊源于《日本国宪法》的逻辑停止机制。[①]

作为确定自卫队具体体制和主要装备的整备目标等，位于金字塔下方的是依据时代变化制定的作为"具体防卫政策"的《防卫大纲》《中期防卫力量整备计划》等。

以下就"集体自卫权"问题做一分析，《自民党修宪草案问答》就该"草案"第9条第2款的自卫权，明确说明包含《联合国宪章》承认的"个别自卫权"和"集体自卫权"。消除《日本国宪法》第9条第2款，新规定第2款的目的正是"使自卫权的行使不存在任何制约"。在通过修宪打开行使集体自卫权道路的同时，日本政府开始了在现行宪法之下通过宪法解释行使集体自卫权的动向。当然，这也会涉及很多实际的法律问题。日本历代内阁法制局努力不改变宪法解释，正是不想破坏根本的基础。

如果安保政策最根本的逻辑动摇，在宪法之下展开的安全保障政策整体就会动摇。《自民党修宪草案》要改变作为逻辑基础的宪法条文本身，可以想见，将来贯穿新安保政策体系的一定是"国防军"逻辑，这意味着全面的变革。

迄今日本政府不承认自卫队是军队的例证之一是，日本不存在军法乃至军法会议。关于这一点，试图创建国防军的《自民党修宪草案》在第9条之2的第5款规定："为了对属于国防军的军人及其他公务人员在实施职务时的犯罪或犯有关于国防军机密的犯罪进行审判，依据法律规定，设立军事法院。此时，被告人向法院上诉的权力必须予以保障。"这是创建国防军的必然变化。对于军队来说，军法会议是其本质的东西，这与军队的特殊性密切相关。作为军队"维持军纪"非常重要，作为其手段一般理解为军法，军法不同于一般的市民法，因其以军纪的维持为目的，即使一般的犯罪也有可能受到处罚。问题是军法与个人自由和权利的冲突如何化解。典型的事例是军队的机密情报问题，政府经常隐藏不好的情报，而正确的判断离不开情报。因此，如何处理好公众的知情权与信息秘密保持权的平衡，需要完整的对策。

---

① ［日］金子胜：《宪法的逻辑与安保的逻辑》，劲草书房2013年版，第121页。

（二）军事力量的未来变化不明确

首先从现状来看，现行的《日本国宪法》没有设想军队的存在，因此，在现行宪法之下，自卫队是依据法律（《自卫队法》）的规定确立了其任务、部队组织及编制、关于自卫队的指挥监督权等。

作为自卫队的任务包括"为了保卫国家的和平与独立，维护国家安全，对于直接或间接的侵略，保护国家为主要任务。必要时参与公共秩序的维护"（《自卫队法》第3条第1款）。关于编制，在《明治宪法》之下，这属于天皇大权，但自卫队的编制以《自卫队法》为依据，国会对预算编制具有一定的控制权。自卫队的指挥监督权，相当于以前天皇统治陆海空军的权力，现在《自卫队法》第7条规定："内阁总理大臣代表内阁拥有对自卫队的最高指挥监督权。"

但是，试图创建国防军的"修宪草案"对于政治的责任却非常含糊。多数地方都以"有法律规定"应付，《自民党修宪草案问答》也没有给予具体的说明，回顾"二战"前日本的侵略历史，这的确令人担心。[1]

总之，因为国防军完全不同于自卫队，军队的创设在军事理论上意味着各项安保体制的改变。如何更好地控制军队这一强大的实力组织，对一般民众的安全与自由来说是非常重要的。这一控制既有政治上的，也需要法律上的。但是，《自民党修宪草案》和《自民党修宪草案问答》对于具体控制没有充分的体制设计。军队的统治涉及政治体制整体的问题，与内阁总理大臣和天皇的位置相关，与安保政策的本质相关，需要有明确的规划。缺乏具体规划的"修宪草案"关于国防军的构想，只能带给人们更多的不安。

二、从宪法角度看集体自卫权

（一）自卫权与集体自卫权

依据《日本国宪法》的规定及日本政府历来的宪法解释，日本不能行使集体自卫权，如果要行使集体自卫权，日本必须修改宪法或宪法解释。此外，

---

[1] ［日］金子胜：《宪法的逻辑与安保的逻辑》，劲草书房2013年版，第123页。

反对者认为，集体自卫权的行使会使日本走向战争之路。因此，要正确认识日本的"解禁集体自卫权"问题，首先需要从宪法角度对自卫权和集体自卫权问题做一溯源。

集体自卫权首先是国际法上的问题，在认识集体自卫权之前，需要先了解自卫权问题。自卫权在国际法上成为一大问题是在进入 20 世纪后。当时，面对第一次世界大战给人类带来的灾难，人们开始思考战争的违法化问题。1928 年的《非战公约》首先明确了战争的违法化，以此为前提，自卫权作为违法性阻却事由而成立，即战争原则上不为法律所承认，但自卫战争可以作为例外。现在，国际法上对自卫权的定义是：面对外国的违法侵害，在防卫本国的紧急必要情况下，为了反击而行使武力的权利。此时的自卫权是一项本国被攻击时行使的权利，如果与集体自卫权相区别，可以称为个别自卫权。当然，早期还没有集体自卫权这一用语。

第二次世界大战后期的 1944 年，在设立一般国际机构的《但巴顿·奥克斯提案》中，提出了"禁止行使武力原则"。作为例外，在地域纷争中如果要行使武力，必须经过安全保障理事会的允许。1945 年 3 月，美洲国家会议在通过的决议中规定：对美洲的任何一国发动的攻击，被视为对全美洲各国的侵略，可以行使包括军事力量在内的对抗措施。在这里首次出现了集体自卫权的思考方式。在 1945 年 6 月签字的《联合国宪章》第 2 条第 4 款采纳了"禁止行使武力原则"，对于违反该原则的行为规定了第 1 条第 1 款的"集体安全保障"（collective security）体制，即对于违法的武力行使，联合国以集体形式处理，包括第 41 条的非军事措施和第 42 条的军事措施。作为军事措施的设想是组建联盟军队，但时至今日未能实现。作为集体安全保障的例外，《联合国宪章》第 51 条承认了各国的自卫权，其中，特别规定了"个别自卫权"（right of individual self-defense）和"集体自卫权"（right of collective self-defense）。

集体安全保障与集体自卫权在用语上比较相似，容易混淆。一般来说，集体安全保障是就联合国而言的，是针对联合国成员内部的违反者的，可以说具有内向性；与此相对，集体自卫权是就个别国家而言的，是针对集体自卫权体制的对抗者的，具有外向性。

所谓集体自卫权，是指在他国受到武力攻击而本国没有受到威胁时，行使武力的权利。对集体自卫权的理解可以从三方面分析：（1）个别自卫权的集体行使；（2）对受到武力攻击国家的救援；（3）对受到武力攻击国家中与本国关系密切国家的救援。其中，（1）属于个别自卫权的问题，（2）会使集体安全保障无意义，（3）属于流行学说。这一问题与后面将要论述的日本的集体自卫权理论密切相关。[1]

另外需要说明的是，无论是个别还是集体，自卫权属于国际法上的权利而非义务，是否行使属于各个国家的自由。

（二）集体自卫权的行使

首先从历史上看一下集体自卫权的实践，现在的"北约"和过去的"华约"这样的军事同盟体制即以集体自卫权为依据组建的，作为当事者试图依据集体自卫权正当化的军事力量行使的实践，主要有越南战争时美国的武力行使（1965年）、苏联对阿富汗的入侵（1979年）、尼加拉瓜内战中美国的武力行使（20世纪80年代前期）、海湾战争时多国军队的武力行使（1991年），"9·11"事件后北约各国对阿富汗的武力行使等。

自卫权或许有受到武力攻击的可怜的小国的防卫权这一面，但在实践中，成为大国对小国行使武力和政治控制正当化理由的情况更多。因此，作为世界上最大的军事大国美国，主张对《联合国宪章》之外的习惯的国际法上的自卫权扩大到广泛的先发制人的自卫权乃至预防的自卫权等。对这一集体自卫权的滥用，遭到了国际社会广泛的批评。

（三）《日本国宪法》的和平主义

"二战"后，虽然国际舆论要求追究天皇战争责任的呼声很高，但由于作为占领国的美国等认为保留天皇制便于其对日本的管理和控制，因而将主权者天皇制改为象征天皇制，同时，为了保证象征天皇制不再成为"二战"前军国主义的天皇制，在《日本国宪法》中写入了"放弃战争"的和平主义。在这一过程中，对天皇制战争责任的追问中间没有经过本国国民之手，

---

[1] ［日］浦田一郎等：《集体自卫权》，岩波书店2013年版，第4页。

这是很特殊的。

最后完成的《日本国宪法》由三部分组成：第一，第三章"人权"规定以下的部分体现了民主化原则，从而形成了作为宪法政治的立宪主义的一般形式；第二，第一章的"象征天皇制"保留了像《明治宪法》那样的外见的立宪主义因素；第三，第二章放弃战争的和平主义，超越了对军事力量进行立宪控制的一般立宪主义，带有新立宪主义的可能性。当时的日本国民平静地接受了这一宪法，该宪法奠定了此后日本民主主义与和平主义运动的基础。

（四）日本政府对《日本国宪法》第9条解释的变迁

关于对《日本国宪法》第9条的解释，在制宪会议上，当时的日本吉田茂首相作出了否认自卫权的解释，他说："虽然没有直接否定自卫权，……但抛弃了作为自卫权发动的战争。"[①] 但此后在占领、安保体制之下，部分受到美国的要求，日本走向了再军备之路。1950年的警察预备队、1952年的陆上保安队和海上警备队、1954年的自卫队相继建立。为使这些军事组织合宪化，日本政府的说明基本展开，首先是警察预备队是警察的"警察论"，此后是陆上保安队和海上警备队不具备从事近代战争能力的"从事近代战争能力论"，再此后是自卫队是为了自卫的必要最小限度实力的"自卫力论"。

基本上来说，在《自卫队草案》和《防卫厅设置草案》的审议中，还认为自卫队不是保持近代战争能力的组织，但依据1954年12月22日日本政府的统一见解，"自卫力论"固定下来。依据此后日本政府展开的现在的自卫力理论，"为了自卫的必要最小限度的实力"不属于《日本国宪法》第9条第2款禁止的"战力"，其保持和行使是合宪的。

（五）自卫力论的结构和功能

从自卫力论的结构来看，作为前提的是，以宪法的放弃战争规定和"固有的"自卫权论两方面为基础的。所谓"固有的"是指既然作为国家是当然的，即不依靠宪法的规定而存在。从立宪主义角度来看，这一观点当然有问题。但在此首先从"放弃战争规定"这一基础进行分析。

[①] 1946年6月26日在日本众议院会议上的发言。

首先,"为了自卫的必要最小限度的实力"的"实力"几乎可以看作"武力","武力行使"虽然成为《日本国宪法》第9条限制的对象,但基地提供和经济援助等本身不视为"武力行使",因此不是限制的对象。然而,虽然不属于武力行使,但如果与他国的武力行使一体化时,则不被认可。该观点被称作"一体化论"。

其次,"为了自卫"可以理解为"个别的自卫权",武力行使在个别自卫权的情况下被认可,但在集体安全保障和集体自卫权的情况下不被认可,这里存在集体自卫权的问题。

最后,即使是个别自卫权之下的武力行使,从"必要最小限度"出发,交战权和海外派兵等不被认可。

上述"自卫力论"是在安保体制和自卫队的军事要求、宪法的和平主义规定、非武装和平主义的学说、使和平与宪法相结合的市民运动等的力量关系中成立和展开的。因此,使安保体制和自卫队军事正当化的法律理论同时也对军事起着制约作用。其中心正是集体自卫权行使的禁止。正当化与制约的两面性在法律理论上非常普遍,但是在自卫力论上得到了最好的体现。因此,在"冷战"之下,护宪派批评该理论会使和平主义的宗旨走向崩溃,而"冷战"结束后的修宪派则指责该理论禁止集体自卫权的行使。[1]

另外,宪法学界的多数学说从非武装和平主义的立场认为安保体制和自卫队违宪。司法上也基本采取这一态度,如在迄今为止的判例中,在"砂川事件"中东京地方法院(1959年3月30日)以"旧安保条约"(1952—1960年)为基础关于美军驻扎、"长沼事件"中札幌地方法院(1973年9月7日)对自卫队,各自作出了违宪判决。包括最高法院及其他法院的判决,对安保条约和自卫队一般不进行合宪或违宪的内容判断,因此,法院就安保条约和自卫队没有一例判断为合宪。

(六) 日本政府关于集体自卫权论的展开

美国占领结束后的初期,关于集体自卫权问题并没有提上日本政府的法律议程,因为,在集体自卫权之前,个别自卫权的宪法正当化是日本政府的

---

[1] [日] 浦田一郎等:《集体自卫权》,岩波书店2013年版,第9页。

中心议题。1960年修改《日美安全保障条约》之时，日本是否有义务为美国行使集体自卫权问题提上了日本政府的议事议程，集体自卫权论开始形成。但当时日本政府的集体自卫权论并没有像现在这样确立，尚存在与现在不同的政府答辩。如当时的法制局长林修三在议会答辩中认为，如果提供基地和经济援助也可以理解为"集体自卫权"，对这些行为宪法上没有否定。

经过20世纪70年代，到80年代初期，当今日本政府的观点正式确立。作为当今日本政府观点的重要资料是在1972年10月14日的参议院决算委员会上提出的（即《防卫手册》），经过1978年的《日美防卫指针》，在1981年众议院答辩中作为对稻叶诚一议员关于西南防卫问题的答辩书提出，成为此后长时期内日本政府的观点。

2000年两院宪法调查会设立后（2000—2005年），在明文修宪或解释修宪的讨论中，集体自卫权问题成为焦点。

（七）现在日本政府的见解

当今日本政府关于集体自卫权的说明如下："在国际法上，集体自卫权，即国家对与本国关系密切的外国受到的武力攻击虽然不认为是直接对本国的攻击，但存在以实力阻止的权利。日本既然是主权国家，当然拥有国际法上的集体自卫权。但是，该种行使，即在日本没有受到直接攻击而以实力阻止加于他国的武力攻击，超越了《日本国宪法》第9条允许的实力行使的范围，认为是不允许的。"简言之，如美国受到武力攻击，日本没有受到攻击，此时，日本不能行使武力。

从内容看，虽然从国际法来说日本保有集体自卫权，但依据宪法规定不能行使。换句话说，从国际法角度看，因为集体自卫权不是国际法上的义务而是权利，所以虽然通过宪法等国内的判断不能行使，但在国际法上是可能的。

关于宪法上不能行使的理由，前述1972年的资料中指出：在《日本国宪法》第9条"放弃战争"之下，基于"前言"中的和平生存权和第13条的幸福追求权得到承认的"自卫措施"必须是"必要最小限度"。由此出发，在日本受到武力攻击时的个别自卫权得到承认，但集体自卫权不被认可。

2004年日本内阁法制局的答辩表达了同样的意思,即对照《日本国宪法》第9条的含义,即使不承认一切武力的行使,但在第9条之下,仍承认个别自卫权,集体自卫权难以被认可。[①] 明确表达了《日本国宪法》第9条的存在强烈限制着集体自卫权理论。

(八) 日本政府观点的分析

在日本政府的观点中,首先是拥有"实力"阻止的权利问题。一方面,在前线参加战斗属于"实力的行使",在宪法上不被承认。另一方面,有时在实际中,即使对军事上被视为对外国的军事援助行为也不认为是"实力的行使",除上述基地的提供和经济援助之外,后方支援等也被认可。其中最大的问题是基于现行《日美安全保障条约》第6条的基地提供问题。在纳入1997年日本"新防卫指针"的《周边事态法》中,认为后方地域支援等措施不属于武力行使(《周边事态法》第2条第2款)。此后的《伊拉克特别措施法》和《恐怖对策特别措施法》等关于在海外从事军事活动的法律,同样设置了禁止武力行使的规定,其思路是一致的。另外需要指出,名古屋高等法院在2008年的一项判决中认为:在伊拉克的日本自卫队运送多国军队兵员的运输行为,违反了禁止行使武力的《伊拉克特别措施法》第2条第2款和《日本国宪法》第9条第1款等。

其次是阻止对"外国"武力攻击的权利问题。《日美安全保障条约》第5条虽然规定了共同防卫,但存在"日本国施政之下的领土"这一地理上的限制。例如,对于美军在日本的军事基地进行攻击属于侵犯了日本的领土。当然,领土侵犯是否自动成立自卫权在法理上存在一定的问题,在此不予讨论。总之,结论是:应对在日美军基地的军事攻击,日美各自成立个别自卫权,此时属于"个别自卫权的共同行使",不属于集体自卫权。

关于对日本的武力攻击,美国可以行使集体自卫权。但是,对日本领土之外的美国本土进行的武力攻击属于对"外国"的攻击,对日本来说,如果阻止属于行使集体自卫权,在宪法上不被认可。因此,就《日美安全保障条约》第5条来说,美国可以为了日本行使集体自卫权,日本不可以为了美国

[①] 秋山收内阁法制局长在2004年1月26日众议院预算委员会上的答辩。

行使集体自卫权。这里双方存在明显的不平衡。但是，依据该条约第 6 条，日本应该为美国提供军事基地，但美国并不为日本提供军事基地，这里也存在不平衡。虽然《日美安全保障条约》第 5 条和第 6 条各自存在不平衡，但《日美安全保障条约》整体来说达到了平衡。这是日本政府的说明。

现在日本政府的解释是：可以行使个别自卫权的范围不限于日本领土，虽然禁止向海外派兵，但其含义是限定的，即禁止向海外派遣的"以行使武力为目的的武装部队"。因此，在日本领土之外，自卫队与美军可以展开行动，此时如果受到武力攻击，可以各自行使个别的自卫权。个别自卫权的共同行使理论在日本领土之外也可以行使，西南防卫等就涉及这一问题。因基于个别自卫权的武力行使，即使美国得到了军事上的救援，这也不过是结果。这就是所谓的"结果理论"。

上述日本政府的集体自卫权理论也许稍显复杂，简单来说即是，单纯的日美共同军事活动不属于集体自卫权的行使。但是，这一理论实际上形成了阻止日本自卫队参加美国进行的战争的完备体系。因此，日本政府对集体自卫权的解释成为日美联合军事活动的障碍。从要求解禁集体自卫权的一方来说，重新对集体自卫权进行解释或明文修宪是必要的。

（九）解释变更与明文修宪的宪法含义

变更禁止行使集体自卫权的政府解释动向在 2006 年以后逐渐展开。经过自民党 2012 年 7 月发表《国家安全保障基本法案》、第一次安倍内阁时期的 2007 年设立并于 2013 年 2 月再开的"安全保障法律基础再构建恳谈会"等，2014 年 7 月的内阁会议终于通过了解禁集体自卫权的决定，此后需要修改完善的只是相关法律问题。

要求修改政府解释者认为，既然解禁集体自卫权的政府解释是一个政治问题，由政治进行改变即可。当然，从国际关系角度来看，日本不行使集体自卫权的确是政治选择，但从国内关系看，因为宪法决定了不能行使，所以是宪法的问题。

如果日本政府变更解释，则集体自卫权在《日本国宪法》第 9 条之下很难被认可，因此，就形成了第 9 条什么也禁止不了的情况，只不过是国际法原则的确认。这实质上意味着删除了《日本国宪法》第 9 条。那么，尽管作为解释变更的方法可以由内阁会议决定，但删除《日本国宪法》第 9 条则需要特别多数的国会提议和国民投票，因此，从这一角度上说，2014 年安倍晋三政府解禁行使集体自卫权的解释变更在程序上是一种脱法的行为。

如上所述，通过明文修宪解禁集体自卫权的行使也是《2012 年自民党修宪草案》的观点，其目的是使日本从不能行使集体自卫权的"特殊国家"走向可以行使集体自卫权的"普通国家"。但是正如上文所说，《日本国宪法》的三部分结构是"二战"后日本平衡的基础，如通过修改第 9 条使集体自卫权的行使成为可能，日本将会成为另一含义上的"特殊国家"。

三、从"第 9 条争论"的角度看日本集体自卫权的解释变迁

在"二战"后日本围绕修宪进行的争论中，《日本国宪法》第 9 条始终是核心之一。在关于"第 9 条的争论"中，集体自卫权的解释也经历着不断地变迁。

（一）第 9 条与集体自卫权瓜葛的开始

在"二战"后《日本国宪法》的制定中，集体自卫权等概念没有进入人们的视野。当时争论的中心是在《日本国宪法》第 9 条之下是否存在"自卫权"，如果存在会是何种形式。

日本著名国际法学家横田喜三郎[①]在 1951 年 9 月出版的著作《自卫权》[②]中认为："（宪法第 9 条）放弃了战争和武力的行使，废除了军备，甚至否定了交战权，但是，自卫权本身即没有放弃也没有否认。因此，不能说日本没有自卫权，"但是，"作为宪法规定的含义，无论如何不能不承认，虽然拥有自卫权，但不能保持军备，即是一种'没有武力的自卫权'"。

当然，另一方面，横田又认为：作为"没有武力的自卫权"方法之一，"日本存在外国的军队或军事基地，应该不违反日本宪法的规定"。因为，"如果日本加入联合国，在需要联合实施强制措施时，日本是有必要提供基

---

① 横田喜三郎：日本著名国际法学家，1960—1966 年任日本最高法院院长。
② 当时日本尚未结束占领状态。

地和其他便利以及经济援助的"。他还预测"关于日本，因为宪法放弃了军队和军备，应该不会要求提供兵力，而是提供基地和援助"。"这样，就不是行使交战权，也不是进行战争"。在这里，横田设想的是，在日本恢复独立后，作为《日本国宪法》第9条面向国际社会的具体化措施是："对联合国的集体安全保障"提供基地和便利。①

但是，就在横田喜三郎《自卫权》出版的1951年9月，日美签订了所谓"旧金山和约"，同日缔结的还有《日美安全保障条约》，结果，不是面向联合国而是面向美国"提供基地和便利"。不久，日本开始建立"警察预备队"，继而改为"保安队"，1954年改为"自卫队"这一实际上的常备军队。由此开始出现"第9条和集体自卫权的瓜葛"问题。在这一含义上来说，横田喜三郎关于《日本国宪法》第9条的解释后来竟成为"美军基地合宪"的依据。

（二）关于为何不能建立"太平洋条约机构"

1951年签订的《日美安全保障条约》承认了美军驻扎和基地提供，因此，该条约在某种程度上可以说是一个"驻军协定"，条约中当然不存在与自卫队的"共同防卫"条款，因此，此时的"集体自卫权"问题不是议论的对象。在1954年6月3日的众议院外务委员会上，作为外务省条约局长的下田武三曾答辩说："我认为，即使和平条约承认了日本国的集体的、个别的固有自卫权……但依据宪法承认的范围，除非是对日本本身进行的直接攻击或有急迫的攻击危险，不得以自卫之名启动。"当时的日本内阁法制局也持同样的立场，即"在第9条之下，自卫队不得行使集体自卫权"。②

但是，当时的美方则持有不同的观点。曾任美国国务长官的艾奇逊在其回忆录中指出：美国政府当时想在西太平洋建立"集体防卫机构"已很明确，"通过三项条约，一是与新西兰和澳大利亚，二是与菲律宾，三是与日本，建立整个统合太平洋的安全保障机构"。这是很典型的地区集体防卫，即"集体自卫权的框架"。

---

① ［日］浦田一郎等：《集体自卫权》，岩波书店2013年版，第18页。
② 同上书，第19页。

此时，美国试图建立一个类似于欧洲北约的"太平洋条约机构"，日本也是其中一员，当然这需要日本行使"集体自卫权"。上述设想最终未能实现。失败的理由正是上述横田喜三郎的著作和下田武三答辩中提到的《日本国宪法》第9条的存在"。这一点从同年缔结的《美新澳防卫条约》可以看出，该条约的第4条是针对武力攻击的措施，"各当事国宣告：在太平洋发生的针对任何当事国的武力攻击，视为对本国和平及安全的威胁，应依据本国宪法程序采取对抗该危险的行动"。同时，美非、美韩条约也有同样的规定。

可见，"行使集体自卫权"是条约的支柱。而此后在越南战争等一系列地区战争中，各国都追随美国自动派兵。

（三）公权解释与对美秘密合意

在这一背景之下，1960年修改《日美安全保障条约》时，争论的焦点是第5条"共同防卫"和第6条"（远东范围内）基地的许可"。在修订后的《日美安全保障条约》中，美国（对日本）的集体自卫权行使与日本（对美国）的不行使发生了碰撞，对美国来说，作为不行使的代价，要求日本"提供基地"，并承认"自卫队的强化"。这样，在"共同防卫"条款下就产生了"个别自卫权的行使"以及与美军合作程度和限度的问题，在"基地许可"条款下产生了核武器进入和从日本的自由出击问题。日本国会和媒体开始出现了卷入战争的担心。

当时的岸信介内阁采取"表面"在国会说明（公权解释）和"背后"对美秘密合意（允许核武器进入日本）的两面派手法，因此，围绕"远东的范围""与自卫队的共同作战""事前会议"等，在运用这一"背后的领域"构建了一个"安保密约"的世界。以此为出发点，随着此后国际形势的变化和日美安保合作的进展，逐渐走向"承认作为既成事实的集体自卫权——提供"人员"或"物资"——的方向。

在此回顾一下20世纪60年代日本安保国会关于相关问题的讨论。

关于"自卫队的海外派兵"，在1954年6月通过《自卫队法》时，日本参议院同时通过了"不允许自卫队向海外出动决议"的附带决议。该决议指出，"本院在自卫队创设之时再次确认：依据现行宪法的条款并对照国民强烈的和平精神，绝不允许向海外派出自卫队"。依据日本政府的解释，"海外派出"的含义是"将以行使武力为目的的军队派往其他国家的领土、领空和领海"。自卫队的任务限制在"个别自卫权""日本列岛守备队""专守防卫"。

但是，在国会审议安保条约的承认案件中，当被问到第5条"共同防卫"的内含时，岸信介坚持了"表面"立场，强调："不管远东的和平与安全与日本的和平与安全有多么紧密的关系，因为日本自卫队走出日本领土之外的行动是绝不允许的……因此，认为存在卷入战争的危险观点是错误的。"[1]

当时的内阁法制局长林修三在同年的参议院预算委员会上也认为："对照宪法来看，关键的问题是，他国，特别是与本国有着历史的或民族的或地域的密切联系的他国，在受到武力攻击时，为了保卫该他国，到外国去进行防卫，这一状况很容易理解为集体自卫权问题，是日本国宪法所不能容忍的。"

（四）向承认集体自卫权迈进

这样，表面上集体自卫权违宪的解释非常明确，长时期内，日本政府不承认集体自卫权。但是，在20世纪60年代后，随着朝鲜半岛局势的紧张，美国对越南战争规模的扩大以及日本自卫队装备、人员的增强，横亘在美军与日本自卫队之间的藩篱逐渐降低，区分《日美安全保障条约》第5条的"条约区域"（日本国施政下的领域）和第6条"美军驻扎目的区域"（远东的国际和平与安全）的界限，即"个别自卫权与集体自卫权的边界"，开始逐渐模糊。首先是美军基地的使用条件，其次是专守防卫的自卫队（个别的自卫权）与瞄准亚洲的在日美军基地（集体自卫权）这一原则上的区分逐渐消失，即"密约的表面化"。

最初出现的是基地使用中"事实上的集体自卫权承认"。在越南战争中，就日本协助美国，特别是扩大"远东范围"的议员质询中，当时的外相椎名悦三郎的回答是："即使在远东范围之外发生的事件，在其与远东的和平与

---

[1] 1960年3月11日，众议院安保特别委员会上的答辩。

安全存在密切关系时，应该适用该条约的条款。在该种情况下，虽然在远东之外，现在正在发生与远东的和平与安全存在密切关系的事件。"①

在这里，"远东"的范围实际上扩大到东南亚。不久，承认了从冲绳基地起飞的军机对北越的轰炸，佐世保、横须贺的兵站基地化也逐渐公开化。而"冷战"后，在日美军基地更成了"中东和近东战争"的作战基地。

美军与日本自卫队的协助关系开始发生变化。1970年发表的最初的《防卫白皮书》在提出以"专守防卫"为国防宗旨的同时，指出："从平时开始，日美两国之间需加强相互之间的紧密联系，保持意见的畅通，努力维持紧密的关系。"这一白皮书从《日美安全保障条约》第5条的"共同防卫"出发，在1978年《日美防卫合作指针》制定前，指明了"承认集体自卫权"的方向。

（五）《日美防卫合作指针》的变化

1978年11月，日本福田赳夫内阁时期出台的《日美防卫合作指针》是日本迈向"承认集体自卫权"的关键一步。

《日美防卫合作指针》主要涉及三个协作领域：第一，防止侵略于未然的态势；第二，对日本武力攻击时采取的行动等，如果说这两部分还是在《日美安全保障条约》第5条"共同防卫"的范围之内，那么，第三，因日本之外远东的事态对日本安全产生重要影响时与日本之间的合作。这就为将来"解禁集体自卫权"打下了基础。不久，从上述第三方面导出了"西南防卫""海上防卫"等自卫队的领域外活动。

（六）小泉纯一郎政权的脱离

随着1991年苏联解体和"冷战"的结束，《日美安全保障条约》失去了其反共、反苏的共同目标。但条约仍被保留下来，并被赋予了新的使命，即成为1996年《日美共同宣言》所言的"面向21世纪的同盟"。此后，"日美安保合作"的范围不断扩大并被"日美同盟"所取代。

随着1997年《新日美防卫合作指针》的合意达成，在装备和运用方面

---

① 1966年6月1日，众议院外务委员会的质询。

使"专守防卫"仅剩一块空牌子。旧的防卫指针第三部分的内容在新的防卫指针中被作为第五部分,即"在日本周边海域出现的、严重影响日本和平与安全的事态",关于具体的合作领域包括:(1)日美的基地共同使用;(2)后方的地区支援;(3)运用方面的日美合作。而在行动范围方面,因为"周边事态的概念不是地理上的,主要着眼于事态的性质",从而使"周边事态"可以自由定义。

对美军的"后方地区支援"列举了补给、运输、整备、警备等 26 项。依据"防卫指针","后方地区支援虽然主要在日本的领域范围之内进行,但也考虑对与战斗行动发生地区可以划出一条线的日本周边公海及其上空进行"。在这里,"画一条线""考虑"等用语虽然表明了对公开"承认集体自卫权"的犹豫,但实际上不过是只剩一块遮羞布。

现实方面如果再往前走,此后就只是等待时机了。此后 2001 年的"9·11事件"和小泉内阁(2001—2006 年)在使公开承认集体自卫权的行使的道路上起到了合力的关键作用。

在"9·11"事件之后,随着阿富汗战争的展开,小泉内阁迅速制定了《恐怖对策特别措施法》(2001 年)并派出海上自卫队的补给舰对游弋在印度洋的美军舰艇实施燃料补给。在 2003 年开始的伊拉克战争中,日本又制定了《伊拉克特别措施法》(2003 年),在该法之下,日本陆上自卫队和航空自卫队开始实施"人道复兴支援"和"运输活动"任务。这一切虽然都与集体自卫权问题直接关联,但当时的小泉纯一郎首相以"9·11"事件和国会中自民党占压倒多数为背景,仍然进行狡辩,即"自卫队是否是到危险的地方去暂且不谈,即使伴随着危险,自卫队也应当作出贡献。这不是集体自卫权的问题"[1]"(武器使用标准)依据常识行动即可,某种程度上来说应该由现场指挥官来判断,随机应变吧"[2]等语录。至于"宪法前言与第 9 条之间存在缝隙""从常识上看自卫队存在战力"等发言很好地体现了被称作"小泉剧场"的该人物的宪法认识。

---

[1] 2001 年 9 月 24 日在记者会见中的回答。
[2] 2001 年 10 月 12 日的国会答辩。

对这一时期的状况，一贯认为集体自卫权违宪的内阁法制局是怎样对应的？

从 1947 年到 1953 年曾任内阁法制局长的佐藤达夫在 1974 年出版的《内阁法制局史》中收录的"回忆录"这样写道："内阁会议作出与法制局意见不同的解释在观念上也可以。但法制局的意见只要站立在超越政治论的纯理论之上，作为法制局应全力说服内阁，同时内阁也应该尊重法制局的意见。但不幸的是事实并非如此。……此时，没有办法，法制局的职员要么辞职，要么做内阁意见的传声筒。""但是，无论如何，如果内阁对法制局专家的公正判断不屑一顾，法制局体制就等于走向了坟墓，大一点说，这也与法治主义通向坟墓的道路相连啊。"[1]

现在，日本的集体自卫权问题正是处于这样的十字路口。

四、集体自卫权行使的承认

（一）"周边怠慢"的"鹰派"路线

现任日本首相安倍晋三是一个自日本众议院选举开始就主张重新认识历史并高喊通过修宪建立"国防军"和承认行使集体自卫权的典型"鹰派"首相。如果以其本人的言论为基础描绘日本的未来图画，其目标实际是实现对"二战"后日本和平体制的否定，回到他所谓的"美丽国家"，即回到"二战"前的日本。

安倍上台后，对承认过去殖民侵略并进行深切反省的"村山谈话"重新讨论，对承认"二战"前日本军队强征慰安妇的"和野谈话"进行否定。

对于妄图修改历史和改变"国家形式"的安倍首相，来自美国的批评声音不断出现。如美国的《纽约时报》在 2013 年 1 月 3 日刊文，题目是《否定历史的新尝试》，文章对安倍的上述行为进行了强烈的批判，称安倍为"右翼的国粹主义者"。作为代表美国的著名刊物如此激烈地批评"同盟国"的首相是非常罕见的。

对安倍加剧地域紧张的言论，奥巴马政府也表达了不满。在 2013 年 2 月

---

[1] ［日］佐藤达夫："佐藤达夫回忆录"，载《内阁法制局史》1974 年刊。

的日美首脑会谈中,作为日本首相首次传达了开始进行行使集体自卫权的讨论,但奥巴马总统在记者团面前虽然说了"日美同盟是亚洲太平洋的基础",却没有深入,而是代替以"对两国来说最重要的课题是经济成长"。

在中日钓鱼岛争端中,安倍因主张"不存在领土问题",使中日关系长期处于低谷。这不仅对美国,也对日本带来了困难。上述《纽约时报》的文章正是表达了这样的不满。

现在日本仍在按第一次安倍内阁时期(2006年9月—2007年9月)"鹰派"的"周边急慢"路线行走。但彼时与此时情况已不同。如果还试图实行过去残存的"鹰派"政策,只能招致美国和其他亚洲国家的反感。

(二) 第一次安倍内阁的行动

在民主党执政的三年多时间中,自民党政权时期制定的作为日本国防指针的《防卫计划大纲》逐渐向实战方向转变。自民党未能实现的武器输出三原则得到了缓和。此后,重掌政权的安倍晋三积极将乃祖岸信介强烈推进而未成的"修宪"作为重要执政目标。

早在第一次安倍内阁时期,在安倍的强烈推动下,日本修改了与宪法构成一体的特别法《教育基本法》。自明治时代开始到第二次世界大战结束,日本正是因为存在《教育敕语》,才通过学校的彻底教育,培育出"尽忠"于天皇并为天皇丧失生命的人。在日本投降后,在规定放弃战争的《日本国宪法》制定后不久制定实施了《教育基本法》,该《教育基本法》的"前言"在言及《日本国宪法》的意义时提道:"该理想的实现,从根本上说有赖于教育的力量。"因此,可以说《教育基本法》是使"二战"后日本和平宪法扎下根基的法律。而安倍修改《教育基本法》的理由正在于此。因为,以实现现行宪法之理想为目的的《教育基本法》对修宪者来说是一个障碍。对《教育基本法》的修改是将来日本修宪的前奏。修改后的《教育基本法》增加了"对乡土的热爱"。在修改后的记者会见中,安倍以满足的表情说道:"这是脱离'二战'后政治,创建新国家的基础。"这一爱国教育与1999年制定的《国旗国歌法》相结合,进一步强化了全国中小学生"国歌的演奏和齐唱"。

在修改《教育基本法》不久，安倍就将日本的防卫厅升格为防卫省，从而进一步提高了自卫队在日本国家组织中的重要性，使自卫队的作用由内向的"国防"向外向的"海外武力行使"转变。此后又制定了《修宪国民投票法》。

（三）《国家安全保障基本法》的制定

2012年，安倍晋三第二次上台后，为了迅速解禁集体自卫权，首先召开了第一次安倍内阁时期设立的作为私人咨询机关会议的"安全保障法律基础再构建恳谈会"。并重新就四方面进行讨论：（1）对公海上美国舰艇的防护；（2）对针对美国的弹道导弹的迎击；（3）在国际维护和平行动（PKO）中为保卫他国军队的"驱护警备"或为执行任务使用武器；（4）在战斗地区对他国部队的运输、补给等后方支援。讨论的结果是必须变更宪法解释。

与此同时，2012年7月，自民党在总务会议上决定制定《国家安全保障基本法》，该法的特点是：隐藏着使宪法禁止的集体自卫权行使成为可能。

从自民党起草的《国家安全保障基本法草案》中可以看出，其第10条"依据联合国宪章规定的自卫权行使"，依据《联合国宪章》第51条承认了集体自卫权的行使。该草案第11条"联合国宪章保障措施的参加"规定，如果有联合国安全保障理事会的决议，承认在海外行使武力。此外，第3条"国家及地方公共团体的责任"规定了为保护秘密的立法措施，这就与制定特定秘密保护法密切关联起来。该草案第12条"武器的输出输入"等，放弃了日本长期坚持的禁止武器输出的"武器输出三原则"。

总之，《国家安全保障基本法》的内容与现行宪法第9条的解释明显相反。该法通过后，自民党下一步即准备制定"集体自卫事态法""国际和平协作法"，并进一步修改《自卫队法》。这些法律通过后，日本等于解禁了集体自卫权的行使和海外武力行使的法律限制，由于日本不存在德国那样专门审查法律是否违宪的宪法法院，因而通过法律变更宪法解释，就有可能改变日本的"国体"。

（四）2014年7月1日的"内阁决议"

在修改宪法一时难以获得进展的情况下，2014年7月1日，安倍内阁作出了"承认行使集体自卫权"的内阁决定，从而极大地改变了日本政府长期坚持的关于《日本国宪法》第9条只承认"个别自卫权"的解释。①

日本解禁行使集体自卫权的成功,使《日本国宪法》第9条进一步有名无实,而诉求护宪的人们更加失望,可以设想,日本修宪的道路会进一步缩短。

总之,安倍晋三试图修改历史认识,使日本重回像"二战"前那样能在海外进行战争的国家,只能招致世界上爱好和平的国家和人民的反对。

此前,针对安倍欲解禁日本的集体自卫权一事,日本的《世界》杂志曾在2007年采访原小泉内阁时期的内阁法制局局长、后任大阪大学法学院教授的坂田雅裕,坂田教授指出:《日本国宪法》独特的地方不是第9条第1款,而是第2款,因此,《日本国宪法》禁止的不单是违法的战争,也包括正义战争。他进一步指出,日本几乎所有的宪法学家都认为:"对照第9条第2款不保持战斗力量的规定,现在的自卫队不相当于战斗力量是很可笑的,自卫队是违宪的。政府的宪法解释如果有难以理解的地方,是因为它以自卫队合宪为出发点。"

"集体自卫权也好,集体安全保障也罢,并不直接给国民的生命和财产带来危险,但是,自卫队到海外,即使不违反国际法,怎样读日本国宪法,也找不到行使集体自卫权的依据。"

如果日本政府采取违反法治主义精神的解释变更,"将会极大地影响国民的守法精神,如果这样,作为法律规范的《日本国宪法》第9条的意义将会荡然无存"。②

第二节　政治体制

一、《日本国宪法》下的政治体制架构

（一）议会体制

以1946年《日本国宪法》的制定为开端,"二战"后日本的政治体制发

---

① [日]森英树:"7·1内阁决议与此前的关联",载[日]《法学论坛》2015年1月。
② [日]版本雅裕:"为什么不允许行使集体自卫权",载[日]《世界》2007年9月号。

生了重大变化。这种变化首先体现在议会体制方面。在"二战"前日本的两院制中，贵族院（相当于上议院）的权力大于众议院，它主要是一个由皇族、华族和敕任议员组成的议院，它可以否决众议院通过的议案而使之无效。反之，即使众议院中占多数席位的政党也无权组织自己的内阁。议会不是对选民直接负责，相反，它是辅佐天皇的一种"协赞机构"。而此后随着日本政权的法西斯化，议会也成为法西斯体制的附属品。因此，"二战"前日本虽有议会，并在1924年至1932年实行过所谓的议会政治，但他毕竟不是完整意义上的资产阶级议会制。

随着1947年《日本国宪法》的实行，"二战"前的帝国议会被正式废止，代之以新的国会。《日本国宪法》第41条明确规定："国会是国家的最高权力机关，是国家唯一的立法机关。"这就表明了他是在议会民主的基础上，建立的国民代表机关，处于政治上的中心地位。依据宪法和法律，国会由众议院和参议院组成，两院议员均有国民选举产生，且两院议员和选举人资格不得因种族、信仰、性别、身份、财产或收入的不同而有所歧视。任何年满25岁的日本国民均可当选为众议员，年满30岁的日本国民可当选参议员。在两院当中，因众议院任期较短、可以随时解散，从而便于人民经常和直接的监督，因而规定了在立法、审议预算案、缔结条约和内阁总理提名等方面，众议院居优越地位。同时，《日本国宪法》还取消了天皇以敕令、敕语立法的权力和天皇对议会的控制。并依据"主权属于国民"的原则，规定了对立法权的限制，即对国民的基本人权，任何法令、诏书，甚至对宪法的修改均不得剥夺。这与《明治宪法》规定的在法律范围内保障国民权利形成了鲜明对比。

依据宪法，议会的权力主要有审议法律、议决预算、批准条约、提议对宪法进行修改、提名内阁总理大臣、弹劾法院的设置等。为保证这些权限的行使，《日本国宪法》还规定了议会的补充职能，即国会调查权和自律权能。对国会的召集、会期、国会的组织、议事程序等由《国会法》（1947年）详细作了规定。当初，《国会法》是在众议院立案，经日本政府与"盟总"多次协商制定的。与1889年的《议院法》保障政府对议会的优越地位不同，《国会法》规定：政府不能限制国会的活动。从而保证了国会对政府的优越地位。依据"盟总"的主张，该法还规定了建立常任委员会制、保障小会派的权力、议事公开等，同时，法律还确立了议员不被逮捕的特权以及设立法制局、国会图书馆，以保障议员的活动。

于《国会法》制定的同时，1947年还修改了《众议院议员选举法》，给予妇女选举权和被选举权。1948年又制定《政治资金规正法》，1950年制定《公职选举法》，从而进一步完善了选举体制。

总之，通过《日本国宪法》的颁布及《国会法》等系列法令的制定和修改，"二战"后日本建立了比较完整的资产阶级议会民主体制，从而在一定程度上实现了议会政治的现代化。

（二）内阁体制

"二战"后日本议会体制的改革必然引起内阁体制的改革。"二战"前，日本的行政主体是天皇，内阁总理大臣由元老和重臣提名，天皇任命。所以被称为天皇的"敕令内阁"。而内阁的成立和权力行使常常受到军部的干涉和控制，由于军部的反对而流产或倒台的内阁很多。自1885年成立第一届内阁至"二战"结束的60年中，30名总理大臣中，有15名是军人，政党出身者寥寥无几。[①]

而"二战"后的《日本国宪法》则规定"行政权属于内阁"（第65条），"内阁行使行政权，对国会负连带责任"（第66条）。这样，内阁成为国家最高行政机关，他除了管理国家一般行政事务以外，还执行法律、总理国务、处理外交、缔结条约、拟定预算、决定大赦和特赦等。在内阁行使行政权时，对国会负连带责任，即实行议院内阁制。

依据宪法，内阁由众议院中占多数席位的政党组成，成员包括内阁总理大臣和其他国务大臣。其政党的总裁任内阁总理大臣，由他任命各国务大臣，并指挥监督行政各部，各大臣作为主任大臣各自分管行政事务。国会大臣的过半数必须从国会议员中选任。为防止以后军队对行政的干预，《日本国宪法》还规定了内阁总理大臣和其他国务大臣必须是文人。

关于内阁的组织和运行由1947年制定的《内阁法》加以规定。在行政

---

① 吴廷璆：《日本史》，南开大学出版社1994年版，第814页。

组织上，随着军队的解体，废除了陆军省、海军省、帝国大本营、参谋本部以及军令部等军政和军令机关。由于内务省是中央集权统治的中心，所以也予以废除，其权力分给警察、建设、劳动、厚生、地方自治等行政机关行使。各经济官厅，由于需要应对"二战"后的经济危机，经整顿后予以保留。1948年，政府制定《国家行政组织法》，确立了内阁管辖下的行政机关组织的基准。以此为基础，进一步完善了国家行政组织。1954年，随着自卫队的建立，日本政府设防卫厅，1971年，为应对环境公害问题，政府又设立环境厅。

（三）地方自治问题

《地方自治法》是关于日本地方自治体制的基本法。它于1947年4月17日公布，同年5月3日与《日本国宪法》同时实施。该法对地方公共团体进行了区分，规定了地方公共团体的组织和运营原则，确立了国家和地方公共团体的基本关系。其目的在于提高地方公共团体的民主化和效率化，保障其健全的发展（该法第1条）。《地方自治法》以《日本国宪法》第8章（地方体制）的规定为基础，内容更加具体化。

依据该法，日本的地方体制发生了重大变化。首先，改原来作为普通地方行政官厅的地方长官为地方行政，都道府县与市厅村一样，成为普通地方公共团体，实行完全自治，并废除了知事的官选制。其次，取消了国家对地方公共团体的一般监督权，强化了地方的自主性和自律性。地方议会实行常任委员会制，承认地方议会的调查权，强化了议会权限。再次，确立了地方议会和议长的对等关系，使其相互牵制，并规定了地方居民的监察请求权和居民的诉讼规定。彻底贯彻了地方自治的思想。最后，在大都市确立了特别市的体制，使他们保持了与府县相同的独立性。在东京的特别区也取得了与一般市相近的权能。

地方自治法制定以后，通过该法的修改和相关体制的建立，使地方体制不断变化。1947年至1950年的修改主要集中在彻底实行地方体制的民主化和分权化，扩大和强化地方自治体的权力。这一时期与这一目的相关的立法主要有：1947年制定的《警察法》，规定了将警察组织分为国家地方警察和自治体警察。依据该法设立了国家公安委员会和国家地方警察队，并在全国设立六个警察本部，各都道府县设立公安委员会管理国家地方警察工作。自制体警察设在市及人口五千以上的町村，人口五千以下的地区也可以与邻市共同联合设立警察。该法保障了新宪法确立的地方自治和民主主义。与此同时，在1948年还制定了《教育委员会法》和《地方财政法》。

但1952年以后，随着占领的结束，情况发生了变化。1952年至1960年的修改主要侧重于地方自治行政的合理化和效率化方面。其间，1954年对《警察法》进行了修改，废除了自治体警察和国家地方警察，推行警察组织的中央集权化。1956年废除了《教育委员会法》，制定《关于地方教育行政的组织和运营的法律》，改教育委员的公选制为上级任命制。1960年至1970年，随着高度经济成长政策和地域开发政策的实施，在加强地方合作的同时，出现了许多新的行政课题，包括环境问题、都市问题、农村人口减少、社会福利等，这都需要对法律进行修改，这一时期制定的相关法律主要有：《公害对策基本法》（1967年）、《大气污染防治法》（1968年）、《噪音限制法》（1968年）等。1973年石油危机以后，日本经济经历了两年的负增长，在1975年以后，再次走上安定成长的道路。此时关于"地方的时代"再次成为主要话题。政府也制定了推进地方发展的许多计划，但由于经济的稳定成长，国民中的中流意识增强，这促进了国民对政治的不关心，因此，虽说是"地方时代"，但中央集权化却进一步加强了。[1]

二、修宪与政治体制的改变

针对"二战"后《日本国宪法》确立的政治体制，修宪论者认为已经难以适应时代变化的需要，必须进行改革。首先看一下2012年《自民党修宪草案》，该草案规定了不需要内阁议决的首相专权事项，这些规定有可能招致首相的独断专行，而政党条款的导入和政党法的制定，会进一步扩大法律体制上政党位置的确立与现实政党的差距，成为新组织参与政治的藩篱。

---

[1] ［日］日本近代法制史研究会编：《日本近代法120讲》，法律文化社1992年版，第269页。

(一) 修宪草案与政治体制

1. 围绕国会、内阁的修改条款

《自民党修宪草案》在"国会"一章最引人注目的变化是关于划定选举区的人口比例原则的缓和（第47条）和政党条款的追加（第64条之2）。

在"内阁"一章，强化首相权限是重要的着眼点。作为首相的"专权事项"主要包括：对行政各部的指挥监督和综合调整权；国防军的最高指挥权；解散众议院的决定权。

2. 政治体制与运用的变化

在围绕日本国家政治体制讨论修宪之时，还必须注意的一点是：自20世纪90年代开始的各种政治体制改革的动向。日本宪法的规定虽然没有任何变化，但是，20世纪90年代后，国会、内阁、选举体制、政党等，日本宪法规定的具体体制的运用发生了很大变化，这也带来了宪法规定政治体制功能的大变化。

(二) 政府主导改革与首相政治

1. 政府主导改革

自20世纪90年代开始，各种体制改革逐渐展开，包括政治改革、行政改革、司法体制改革、地方分权改革等，在此只对政治改革进行分析。

20世纪50年代中期以后，自民党占据国会两院多数的状况长期持续，但以20世纪80年代末的"政治献金事件"为契机，对政治腐败的批判不断高涨，在此背景下，为建立一个国民可以选择政权的结构并为此使政治势力集中到两大集团，众议院导入了以小选举区为中心的选举体制（开始500议席中300来自小选举区、200来自比例代表，但此后比例代表削减到180议席），并且，随着选举运动以政策、政党为中心的体制改革、政党援助金的导入等，日本正式导入了"政党本位"的结构。

日本改革的原型是英国，英国的下院采取各选区仅一人当选的小选举区体制进行选举，在这一结构下，保守党和工党两大政党各自推出自己的首相候选人和政权公约来争夺政权，在两大政党制之下，因为第一大党确实掌握了议会的过半数席位，在选举中胜利的第一大党党首成为首相，其公约通过法律或预算而具体化。

从理想化来看这一结构，国民通过议员选举来选择首相或政权及其政策。可以说，这是一种被选择的政权负有实现国民选择政策责任的体制。因此，首相的领导作用强烈的得以体现。因此，也称作首相政治或首相统治。

这是由过去的"官僚主导"向"政治主导"转换的情况。此时政治的中心不是宪法定位的作为"国权的最高机关"的国会，而由国民选择的作为政权中心的内阁及其领袖首相起着"政治主导"的作用。

2. 强化行政权的首相政治

一般认为，日本政府缺乏作出快速和有力决策的能力。尽管日本民众希望拥有一个强有力且有效的领导者，但日本人通过内阁一致意见做决定的传统使得同样在英国很有效的议会体制在日本却行不通。为此，有建议认为，既然日本人不愿意改变他们决策共识的传统，解决方法可能是通过调整议会体制允许人们直接选举日本政府首脑，从而使得首相在日本拥有政府最有力的政策权。在英国，首相之所以能有权力作出关键决策，是因为他所在的内阁拥有权力。玛格丽特·撒切尔和约翰·梅杰一旦失去了首相地位，他们也便自动失去了影响关键决策的制定能力。

但对于日本行政系统而言，实际情况却是，个人拥有大权而非政府（总理府）拥有大权，当首相不再是首相的时候，他可能拥有比他在位期间更大的权力，这是一件很正常的事情。在日本"影子首相"冲淡了实际首相制定快速、有效决定的权威和能力，因而使得在任首相无法管理任何大型现代民主体制。权力在强大的政治人物和官僚之间如此分散，以至于很多决定难以作出。当握有大权的人不同意时，没有一个普遍接受的程序去迫使政府作出决定。

为了使内阁首脑成为日本政府权力最大的政治人物，需要对首相选举方式进行改变，直接选举出来的首相能够以一种当前任何人都不可能拥有的方式为日本发言，这种直接选举首相的方式，即通过将做决定的责任集中在一人之上，这可以使政府迅速果断地采取行动。为此，日本政府希望通过修改宪法的相关规定达到目的，其思路如下：首相应由人民直接选举产生，或者在众议院进行大选的时候同时选举产生。由天皇任命获得选区选票最多的候选人为首相。如果有票数相等的情况，依据《日本国宪法》第 67 条，首相应该由新选出来的议会选择产生。

由选举产生的首相，成为众议院议员。在成为首相的同时可以但不必仍在众议院占有代表一个选区的席位。无论是个人辞职或死亡导致首相职位空缺，还是众议院通过不信任决议或拒绝信任议案所导致的首相辞职，众议院均需解散。新的众议院将依据宪法规定重新选举。首相可以连任，但是在任时间不得超过九年。

在这里，修宪草案的目的是在议会制下扩大首相的权力，即仍然保留"责任内阁制"，而不是像美国一样设立一个独立的行政部门。依据《日本国宪法》第 65 条规定，行政权力将与内阁保持一致。依据修宪草案，首相的选举将和同一地区的众议院选举共同进行。因此，首相通常属于政党或政党联盟在众议院中最大的代表。修宪草案还鼓励各政党组织首相候选人后援团。一般在新选出的首相没有得到新选出来的众议院支持的情况下，首相可以利用辞职的方式或者众议院可以利用投不信任票的方式来进行新一轮的选举。

总之，依据新的设想，日本首相将由国民举出，只要他能赢得众议院的多数投票，就不能违背他自己的意愿而被罢免。如果他真的自愿辞职或者因为投了不信任票而被罢免，他将和所有的众议院议员一样重新回到选民的手中进行新一轮的选举。因此，新的修宪草案将会加强首相制定政策的独立性和权威性。[①]

（三）两院制

1."拧巴的"和"强大的"参议院

在三权分立的体制之下，国会同样是重要的一级。但日本的国会经常出现这样的一种现象：众议院的多数党在参议院的议席不过半，换句话说，两院出现了"拧巴"现象。当然，依据《日本国宪法》的规定，两院中众议院优越，特别是在首相的提名、预算的议决、条约的承认等方面，但对于国会重要权限的法律案的议决，如果被参议院否决，众议院需要 2/3 特别多数再

---

① Richard Barron Parker, A Suggested Amendment to the Constitution of Japan to Strengthen the Office of Prime Minister.

通过，而在一个政党很难保证 2/3 议席的情况下，这显然很困难。

强大的参议院对内阁也有影响。因为首相的提名众议院具有优越性，参议院就通过对重要法案的否决对内阁施加影响力。因此，在两院出现"拧巴"现象时，为避免重要法案在参议院被否决，只能采取联合政权方式。不仅众议院，为确保政权稳定，参议院过半数也很重要。因此，众议院过半数的自民党与公明党组成联合政权正是出于此种考虑。

2009 年民主党上台后，由于 2010 年参议院选举失败，"拧巴"现象逐渐深刻，民主党不仅在参议院不能确保过半数，在众议院中，法律案再议决需要的 2/3 也不能保证，因此，各种抨击"不能决断政治"的声音非常强烈。2012 年 12 月，自民党在众议院选举中再次击败民主党并重新执政，在次年的参议院选举中也获得过半数席位，"拧巴"现象才逐渐缓和。

2. "过强的"参议院与修宪论

为避免"不能决断政治"情况的出现，通过修宪缩小参议院权限似乎是一种解决方式，但在修改之前，必须清楚国会功能障碍的根本原因，主要是宪法及其运用时出现"拧巴"现象。即宪法设计的"强"参议院与 20 世纪 90 年代后政治体制运用之间的矛盾。

2005 年之后，在众议院的小选举区选举中，第一大党独占 70% 以上的议席，且每到选举时多数党不断替换，如果维持以小选举区为中心的选举体制而缩小参议院权限，对多数党或选举时选举结果的激烈变化则难以抑制，而参议院的存在理由正是对众议院过分强大的抑制。因此，实行多党制也是一种选择。

与此同时，首相领导力的强化，不仅与行政改革，也与政治改革紧密相关。

这一时期，最高法院司法判断的严格化也进一步促使日本的选举体制进行变革。

最高法院在 2011 年 3 月 23 日的大法庭判决就众议院议员小选举区，2012 年 10 月 17 日大法庭判决就参议院都道府县选举区，各自作出了违反投票价值的平等、处于违宪状态的判决。虽然承认了国会修改的缓期期间，没有直接宣布违宪，但两院的选举区处于违宪状态也是非常不正常的。

围绕众议院小选举区，由于没有纠正违宪状态使其解散，从而使问题更加严重。2012 年众议院选举后，围绕选举无效发起了一系列诉讼，到 2013 年 3 月高等法院共作出 16 件判决，其中 14 件认为选举无效，其他 2 件认为处于违宪状态。14 件中 2 件直接认定选举本身无效。此前最高法院在 1976 年和 1985 年 2 次以投票价值不平等为理由作出违宪判决，但又以回避混乱为理由没有作出选举无效判决。这 2 件无效判决对国会没有采取措施表达了强烈的不信任。但是 2012 年《自民党修宪草案》的修改可能会削弱司法的严格判断。

三、公务员体制改革

日本 1947 年制定的《公务员法》深受美国影响，确立了一般国家公务员体制的"三位一体结构"，公务员权利受到很大限制，1948 年和 1965 年的法律修改基本维持了这种限制。进入 20 世纪 90 年代后，日本政府开始着手对公务员体制进行改革。2007 年日本国会通过《部分修改国家公务员法》，废除了作为科学人事行政基础的职阶体制，此后，以 2008 年制定的《国家公务员改革基本法》为基础，日本政府于 2011 年向国会提出了《2011 年修改法案》。该法案为 1947 年法和 1948 年法确立的科学人事行政体制打上了休止符。使日本公务员体制"脱离战后政治"的目的逐步达到，但改革仍保留了作为占领政策产物的、禁止公务员争议行为和从事政治活动的统一规定，明显体现了国家公务员体制改革中的政治随意性。

日本是一个官僚体制非常完备和发达的国家，早在明治维新时期，日本就模仿欧美文官体制建立起完整的近代官僚体系。"二战"后日本在美国占领当局的"指引"下，对官僚体系进行了重大的改革，特别是以 1947 年《公务员法》的制定为契机，日本的公务员体制有了很大的改变，但是，在此后的发展中，日本形成了"官僚主导型"的政府管理体制，即行政官僚凭借其在政府运行中的技术优势和资源垄断，实际上控制着国家公共政策的形成与实施，同时凭借其在国家权力结构中的优势地位，调整政党政治人物与各种利益集团之间的关系。进入 20 世纪 90 年代后，这种官僚主导型的政府管理体制随着泡沫经济的破灭面临严峻的挑战，因此，日本政府开始着手进行大规模的行政组织体制改革。随着行政组织体制改革目标的实现，公务员体制改革逐渐提上政府议事日程。2007年，日本参众两院通过的《部分修改国家公务员法》废除了作为科学人事行政基础的职阶体制，此后，以2008年制定的《国家公务员体制改革基本法》为基础，日本政府于2011年向国会提出了全面改革公务员体制的四部法案（以下简称《2011年修改草案》）。上述法案的主要内容包括扩大拥有合同签订权的国家公务员范围、解散人事院、设立作为用人机关的国家公务员厅以及掌管人事行政机关的人事公正委员会。

　　从本质上看，试图废除职阶体制和人事院体制的改革趋势是对第二次世界大战后确立的、作为一般国家公务员体制的"三位一体结构"［(1)民主的乃至近代的公务员体制，(2)科学的公务员体制，(3)为使其发挥实际作用的人事院体制］进行的整体改革。① 这一改革的效果目前虽难以预估，但其影响很大。

　　（一）"二战"后日本公务员法的制定与公务员的法律地位

　　1889年颁布实施的日本《明治宪法》确立了天皇总揽统治权原则，天皇拥有任免官员大权，各级官员对天皇和政府负有忠诚义务，官员与依据合同关系与国家确立雇佣关系的其他人区别开来，一方面，官员依据身份（不是限定职能）负有服务义务；另一方面，他享有与身份相关的俸禄和荣誉。第二次世界大战后，随着《日本国宪法》的制定和国民主权原则的确立，必须改变近代这一带有家族性质和身份制性质的官僚体制。依据《日本国宪法》第15条第1款（国民有选举和罢免公务员的权力）和第2款（公务员是全体国民的服务者）的宗旨，作为天皇雇员的官吏成为全体国民的雇员；依据《日本国宪法》第14条第1款（国民的平等）和第27条（国民的劳动权）的宗旨，具有一定身份的官员和在内部采用身份体制的官员体制是一种这样的公务员和公务员体制，即国家公务员只有在就任具体官职时才称其为公务员，他是只服从于其职务相关命令的劳动者。进一步而言，公民作为国家公务员所负的义务仅限于其职务，原则上不及于超过这一限制的私人生活，高

---

① ［日］本多瀑夫："公务员体制与公务员的权利"，载《法律时报增刊》2011年。

级公务员和低级公务员都受同样的法律规范。

依据上述宗旨，在《日本国宪法》制定后的1946年9月，日本政府通过了《关于行政机关、公务员体制及其运转的根本改革法令》，以此为基础，日本政府在同年10月设立行政调查部，并邀请美国派遣顾问团。12月，以福威尔为首的美国代表团抵达日本，与日本的行政调查部共同进行调查研究。1947年4月，福威尔团长向盟军最高司令官麦克阿瑟提交了调查报告，报告提出了设立人事院，通过考试竞争来任用和提升公职人员，以打破近代以来形成的官僚阀族政府。同时，为与"公务员工会"相对抗，报告还否认了公务员举行罢工的权利。[1] 依据这份报告的提议，当时的盟军最高司令部民政局设立了"公务员体制科"，从而确立了改革的实施主体。

1947年6月17日，福威尔向日本政府递交了"The national public servants law"，要求日本政府不加修改全面采用，并在数周之内使之立法化。此后，行政体制调查部迅速组织人员翻译，命名为《国家公务员法案》（暂译），该法案交各省厅讨论后，把收集的意见进行整理，主要包括以下意见：法律的风格必须与日本的立法相吻合；人事院拥有预算权；对限制或禁止公务员罢工规定的异议等。此后，当时的片山内阁同福威尔几次磋商，在同年7月形成"法案"，向"盟总"的公务员体制科提出，最后，经政府与该科协商，取消了关于人事院预算权和关于罢工的规定，正式形成《国家公务员法案》，于同年8月30日向国会提出，在国会审议中，把"人事院"改为"人事委员会"，并增加了国民对公务员的罢免体制。10月21日，《国家公务员法》正式公布，并规定自1948年7月1日开始实施。

1947年制定的《公务员法》将国家公务员的职位分为一般职位和特别职位，从事一般职位工作的叫作"职员"，依据职阶高低按国家公务员对待，原则上不负有其依据法令应承担职务以外的义务。在此基础之上，为保证公务员执行公务的公正性，关于职务之外的义务尽量在内容上对其范围予以限定（例如，为了政党或政治目的，谋求捐款以及其他利益或者受贿等，且不管以何种方式，都不得参与该种行为），禁止职员的政治活动以及将其与营

---

[1] ［日］日本近代法制史研究会：《日本近代法120讲》，法律文化社1992年版，第289页。

利企业隔绝开来。这些限制对所有一般职位的国家公务员都统一适用。

　　1947年《公务员法》并没有规定公务员的劳动基本权，这一权利是由作为劳动法的《工会法》和《劳动关系调整法》规定的。依据《工会法》第4条第1款的规定，禁止"警察、消防人员和监狱工作人员"拥有团结权。与此相对，《劳动关系调整法》则将禁止争议行为限制在"警察、消防人员、监狱工作者和其他国家或公共团体从事现职以外的行政或司法事务的官员及相关人员"。可以说，包含1947年《公务员法》在内的当时的法制，是基于国家公务员不是一种身份而是作为劳动者的公民这一基础制定的。

　　一般说来，公务员的任用方式主要有两种：实情任用制（也叫猎官制）和资格任用制（也叫成绩制）。前者由得到公民支持的党派从支持自己派别的人中选拔公务员，该类公务员常因政策的成败或领导的好恶而去留，该制度是为防止具有固定特权官僚制的形成，使公务员的任职随时符合广大公民的意愿，以落实主权在民的观念。与此相对，资格任用制或成绩制则要求任职的公务员必须有一定的熟练专业能力，任何人，只要能证明其具有相应能力，就可以被任用为公务员，该方式可以使公务员免受政党的影响，从而可以公正地执行公务，以应对日趋复杂和多样化的社会。主权在民和专业化是现代国家对公务员体制的基本要求。

　　在上述日本1947年《公务员法》中，对一般职务的国家公务员采用成绩制，职员的任用依据考试成绩、工作业绩和其他可以证明的能力来决定，职员可以被任命为职阶体制之下系列化的相应职务。在职阶体制之下，官职分类依据是与内容、种类及复杂性相对应的责任。与此相应，一方面，要求对同等的职务支付同等的报酬；另一方面，同等的工作要求同等的资格条件。因此，与日本旧官僚体制之下的人事管理以身份制为标准不同，新的公务员管理体制是以科学、公正为标准的。因此，科学的人事行政与官僚制的民主化或现代化紧密相关。

　　职阶体制是人事行政体制科学化的表现，但是，该体制的设计和运用需要通晓职务科学评价的专门人员以及独立于直接使用公务员的政府专门行政机关，人事委员会（1948年《国家公务员法》将其改为人事院）正是作为该机关而设立的，在这一含义上说，人事委员会或以后的人事院正是作为民主化、现代化的公务员体制和科学的公务员体制发挥作用的。[①]

虽然没有采用猎官制，但是深度参与各省厅政策规划、调整，处于政治与行政之间的各省次官及参事官被作为特别职务的公务员（《国家公务员法》第2条第3款第7号和第8号），同时，依据职业种类和性质，使政治任用成为可能。对局长以下职员的职务也可及于民主的控制之下，以图达到民主主义与专业性的均衡。

（二）1948年的法律修改与国家公务员的法律地位

由于1947年制定的《公务员法》对福威尔的原案做了很多修改，且当时福威尔正在美国，因此，当11月福威尔从美国回到日本后，非常不满。希望尽快对该法进行修改。与此同时，主张保障争议权的社会党片山内阁，在1948年2月总辞职。由民主党芦田均联合社会党、协同党组成三党联合内阁，同年8月，发生了以"全官公厅劳动组合"为主的、要求提高工资的大罢工。这使芦田内阁和"盟总"非常不安。7月22日，麦克阿瑟在给芦田首相的信中，提出了官公厅的分离、否认公务员争议权的提议。同月31日，政府发布《政令201号》，否认公务员的争议权，对有争议行为者规定了刑事处罚措施。此后，麦克阿瑟又提出对《公务员法》进行全面修改，随后，福威尔开始着手进行全面修改工作。围绕修改草案，日本政府与福威尔几次协商，最后决定进行部分修改。1948年11月9日，日本政府向国会提出《国家公务员法部分修改草案》，经审议，该草案于11月30日通过。新修改的法律主要有以下变化：（1）缩小特别职务范围；（2）限制或禁止公务员的劳动基本权（包括团结权、团体交涉权和争议权）；（3）广泛禁止公务员的政治活动，强化公务员的服务性；（4）改人事委员会为人事院，人事院的财务必须接受监督，人事院有规则制定权和其他"指令"发布权等，从而强化了人事院的地位和权限。这样，依据（1），次官成为一般职务的国家公务员，而参事官则依据《关于临时设置政务次官的法律》附则5条予以废止。依据（2），不再区分现职与非现职，对于一般职务的国家公务员，一律排除"劳动三法"的适用，虽然允许一般职务的国家公务员结成不属于工会的职员团

[①] ［日］本多瀑夫："公务员体制与公务员的权利"，载《法律时报增刊》2011年。

体，但没有缔结协议的权利，并被禁止一切争议行为。而警察、消防人员及在海上保安厅和监狱工作的人员仍然被剥夺了团结权。依据（3），仍然禁止一般职务的国家公务员参加1947年法律禁止的政治行为和人事院规定的政治行为，违者被处以刑事处罚。此外，以《公务员法》为基础制定的《人事院规则》进一步规定，对禁止或限制职员从事的政治行为，原则上包括职员在工作时间以外所从事的活动。依据（4），人事院从内阁总理的管辖之下独立出来，从而强化了人事官员与政党政治的分离。与此同时，对人事官员的弹劾追诉权也从内阁总理转移到国会，承认了人事院的独立预算权，消除了1947年《公务员法》中内阁总理对人事委员会规则的承认权，使人事院获得了独立的命令制定权。

这样，依据1948年《国家公务员法》，政务次官也属于一般职务的国家公务员，在将一般职务的国家公务员与私营企业的劳动者相区别的基础上，对他们规定了严格统一的服务限制。在这里，法律的统一性不仅包括从前的官员，连一般雇工也包括在内，将他们都归入了一般职务的国家公务员，在任用、身份保障等权利、禁止政治活动的义务以及人事行政的方式等方面，都必须服从统一管理。这些规定虽然对排除非民主的前近代因素具有积极意义，但一律排除"劳动三法"的适用，对广泛政治活动的限制和禁止甚至延伸到工作时间以外，使大量基本人权受到限制的政府一般雇员明显意识到作为一般职务公务员的"身份"。[①]

必须指出的是，在美国联邦公务员体制中，发达的职阶体制是以官民之间、中央与地方政府之间、各行政部门之间具有类似业务为前提的，其目的是使各相关业务之间的人才流动更加容易，是一种开放的人事体制。但将这种体制导入采用终身任用制、闭塞人事体制的日本，必然会产生一定的困难，实际上，职阶体制并没有完全在日本实行，而是被以《关于一般职务雇员报酬的法律》为基础确立的职务分类所代替。

此后，伴随着日本批准国际劳工组织《关于保护结社自由及团结权的公约（第78号）》，日本在1965年对《国家公务员法》又做了大幅修改。

[①] ［日］本多瀑夫："公务员体制与公务员的权利"，载《法律时报增刊》2011年。

为履行国际劳工组织的公约,1965 年《国家公务员法》对依据 1948 年《国家公务员法》第 98 条制定的《人事院规则》新增加了 1 节,补充了关于"职员团体"的规定(第 3 章第 9 节"职员团体"),明确保障了一般职员建立和加入职员团体的权利。虽然对警察、海上保安厅职员以及监狱工作人员建立和加入职员团体仍然明令禁止,但解除了对消防人员的限制。当然,他们的合同签订权和争议权仍被剥夺。此外,作为雇佣者一方劳务管理负责部门,增加了内阁总理为中央人事行政机关,负责对各部人事管理的综合调整、服务维持等规定。1965 年修改后的《国家公务员法》并没有动摇作为中央人事行政机关的人事院的根本地位和权限。

(三)21 世纪日本国家公务员体制的改革

1. 2007 年前的改革

1965 年之后的日本,虽然关于国家公务员体制的改革提案多次与行政改革提案一并提出,但《国家公务员法》的大幅修改并未能实现。与《国家公务员法》的修改直接相关的是 2001 年日本内阁通过的《公务员体制改革纲要》,作为体制改革的对象,该纲要主要包括以下四点内容:(1)构建新的人事体制(导入能力等级体制并以该体制为基础建立由任用体制、报酬体制、能力评价和业绩评价组成的评价体制);(2)确保多样化的人才(修改录用考试体制、选用民间人才、采取公选体制);(3)确立完善的再就业规则(废除人事院和各部门的承认体制,制定对各部门协助职员到企业任职行为进行管理的行为规则);(4)提高组织效率(设立机动灵活的机构和国家战略职员)。依据该纲要要求,日本政府准备在 2003 年提出修改草案。但是,纲要依然规定:"关于对公务员劳动基本权的制约,今后一方面要确保相应的替代措施,但目前仍需维持现行的制约。"因此,对于该种制约,尽管日本公务员工会表示了反对,国际劳工组织结社委员会也提出了三次"劝告",这些试图废除对基本权制约的努力还是遭到了挫折。①

此后的公务员体制改革只能再次重起炉灶。以 2005 年制定的《行政改革推进法》为基础,日本政府新设立了"行政改革推进委员会"。2007 年在该

---

① [日] 和田肇:"国家公务员劳动关系法体系的大转换及其课题",载《法律时报》2012 年第 2 期。

委员会之下又设立了专门调查分会，负责调查公务员劳动基本权的理想方式及公务员其他相关体制的专门事项。当然，这并没有妨碍"行政改革推进委员会"及政府对其他事项的直接提案。

此后，安倍内阁将国家公务员体制改革定位在"脱离战后政治"的一环，因此，安倍内阁在专门调查会的调查、审议之外，以内阁府之下的经济财政咨询会议意见为中心，提出了独自的公务员体制改革草案，经2007年4月政府和执政党协议会的协调一致后，提交议会表决，同年6月通过。

2. 2007年的法律修改

作为"脱离战后政治"一环的2007年公务员法改革，其典型表现是职阶体制的废除。如前所述，公务员法中规定的职阶体制至2007年法律修改前是从未实施过的一项体制，因此，虽然废除了，却并未影响国家公务员体制的运行。但是，至少职阶体制是"二战"后国家公务员体制中科学的人事行政基础，该体制的废除实际是排除了人事管理中对科学公正的探索以及以此为基础的人事院在客观标准设计中的作用。

在2007年《部分修改国家公务员法》中，代替职阶体制的是"工作执行能力"，它是录用、升降和转任的标准（《部分修改国家公务员法》第57条、第58条），所谓"工作执行能力"是"由内阁总理决定的发挥相应职务等级标准的能力"，问题是，法律并没有规定保证客观合理性的组织结构，也没有要求确立法律化的标准。

从某种意义上说，即使在修改前的国家公务员法中，在成绩原则和业绩评定方面也贯彻了能力和业绩原则。但2007年《部分修改国家公务员法》导入的能力和业绩原则是以人事评价为基础的，就其作为人事管理原则这一点来看与此前相比有本质的变化。即《关于人事评价标准、方法等的政令》（2009年政令31号）确定的人事评价是依据"人事评价"和"业绩评价"为基础的，其中，业绩评价与近期民间企业的评价一样，采用了目标管理原则。

另外，2007年《部分修改国家公务员法》中大幅缓和了对公务员到私营企业任职的限制，而这以前被认为是保证公务员公正执行公务的基础。《部分修改国家公务员法》删除了"在退休后两年之内禁止公务员到与自己过去五年曾经任职机关有密切联系的盈利企业任职"的规定，作为代替，规定禁止各部、局斡旋本机关人员到该企业任职，为进行监督，设立再就业等监督委员会。这样，机关人员到企业任职不再由每一部门单独负责，而是由内阁之下设立的"官民人才交流中心"负责。由于该中心不仅帮助政府人员到私营企业任职，还以协助官民人才交流的顺利实施为任务，因此，作为内阁长官的内阁总理的人事管理功能更加广泛了。

3. 《国家公务员体制改革基本法》的制定

依据日本政府和执政党协议会议定的政治日程，2008年6月制定了《国家公务员体制改革基本法》（以下简称《改革基本法》）。作为改革的基本理念，法律包括以下几方面内容：（1）在议会内阁制之下，国家公务员发挥其应有的作用；（2）选用和培养具有综合能力和经验的人才；（3）在推进官民人才交流的同时，提高官民人才的流动性；（4）确保和培养在国际社会中保全国家利益的高水平人才；（5）在确立作为全体公民服务者职业伦理的同时，以能力和业绩为基础进行公正评价；（6）在彻底实行绩效待遇的同时，整顿工作和生活和谐有序的环境并有助于男女共同参与社会管理；（7）贯穿政府整体的国家公务员人事管理，建立对公民负有说明责任的体制。

《改革基本法》规定，三年之内对相关法律进行整顿，五年之内推进改革。为此，在政权交替的政治乱局中，以《改革基本法》为基础设立的"国家公务员体制改革推进委员会"，于2011年4月出台了包括劳资关系在内的"以国家公务员体制改革基本法为基础的整体改革规划"，并以此为基础向国会提出了《2011年修改草案》。

（四）《2011年修改草案》

1. 《2011年修改草案》的主要内容

以2008年制定的《改革基本法》为基础，日本政府于2011年向国会提出了《部分修改国家公务员法律的草案》《关于国家公务员劳动关系法律草案》《公务员厅设置法的草案》以及《伴随部分修改国家公务员法的实施整顿相关法律的草案》四部法案，法案内容比较丰富，主要包括以下内容。

（1）在《部分修改国家公务员法律的草案》中导入以事务次官、局长、部长等为对象的干部职员体制，其目的在于排除纵向行政分割弊端并强化内阁的人事管理功能。依据该草案，关于干部职员，包含公选制在内，由内阁总理（委托内阁官房长官）制定干部候选人名单，由有任免权的部门在其中任命合适者，在晋升之时，由内阁总理或官房长官与有任免权的部门共同商议，同等职位的干部职员在配置调换时，如果不侵害其权益可以自由进行。为配合包含跨部门配置在内的干部人事一元化管理，在内阁官房设立新的内阁人事局。

此外，《改革基本法》规定的废除此前第Ⅰ种、第Ⅱ种、第Ⅲ种分别进行的国家公务员录用考试以及导入综合职务、一般职务和专门职务的分别考试，已经通过制定"规则"进行了修改，并自2012年开始实施。

（2）对于国家公务员的退休管理，即国家公务员退休后到企业任职的问题，《2011年修改草案》废除了官民人才交流中心，在排除协助再就业的前提下，规定只有在部门撤销合并的情况下，内阁总理才协助再就业。该草案将以前的"再就业等监督委员会"改为"再就业等监督公正委员会"，置于新设立的人事公正委员会之下，该机构可以就再就业等的例外承认、调查违反再就业限制的行为、再就业规划问题向拥有任命权的部门提出指导或建议。另外，作为自律劳动关系体制的措施，草案还规定了职员劳动关系体制，并规定非现职一般国家公务员的劳动关系由法律（《国家公务员劳动关系法》）决定。与此相关的《国家公务员劳动关系法草案》承认了一般国家公务员组织、加入工会的权利。中央劳动委员会认可的工会可以就与工作条件相关事务与当局进行团体交涉，并缔结集体合同。当然，其效力不同于一般的劳动合同，只是赋予当局依据协议内容采取一定措施的义务。关于因劳资纠纷缔结集体合同的事项，草案设立了由中央劳动委员会斡旋、调解或仲裁的体制。该草案还禁止不当劳动行为，不当劳动行为的救济机关是中央劳动委员会，该委员会可以依据国家公务员担当公益委员组成的合意体认定的事实发布救济命令。对于警察、海上保安厅职员、刑事设施职员的团结权照样禁止。

这样，通过自律劳资关系体制措施对工作条件进行劝告的体制已经失去了存在意义，承担这一任务的人事院也被取消。依据《公务员厅设置法的草案》，国家公务员体制的整体管理功能转移到在内阁府新设立的公务员厅。

《部分修改国家公务员法津的草案》则将以下关于人事行政事务集中在内阁总理之下新设立的人事公正委员会，即制定行政措施、关于利益损害处分的不服申诉、政治行为的限制、关于盈利企业的限制、设定官民人才交流标准、确保公正等。

随着保障专业性和独立性的人事院的解体，科学的人事行政失去了其组织保障。干部职员体制的导入与作为新录用考试的综合职务考试相结合，实际起到了使既存职业体系重新整合的功能，其结果只能是在国家公务员体制内部形成新的"身份制"。

2. 评价

第二次世界大战后确立的日本国家公务员体制是"三位一体"的结构，但由于旧官僚阶层的抵抗以及缺乏接受科学人事行政的劳动习惯，作为职业体系，"身份制"在国家公务员体制内部重新整合。另外，"二战"后初期制定的《国家公务员法》对一般国家公务员的政治活动和劳动基本权进行了广泛、统一的限制，作为补偿，对其进行了专门的身份保障和工作条件保障，其结果是形成了这样的观念：国家公务员是不同于一般劳动者的特殊阶层。这就产生了国家公务员这一特有的"身份"。由于职阶体制没有得到真正实施，人事院也没能真正发挥其应有的作用。

2007年《部分修改国家公务员法》正式废除职阶体制，在《2011年修改草案》中，与自律劳资关系体制的措施一起，国家公务员人事行政的全部都试图置于内阁总理大臣之下，因此，《2011年修改草案》可以说对1947年《公务员法》和1948年《国家公务员法》确立的科学人事行政体制打上了休止符。虽说"脱离战后政治"的目的正逐步达到，但却保留了作为占领政策产物的、禁止公务员争议行为和从事政治活动的统一规定，明显体现了国家公务员体制改革中的政治随意性。当然，对于一般国家公务员体制来说，将其置于与民间劳动者统一的法律体制之下，有助于淡化其国家公务员的身份观念。

1948年《国家公务员法》为日本国家公务员体制打上了占领政策的烙印，21世纪的改革是改变的开始。目前，改革能否取得预期成果尚不明晰。

第三节　基本人权

鉴于第二次世界大战时对人权的侵犯，"二战"后制定的《日本国宪法》除在"前言"中将"基本人权"作为"人类普遍的原则"进行宣告之外，还专门设立"第三章：国民的权利与义务"（第 10—40 条），对国民的权利予以保障，其内容涉及宗教自由、人权平等、教育权、生存权、劳动保障权、财产权等，而 2012 年的《自民党修宪草案》对此也进行了众多修改，限于篇幅，在此仅对前面三项予以分析。

一、宗教自由与政教分离

（一）宗教自由

宗教自由是近代以来西方宪法的主要内容之一。基于近代日本对宗教和人权的迫害历史，《日本国宪法》第 20 条对宗教自由作出了专门规定。宗教自由主要包括宗教信仰自由、宗教行为自由和宗教结社自由三种情况。[①]

所谓宗教信仰自由，主要指信仰宗教和不信仰宗教的自由、选择宗教和改变宗教信仰的自由，换句话说，就是关于宗教的自己决定权。由于信仰自由属于每个人内心的东西，因此绝对不可侵犯。一般来说，信仰自由主要包括三要素，即信仰表达的自由、禁止以信仰为理由进行差别对待、父母对子女选择宗教教育的自由。其中，信仰表达的自由，主要是内心信仰自由在外部的表现，无论是直接还是间接，都不能受到公权力的强制。[②] 这一点几乎没有疑义。在日本违反宪法的主要是其他两项因素。

在日本，关于宗教信仰问题的主要判决是"拒绝剑道课"事件的判决。[③] 该案原告系神户某专科学校一年级的四名学生，他们以信仰宗教（耶和华见

[①] [日] 斋藤寿：《宪法原则分析的展开》，劲草书房 1989 年版，第 119 页。
[②] [日] 木村俊夫："宗教自由"，见《宪法的争点（第三版）》，Jurist 增刊，有斐阁 1999 年版，第 88 页。
[③] [日] 神户地判平成 3 年（1991 年）2 月 22 日，载《判例时报》第 813 号，第 134 页。

证人）教义的绝对和平主义为基础，没有参加作为学校必修科目体育课的剑道课训练，之后，该校校长以其没修体育科目为由，对原告作出了留级处分。原告以该处分侵害了其宗教自由为理由，向法院提起了诉讼。

在 1991 年 2 月，日本神户地方法院一审判决驳回了原告的请求。该判决认为：信教自由如果只停留在内心，其保障应该是绝对的。但如果是外在的行为，并与社会生活密切关联，依据宗教中立的一般法律义务，其信仰应该受到最小限度的制约。作为制约正当化的依据，主要包括：（1）对必修科目的选择需要从教育角度进行专门价值判断；（2）剑道作为健全的体育运动得到了多数国民的支持；（3）与被强迫服兵役或苦役的制约性质完全不同；（4）如果认可原告的要求（学校应提供代替措施），就可能产生基于宗教理由的有利待遇，这就会与其他学生消极的宗教自由产生一定的紧张关系；（5）提供代替措施需要确保一定的人员和预算；（6）与因为身体原因不能参加体育训练的学生没有体育课合格认定相比，他们是想参加而不能参加，但原告是不想参加，如果有不同的待遇，必须有合理的理由；（7）原告既然已经自愿进入不是义务教育的学校学习，其权利需要受到一定的制约也是不得已的事情。

当然，该判决也承认教师的裁量权不是完全自由的，是否属于裁量自由的范围必须与判决第 2—7 项依据的正当性相关联。但"该判决并没有提示处理个人宗教自由与国家行为关系的明确标准，在对个别论点的判断中，对具有残酷压制个人或少数者宗教历史的日本社会来说，对宗教自由的价值评价明显比较低，具有轻易承认国家行为必要性和公共教育机关裁量权的倾向"。[①]

在另一起关于父母对子女选择宗教教育自由判决的"星期日参观上课"事件中。[②] 该案原告系东京某小学的两名学生及其父母（日本基督团体某教会牧师和副牧师），因信仰基督教的原因，作为所属团体的宗教义务，两名学生星期日必须参加教会学校的活动，这与该小学进行的星期日参观授课出

---

① ［日］土屋英雄："基于宗教理由的不上剑道课"，见《宪法判例百选（第三版）》，Jurist 增刊第 130 号，1994 年版，第 90 页。
② ［日］东京地判昭和 61 年（1986 年）3 月 20 日，载《判例时报》第 1185 号，第 67 页。

现了冲突,①造成缺席情况。被告该小学校长在年度指导要录的出勤记录栏内,作出了该两名学生缺席的记录。原告以该校长的措施违反了《日本国宪法》第 20 条第 1 款及《教育基本法》的相关要求,要求取消该缺席记载并赔偿由此产生的精神损失。

　　对此,法院判决认为:(1)关于宗教自由和公共教育问题。"宗教团体为进行宗教活动,设立宗教教育机关并进行集会,属于宪法保障的自由。其本身作为国民自由的一部分,即使在公共教育方面也应该受到尊重,但提供和接收公共教育是宪法赋予国家及国民的义务。对参加宗教行为的学生免除其出席公共教育上课时间的问题,由于各宗教或宗派的宗教节日与上课日重复、冲突的时间不同,结果会导致容忍因宗教理由使每个学生的上课日数产生差异的情况,这不仅不利于保持公共教育在宗教上的中立地位,还可能对学生在公共教育上及公共教育作为集体教育的成就有一定的损害,从而导致公共教育遭受损失。针对公共教育有特别必要性的授课日替换,即使与宗教团体的集会时间相抵触,也应该是法律上所允许的、以合理依据为基础不得不进行的制约。因此,即使是国民自由权,如果不只是存在于内心,而是表现于一定的外在行为,则法律应该允许该种以合理依据为基础的制约,信仰自由也不例外"。(2)关于宗教自由的范围。"本案件主要是以教授世俗知识为目的的国家教育与提高信徒灵魂的宗教教育的冲突,对于该事件中的基督教徒来说,在对提高自己精神生活非常重要的星期日实施公共教育,确实存在阻碍自己宗教自由的因素。对宗教团体实施的宗教教育明显属于宗教自由的一部分,一般人都不会怀疑。对基督教徒来说,作为主日的星期日活动属于信仰自由之一的表明信仰行为的自由,当然属于宪法保障的内容。关键是如何确定该自由的范围"。② 最后,法院认为,作为宗教自由其中一部分的宗教行为自由,应该包括进行和不进行宗教活动的自由、传教自由以及上述行

---

① 依据"日本学校教育法施行规则"第 47 条的规定,公立小学的上课时间应当定在公共假日、星期日、暑假之外的时间。但是,该条"但书"又规定,在有特别必要时,授课也可以安排在公共假日和星期日。一些学校为了使家长了解学生在学校的上课状况,增加对学校教育的理解,以"但书"为依据,在星期日实施了家长的观摩教学。

② [日] 前田光夫:"因宗教理由缺席学校授课的自由",见《宪法判例百选(第三版)》,Jurist 增刊第 130 号,1994 年版,第 88 页。

为不被强制的自由。

此后，关于宗教行为自由又出现了"京都市古都保存协力税"事件判决。① 作为该案被告的京都市，以保护文化财产为名在1983年制定条例，对指定寺社的参观者由寺社征收每张票50日元的税收，原告寺社负责人认为，对参观者课税即是对宗教行为的课税，侵害了原告的传教自由和参观者的宗教信仰自由。

对此，法院判决认为：该条例制定的宗旨是以有偿观赏文化财产这一客观、外在的行为为着眼点的，不管观赏者内心目的是参观、信仰，还是兼而有之，一律课以本税，确有不妥之处。但鉴于与物价水平相比，课税额非常低，很难认为该条例有限制观赏者信仰行为以及观赏者个人宗教信仰自由的目的，也不会对该信仰行为产生明显的抑制效果，……因此，对该税的义务缴纳，对有信仰的参观者自不必言，对即使没有信仰的参观者也不会产生萎缩的效果。所以本案课税不会减少原告所在文化财产的参观者，并且，原告虽然负有一定的征收义务，但不会构成对其传教活动的制约。最后，法院驳回了原告的请求。

该判决主要采用了"目的—效果"的审查标准，但是，"目的—效果"审查标准作为审查公权力有关宗教行为是否合宪的标准，主要在公权力对特定宗教赋予利益或不利益的情况下援用，因此，对上述问题的援用是否合适存在疑问。②

所谓宗教结社自由，主要是结成宗教团体的自由。因为信仰虽然是多种多样的，但就作为社会存在的宗教而言，个人单独过宗教生活的情况是非常少的，更多情况是集体进行宗教活动，所以作为宗教信仰的一环，宪法保障宗教集会和结社自由，即承认个人进行集会结社的自由，承认结成团体进行宗教活动的自由。与此同时，承认个人的宗教自由，也就是承认宗教团体的自由，作为宗教团体的自立和自律权也必须予以保障。但"对于围绕宗教团体的法律纠纷，如果完全排除司法权的行使，就会出现否定宪法保障的国民

---

① ［日］京都地判昭和59年（1984年）3月30日，载《判例时报》第1115号，第51页。
② ［日］平野武："宗教自由与古都保存协助税条例"，见《宪法判例百选（第三版）》，Jurist 增刊第130号，1994年版，第87页。

接受裁判的权利"。① 因此，如何协调两者的关系就显得非常重要。

在日本，围绕宗教团体自律权与司法权关系的典型诉讼是"请求返还捐款诉讼"。在该诉讼中，对于原告得知参与捐款兴建的"佛祖木刻像"系赝品后，认为自己所捐款项系出自错误，请求返还该捐款。对此，一审法院认为，原告主张的错误与内心的信仰密切相关，本诉讼的核心是以宗教信念为基础的争端，因此，该请求本身不属于法院应该审判的"法律上的争讼"，于是驳回了原告的诉讼。对此，虽然二审法院认为该金钱返还请求是基于错误的交付，是以不当得利返还请求权的存否为审判对象，作为前提主张的错误内容虽与宗教信仰有关，但难以认为不属于法律上的争讼。

最后，最高法院支持了一审判决，最高法院认为，本件诉讼具备具体的权利义务乃至关于法律关系的纠纷形式，但要判断本案是否错误，必须进行信仰对象的价值判断和关于宗教教义的判断，纵观本件诉讼的经过记录，其诉争点和当事者的主张举证也是以该问题为核心，但该诉讼在性质上并不能借适用法律得以解决，故不属于"法律上的争讼"。② 本案件实际上是与团体关系相关的纠纷，应该属于宗教团体的内部纠纷。在该含义上说，是宗教自律权的问题。

当然，当信教自由以宗教行为出现时，有可能与国家秩序和公序良俗相冲突，因此，存在一定的界限问题。前述有关宗教问题的判决很多都对此有相关论述，对此，典型的案件是"加强祈祷治疗"判决。③

该案被告某宗派僧侣，受被害人母亲的邀请，为精神异常的被害人进行一周的祈祷治疗。因效果不好，又在房间设护摩坛，并焚香进行加强祈祷。由于被害人不能忍受香火的热烤，其父母与被告将被害人捆绑强按在香火旁，致使被告多处受伤，并引起心脏疾病死亡。

对此，一审法院判决认为，被告的迷信行为应认定属于价值判断的失误，其行为在客观上产生了违法的暴行。但虽有暴行的故意，被告只应负结果责

---

① [日] 平野武："宗教团体内部纷争与司法权"，见《宪法的争点（第三版）》，Jurist 增刊，有斐阁 1999 年版，第 92 页。
② [日] 最判昭和 56 年（1981 年）4 月 7 日，载《民事审判集》第 35 卷第 3 号，第 443 页。
③ [日] 最判昭和 38 年（1963 年）4 月 7 日，载《刑事审判集》第 17 卷第 4 号，第 302 页。

任。因此，法院判决被告惩役两年，缓期三年。此后，被告以该判决认定事实错误、违反法律和宪法为由提起上诉。二审和三审均驳回了其请求。

针对该案件，最高法院认为，《日本国宪法》第 20 条保障的宗教自由是基本人权的重要组成部分，但该自由并非绝对无限制，必须受到公共利益的制约。即使像本案祈祷精神异常者康复的宗教行为，其加强祈祷行为产生了危害他人身体和生命的结果，属于违法行为，既然由此产生被害者死亡，则不仅脱离了《日本国宪法》第 20 条第 1 款对宗教自由的保障界限，也符合《刑法》第 205 条的处罚规定，因此，原审判决不违反宪法的相关条款。

上述判决基本遵循了法院此前关于基本人权与公共利益关系的判例倾向，但因为是最高法院关于宗教自由界限的最初判决，所以受到日本学术界的高度重视。

（二）政教分离

关于国家与宗教的关系（国家的宗教政策），依据各国的历史条件一般可以分为三种类型。一是英国型，即采取国教制，但对非国教徒也给予宗教宽容；二是美国型，即严格采取政教分离；三是德国、意大利型，即承认教会作为公法人宪法上的地位，国家与教会处于平等的地位，相互尊重其独立性。[①] 日本则经历了由"二战"前的"严格国教制"到"二战"后"政教分离"的转变。[②]

日本早在 17 世纪初叶的德川幕府时期即发布了关于禁止天主教在日本传播的禁令。[③] 明治维新初期，"禁止天主教和基督教"的政策仍未改变。1889 年发布的《明治宪法》虽然规定了宗教信仰自由，但对日本传统的神道教，特别是神社神道明显予以特别的重视，在神道国教制度之下，对其他宗教的压迫或迫害与对神道教的优待形成了鲜明的对比。以明治天皇为最高统治者的政治体制和以祭祀天皇祖先并以天皇为最高祭主的"唯神之道"结合在一

[①] ［日］大须贺明编：《宪法》，三省堂 1981 年版，第 133 页。
[②] 因为"二战"前日本的国教制不同于带有宽容性的英国国教制，故暂称为"严格的国教制"。
[③] 天主教在 16 世纪中期随着西方殖民者的贸易传入日本，到 17 世纪初日本最后一个幕府德川幕府建立时期，已发展到近 80 万人。由于幕府统治者害怕天主教的威胁，于 1613 年 12 月向全国发布驱逐天主教令，强迫信徒改变信仰，违者流放边陲或处以死刑。

起，形成了日本近代特有的祭政一致体制。神社作为公法人，由当时的日本内务省神社局（后改为神祇院）进行专门管辖，而其他宗教则由文部省宗教局管辖。与此相关，神社的祭祀属于国家事务，日本政府以神社不属于宗教为理由，强迫广大国民对神社的崇拜，最终导致了日本军国主义和对外侵略扩张。

1945年日本战败投降后，依据以美国为首的联合国占领军发布的指令，废除了日本的国家神道，并制定了《宗教法人法》，从此之后，神社与其他宗教一样成为国家的一个宗教法人。日本天皇也在1946年元旦发表了《人间宣言》，否定了自己的神格性。1947年5月3日生效的《日本国宪法》在第20条专门规定了政教分离原则。依据该项原则，在法律上否定了国家与特定宗教的结合以及介入和照顾（国家的非宗教性），国家必须平等对待所有宗教（宗教的中立性）。以此为前提，包括宗教少数人在内的全体日本国民的宗教自由得到了保障。特别是《日本国宪法》规定了"任何宗教团体都不得从国家获得特权，不得行使政治上的权利"，这是对《明治宪法》下国家优待神宫、神社的反思。

与《日本国宪法》第20条相关，第89条前段规定："公款及其他公有财产，不得为任何宗教组织或宗教团体使用、提供方便和维持活动。"该规定从财政方面保证了政教分离。

与此同时，关于政教分离原则与宗教自由的关系如何把握，目前在日本学界主要存在两种学说，即严格分离说和目的效果说。依据严格分离说，如果国家和宗教的分离不严格，就不能真正保障信教自由（完全分离主义），依据该种学说，必须彻底排除国家与特定宗教的结合。并且，可以认为现行《日本国宪法》是建立在该严格分离说的基础之上。与此相应，目的效果说则认为，国家不可能与宗教完全分离，某种程度的相互结合也应该被允许（限定分离主义），在实践中，应尽可能考虑弹性运用。但如果行为超过了某种限度，就会成为带有宗教意义和目的的行为，这就构成了对宗教的援助或促进，或者反之，对某种宗教的压迫或干涉行为都是不允许的。①

---

① ［日］斎藤寿：《宪法原则分析的展开》，劲草书房1989年版，第120—121页。

在"津地镇祭违宪诉讼"判决中，① 日本最高法院的多数意见就运用了类似第二种观点的"体制保障说"，即把"信教自由"与"政教分离"区别开来，认为政教分离的规定是一种体制保障，并不是对宗教自由本身的直接保障。换言之，"国家和宗教的分离通过体制予以保障，从而间接确保信教自由。因此，并不是不允许国家与宗教没有任何关系"。②

该事件起因于 1965 年日本三重县津市举行的体育馆开工仪式，当时，由于津市政府聘请神社的神职人员并采用神道教仪式进行了开工典礼，最后又用公款支付了酬金和祭祀物代金，于是，该市议员以公款支出行为违反了《日本国宪法》第 20 条和第 89 条的规定，向市长提起了损害赔偿诉讼。

一审三重县地方法院认为，该开工仪式虽然表面上看属于神道的宗教仪式，但实际上没有宣传和传播神道的目的，因此，与其说属于宗教活动，不如说属于习俗活动更合适。③ 但二审名古屋高等法院则对此作出了违宪判决。其理由大致如下：(1) 神社神道以祭祀为中心属于《日本国宪法》第 20 条所说的宗教。(2) 本件地镇祭祀采用了神社神道的祭祀固有仪式。(3) 该活动作为宗教信仰的外在表现，是由神职人员按神社神道仪式进行的宗教行为，虽然尚未达到影响当地全部居民并具有普遍性的程度，但也难以认为仅属于自古以来的社会礼仪或单独的习俗活动。(4) 政教分离的目的包括：第一，从体制上确保信教自由；第二，防止国家和宗教结合给国家造成破坏以及使宗教堕落的危险。(5) 对政教分离原则的侵害，不一定有强制个人因素存在，如果国家或地方公共团体作为行为主体进行了特定的宗教活动，就应该认为属于原则上的侵害。(6)《日本国宪法》第 20 条第 3 款所说的"宗教活动"，不仅包括以特定宗教的传播、教化、宣传为目的的行为，还应该包括祈祷、礼拜、仪式、庆典、例行活动等表现宗教信仰的一切行为。综合考虑上述因素，本案中津市的地镇祭祀行为明显属于宗教活动。④ 对于该判决，被告以对宗教分离的解释过于严格、一般习俗活动不属于宗教活动为由向日

---

① [日] 最判昭和 52 年 (1977 年) 7 月 13 日，载《民事审判集》第 31 卷第 4 号，第 533 页。
② [日] 斋藤寿：《宪法原则分析的展开》，劲草书房 1989 年版，第 121 页。
③ [日] 津地判昭和 42 年 (1967 年) 3 月 16 日，载《判例时报》第 483 号，第 28 页。
④ [日] 名古屋高判昭和 46 年 (1971 年) 5 月 14 日，载《刑事审判集》第 22 卷第 5 号，第 680 页。

本最高法院提起上告。

最后，日本最高法院推翻了名古屋高等法院的二审判决，驳回了一审原告的诉讼请求。

最高法院判决的主要观点包括以下三个方面。

第一，关于政教分离的原则。

（1）所谓政教分离原则，是指国家的非宗教性乃至宗教的中立性。在日本历史上，由于国家与神道的结合，产生了神道国教化和对其他宗教团体迫害的弊端，正是鉴于各种宗教的多元化发展与并存，《日本国宪法》设立了政教分离规定，并以国家与宗教的完全分离作为理想目标，以确保国家的非宗教性乃至宗教中立性。（2）但是，政教分离规定只是体制保障的规定……间接地确保信教自由。国家在对社会生活进行管理或实施帮助或援助教育、福利、文化等各种措施时，不可避免地会产生与宗教的关联。因此，国家与宗教完全分离几乎是不可能的，如果完全分离，也许会产生不合理事态（在此可以考虑一下对与特定宗教有关联的私立学校的帮助以及对作为文化财产的神社等建筑物支出的补助金、刑罚机关进行的教育活动等）。据此，对照各国家的社会和文化条件，该种分离本身存在一定的界限。因此，政教分离原则虽要求国家在宗教问题上保持中立，但并非不允许国家与宗教之间完全不保持联系。鉴于国家与宗教关联的目的和效果，将该种联系与上述条件相对照，只有在超出了必要限度时，该种联系才是不被允许的。

第二，关于《日本国宪法》第20条第3款所禁止的"宗教活动"。

（1）所谓宗教活动，并非指国家及其机关进行的所有与宗教关联的行为，而仅限于超过了上述限度的行为。只有当该行为的目的带有宗教意义，其效果产生了对宗教的援助、助长、促进或压迫、干涉时，才属于宗教行为；（2）即使属于宗教上的庆典、仪式、活动，只要其目的和效果符合上述条件，当然包含在宗教行为之中；（3）在进行判断时，不能仅从行为的外观来进行观察，如行为主持人是否是宗教活动家，其仪式是否遵循了宗教固定仪式等，必须从各方面作出综合考虑，如行为进行的场所、一般人对该行为的宗教评价以及从事该行为的行为人的意图、目的及有无宗教意图等，如果有，其程度如何，对一般人有何效果及影响，对上述问题必须进行客观的综合判断；(4) 与《日本国宪法》第 20 条第 2 款狭义的宗教自由不同，第 3 款的保障规定有一定的界限。但是，即使是第 3 款宗教活动所不包含的宗教庆典、仪式、活动，如果强制参加也构成对第 2 款的违反。

第三，关于开工仪式的性质。

最高法院认为，不可否认，本开工仪式与宗教有某种关联，但开工仪式虽然起源于宗教，都随着时代的推移已不具有宗教含义，而成为一种单纯的建筑仪式。就本案而言，在一般人及主办方的认识中，都认为开工仪式属于一种世俗活动，不认为其具有宗教含义，且其目的是极具世俗化的。……综合考虑，本开工式不属于《日本国宪法》第 20 条所禁止的宗教活动。

在该最高法院的判决中，有藤林、吉田等五位法官提出了反对意见。他们认为，宪法所规定的政教分离原则意味着国家与宗教的彻底分离。《日本国宪法》第 20 条第 3 款所说的宗教活动不仅包括宣扬宗教教义、对信教者的教化培养，当然还包括宗教庆典、仪式、活动本身，也应该包括具有宗教性的宗教习俗活动。本开工仪式具有浓厚的宗教色彩，其效果优待了神道，并造成了对神道的援助结果。因此，该活动违反《日本国宪法》第 20 条第 3 款的规定。藤林法官的追加反对意见更认为，作为地方公共团体进行的神道开工仪式，即使花费不多，没有强制一般市民参加，也侵害了少数者的人权。①

"津地镇祭违宪诉讼"判决是日本最高法院关于政教分离原则的第一件典型判决。与一审法院将镇地祭祀看作习俗活动，因而判决合宪不同，最高法院通过"目的—效果"标准，认为该行为不属于《日本国宪法》第 20 条所说的宗教活动。而与二审名古屋高等法院的违宪判决相比，最高法院的判决实际是一次倒退。因此，许多学者，特别是一些进步学者对该判决提出了强烈的批评。特别是日本著名的思想史学家子安宣邦更是认为："这种由多数意见构成的判决，是通过对宪法原则——规定了宗教从国家完全分离的政教分离原则——进行实用主义解释，使审判对象获得现状追认式的逃逸判

---

① ［日］横田耕一："地镇祭与政教分离原则"，见《宪法基本判例（第二版）》，有斐阁 1996 年版，第 65—66 页。

决",它表明了"使法律判断的原则性向机会主义判断的无原则性退却的思想态度",而且,它"轻松地打通了该原则长期抑制之物走向复活的道路"。① 综观今日日本众多政要参拜靖国神社的行为,子安宣邦先生的担心并不是多余的。

此后,日本最高法院在该项判决中确立的标准成为最高法院本身和下级法院众多判决的标准,也成为日本政治右转的助推剂。

其实,日本最高法院所使用的"目的—效果"标准与美国的"莱蒙法则"比较相似。所谓"莱蒙法则",是 1971 年美国联邦最高法院在"私立中学补贴案"②中总结以往判例为立教条款的司法解释确立的著名法则。在该案判决中,首席大法官伯格指出:"判决并不要求政教之间完全分离,绝对意义上的分离是不可能的,政府和宗教组织之间的某种关联是不可避免的。"为便于检验有关立法是否合宪,美国联邦最高法院发展了立教条款的"三部曲标准":(1)立法或行为是否具有世俗的目的;(2)其主要或首要的效果是否促进或抑制了宗教;(3)立法是否会产生政府与宗教的"过分纠葛"。"莱蒙法则"是美国立教条款解释学的里程碑,至今在美国仍然有效。但"莱蒙法则"本身由于比较抽象,因而在法则的解释中允许一定的自由度。对此,美国联邦最高法院分为两派:一派是保守派,主张作出宽松解释,只要州法在表面上对世俗和教会学校一视同仁就应被认为通过法则的检验;一派是自由派,主张作出严格解释,即不但州法不得明确以援助宗教为目的,而且在效果上也不能对教会学校有所倾斜。整个 20 世纪 70 年代,美国联邦最高法院对"莱蒙法则"采取了相对严格的解释,到 80 年代中期后开始逐渐缓和。③

然而,日本最高法院的"目的—效果"标准只具备了"莱蒙法则"的前两项要素,且判决没有明确是否应该满足各项条件,国家行为才能合宪。与此同时,对"目的—效果"标准,在进行目的及效果判断时,既包含了该行

---

① [日]子安宣邦:《国家与祭祀》,董炳月译,三联书店 2007 年版,第 12 页。
② Lemon v. Kurtzman, 403 U. S. 602 (1971)。
③ 张千帆:《西方宪政体系(上册·美国宪法)(第二版)》,中国政法大学出版社 2004 年版,第 662—665 页。

为的行为者是否具有宗教意识、程度如何等纯粹主观的要素，又增加了"一般人对该行为进行的宗教评价""该行为对一般人产生的效果和影响"等不明确的"一般人认识"概念。① 这样，一方面考虑广泛的各种情况，另一方面依据社会一般观念进行判断，这正是美国"莱蒙法则"所没有的"目的—效果"标准特征。

继"津地镇祭违宪诉讼"后出现的"自卫队人员合祀事件"判决和"箕面忠魂碑—慰灵祭事件"判决，日本最高法院均运用了同样的判断标准。

在"自卫队人员合祀事件"判决中，② 信仰基督教的原告丈夫是自卫队员，因公务在交通事故中死亡，原告将骨灰放在基督教的纳骨堂进行祭祀，但该县"自卫队队友会"在其他遗族同意下，将死者骨灰移入该县"护国神社"合并祭祀。原告以该行为违反《日本国宪法》第20条第3款规定为由提起诉讼，要求取消该合祀行为并赔偿经济损失。一审和二审都判决原告胜诉，但日本最高法院推翻了原审判决。

就该行为是否属于《日本国宪法》第20条所说的宗教活动，日本最高法院判决认为，该行为与宗教的关联属于间接的，其意图和目的只是通过合祀提高自卫队员的社会地位和弘扬士气，不管怎样，该行为不仅宗教意识淡薄，从行为方式来看，也难以认为达到一般人所认为的如下的效果，即国家或其机关表达对特定宗教的关心；或是对宗教进行援助、助长、促进；或对其他宗教构成压迫和干涉。因此，虽然不能否定该行为与宗教的关联，但很难认为属于宗教活动。

该项判决也使用了"目的—效果"标准，但与"津地镇祭违宪诉讼"有五名法官提出反对意见不同，该判决在标准适用上，没有任何法官提出异议。

"箕面忠魂碑—慰灵祭事件"判决是对大阪府箕面市"忠魂碑事件"和"慰灵祭事件"两件诉讼合并审理的判决。③ 前者主要是因为扩建小学时涉及遗族会管理的忠魂碑，市政府决定重新购地并无偿赠予遗族会移设该纪念碑；

---

① [日] 野坂泰司："自卫官合祀与政教分离原则"，见《宪法基本判例（第二版）》，有斐阁1996年版，第73页。
② [日] 最判昭和63年（1988年）6月1日，载《民事审判集》第4卷第5号，第277页。
③ [日] 最判平成5年（1993年）2月16日，载《民事审判集》第47卷第3号，第1687页。

后者主要涉及遗族会在前述纪念碑前先后以神道仪式、佛教仪式举行慰灵祭祀，市教育局长出席祭祀并奉献玉串金，该市部分居民以上述活动违反了《日本国宪法》第20条、第89条的规定，分别提起的诉讼。忠魂碑诉讼的一审判决认可了违宪请求，慰灵祭诉讼的一审判决则进行了合宪限定解释。两案上诉后，二审大阪高等法院进行了合并审理，认为慰灵碑只是纪念战死者的纪念碑，不具有宗教性质，遗族会也不属于以宗教活动为目的的宗教团体；因此，不符合宪法所说的宗教团体概念，教育官员参加慰灵祭祀属于社会礼仪的范围，不属于宪法上所说的宗教活动。据此，驳回了一审原告的诉讼请求。最后，最高法院也驳回了一审原告提起的上告。

日本最高法院在该件判决中，就政教分离原则的阐述基本承袭了"津地镇祭违宪诉讼"的原则。就宗教团体，最高法院判决认为，《日本国宪法》第20条第1款后段所说的"宗教团体"、第89条所说的"宗教上的组织或团体"，并非所有从事与宗教有某种关联活动的所有组织或团体，而只有以特定宗教信仰、礼拜、普及等宗教活动为目的的组织或团体才与此相符合。对于忠魂碑宗教性的有无、程度，判决认为该碑不过具有纪念碑性质，与特定宗教的关系非常薄弱，因此，与此相关的官方行为，对照目的和效果，没有超过相当限度，不属于宪法所禁止的宗教活动。[①]

但是，同样基于"目的—效果"标准，日本最高法院在1997年就爱媛县用公款向靖国神社支出玉串金的判决中，认定该行为违宪。[②] 因此，在这里，关键是标准适用的宽严问题。

就"目的—效果"标准，日本学术界也分为对立的两种观点。

第一种观点：在严格适用"目的—效果"标准时，应全面肯定这一标准。该观点认为，"目的—效果"标准本身是妥当的，但要妥善适用该标准，就要像"津地镇祭违宪诉讼"判决反对意见所说，应像美国判例一样，在该标准中应该包括对"过度关联"的审查。因此，该标准应该严格适用。[③] 该

[①] ［日］右崎正博："忠魂碑·慰灵祭与政教分离原则"，见《宪法判例百选（第三版）》，载 Jurist 增刊第130号，1994年版，第101页。

[②] ［日］最判平成9年（1997年）4月2日，载《民事审判集》第51卷第4号，第277页。

[③] ［日］芦部信喜：《宪法学Ⅲ：人权各论（1）》，有斐阁1998年版，第181页。

意见的基础是,"目的—效果"标准既然已在判例上得到确认,从实践意义上说,只有将其精致化才是最实际的。

第二种观点:否定全面适用"目的—效果"标准。该观点又可以细分为三种主张:(1)在狭义解释政教分离中的"宗教"含义时,当国家行为与宗教教义体系乃至象征体系相关联时,不适用"目的—效果"标准;(2)《日本国宪法》第 20 条第 1 款和第 89 条虽然认可"目的—效果"标准的适用,但第 20 条第 3 款对国家作为主体进行的宗教活动则否定适用该标准,因此,是否属于宗教活动,应该通过行为的客观性进行判断;(3)主张应该适合严格分离的"目的—效果"标准以外的标准。

当然,上述观点都有一定的合理性,两种主要观点关于"目的—效果"标准明确性和客观性的评价存在一定差距。即使就同一事件适用同样的"目的—效果"标准,下级法院也得出了完全不同的判决结论,而最高法院的多数意见和个别意见也是如此,因此,严格分离观点存在一定的问题。第二种观点虽然在否定全面适用标准方面存在一定的合理性,但每一种意见也存在不同的问题,[①] 因此,无论是理论还是实践层面,都需要今后进一步的探讨。

(三)2012 年《自民党修宪草案》中的变化

1. 政教分离原则的缓和

(1)《自民党修宪草案》关于"宗教自由"的规定。

2012 年《自民党修宪草案》在第 20 条规定了宗教自由问题,其第 1 款规定"国家保障宗教自由。任何宗教团体都不得从国家接受特权";第 2 款规定"任何人不被强制参加宗教上的行为、庆祝典礼、仪式或活动";第 3 款规定"国家及地方自治体和其他公共团体不得进行特定的宗教教育及其他宗教活动。但是,不超出社会礼仪或习俗的行为范围,不在此限"。

与《日本国宪法》相比,在《自民党修宪草案》第 20 条第 1 款删除了宗教团体"不得行使政治上的权力"这一部分。一般认为,该"政治上的权力"是指立法权、课税权等统治权力。因为该规定的取消,意味着可以行使

---

① [日]小泉洋一:"政教分离",见《宪法的争点(第三版)》,Jurist 增刊,有斐阁 1999 年版,第 91 页。

该项权力，换句话说，"宗教团体可以通过选举联合执政，并因此而行使政治权力"。①

故关于"不可从事"的活动，《日本国宪法》采用的是"任何宗教活动"这一用语，但《自民党修宪草案》删除了"任何"，并且，在后段的但书中，规定了"不超出社会礼仪或习俗的行为范围，不在此限"这一例外。另外，对于不得从事宗教活动的主体，《日本国宪法》规定的是"国家及其机关"，但《自民党修宪草案》规定的是"国家及地方自治体和其他公共团体"，天皇是否包含在内存在争论。还有，《自民党修宪草案》第20条第3款实际是将1977年"津地镇祭违宪诉讼"最高法院判决表示的目的效果标准条文化了，该判决认为："国家及公共团体不得从事超越社会礼仪或习俗行为范畴的宗教教育及其他宗教活动，不得从事具有宗教意义、对特定宗教进行援助或促进以及压迫或干涉的行为。"但是，依据该目的效果标准，不仅判断对靖国神社的正式参拜合宪，还以此为基础制定宪法，进一步加深日本与邻国的不信任感，实际是一种很愚蠢的"政教分离的缓和"。

(2)《自民党修宪草案》关于"公共资金支出限制"的规定。

《日本国宪法》为了彻底实施政教分离原则，在关于财政的规定中，禁止对宗教支出公共资金。但在2012年《自民党修宪草案》第89条第1款规定："公款以及其他公有财产，除第20条第3款规定的情况，不得为从事宗教活动的组织或宗教团体使用、提供方便和维持活动支出，亦不得供其使用"。该条第2款规定："公款以及其他公有财产，亦不得为国家或地方自治体及其他公共团体难以监督的慈善、教育或博爱事业支出或利用。"

《日本国宪法》第89条对不属于宗教组织、团体的公共资金支出和不属于公共统治的慈善等事业的公共资金支出一起做了规定，但是，在《自民党修宪草案》中，因为将前者作为第20条第1款、后者作为第20条第2款规定，就与政教分离原则的关系而言，主要是第1款存在问题。依据该第1款，前文提到的《自民党修宪草案》第20条第3款承认的例外，即对于"不超过社会礼仪或习俗行为范围"的宗教活动，实际是追加了可以用公共资金支

---

① [日]伊藤真：《自民党修宪草案讨论》，大月书店2013年版，第47页。

出的情况。

(3) 对《自民党修宪草案》相关条款的分析。

如上所述,2012 年《自民党修宪草案》虽然在第 20 条第 1 款规定了保护宗教自由,但其最大的特点在于该条第 3 款,即虽然前段规定了"国家及地方自治体和其他公共团体不得进行特定的宗教教育及其他宗教活动"这一政教分离原则。但后段增加了"不超出社会礼仪或习俗的行为范围,不在此限"这一但书。与此相对应,为了在财政上确保政教分离原则的实施而规定的《日本国宪法》第 89 条,《自民党修宪草案》也增加了对于"不超过社会礼仪或习俗行为范围"的宗教活动可以公共资金支出的但书。这实际是对政教分离原则的缓和。

本来,政教分离原则是为保障宗教自由而设立的,因为国家在为达到某种目的时,宗教会成为有效的手段,此时,如果国家与特定宗教结合在一起,对该宗教采取鼓励、利用,就有可能构成对信仰其他宗教的人的压迫,少数宗教信仰者的自由将得不到保障。特别是考虑到在《明治宪法》之下,神社神道作为日本的国家神道,成为事实上的国教。其结果是,其他宗教受到压制,神社神道成为日本军国主义者进行侵略战争的精神支柱。正是出于对侵略战争的反思,"二战"后的《日本国宪法》规定了严格的政教分离原则。草案的相关固定实际是一种倒退。

特别是考虑到日本属于宗教团体的人口数超过了日本的人口总数这一现实,有人甚至说日本具有宗教的杂居性。换句话说,在日本社会,因为"社会礼仪""习俗行为"与宗教的混合状态是很普遍的,明确的宗教行为也存在属于习俗的情况,但如何做到不侵害少数宗教信仰者的自由是需要注意的。

2.《自民党修宪草案》的目的

《自民党修宪草案》缓和政教分离原则的目的何在?在草案发表之后的《自民党修宪草案问答》中,这样解释:"为了更好地解决地方祭祀中从公款支出献祭费用等现实问题。"如果以最高法院的判决为前提,公款支出献祭费是合宪的,再对照一下此后日本各地提起相关问题的宪法诉讼逐渐减少这一背景,草案是否支持最高法院的判决姑且不论,其想一劳永逸的解决这一问题的思考应该是存在的。另需注意,《自民党修宪草案问答》用了"支出献祭费等"的用语，表明献祭费的支出仅是列举的一例，没有解决的其他问题恐怕才是真正的目标。特别是联想到近年来争议不断的日本首相和各大臣正式参拜靖国神社事件，这一规定的目的正是想将其参拜作为社会礼仪并使其合宪化。

如本书第一章第三节所述，迄今为止明确的正式参拜是1985年8月15日时任日本首相的中曾根康弘变更内阁解释，作为国家机关正式参拜并公款支出献祭费的参拜，关于此次参拜，日本各地提起了违宪诉讼，最高法院也多次作出参照"目的—效果"标准"具有违宪嫌疑"的判决。此后，小泉纯一郎首相在当时的自民党总裁选举中，将正式参拜靖国神社作为"公约"之一，因此，在任期间每年参拜靖国神社，为此日本国内也提起了众多的违宪诉讼。但是，由于当初小泉没有明言是否正式参拜，此后为顾虑外交关系都采取了私人参拜形式，也没有公费支出参拜费用；因此，该参拜是否属于成为宪法问题的职务行为，下级法院的判决出现了分裂，但最高法院也曾对照"目的—效果"标准作出了属于宪法禁止的行为之判断。

今天，在法律上来说，虽然靖国神社是一个与国家无关的私人神社，但众所周知，该神社不仅供奉着第二次世界大战中的战死者，还供奉着甲级战犯东条英机等人。其存在无非是为了证明：第二次世界大战中日本的行为不是侵略行为，而是为了"解放"大东亚的"正义"行为。同时，该参拜行为意味着对"二战"中日本侵略行为的否定，因此遭到了受到日本侵略的中韩等亚洲国家的强烈谴责。

那么，为什么在宪法上要实现首相对靖国神社的正式参拜，这需要从与2012年《自民党修宪草案》提出的放弃现行宪法的和平主义、保持国防军、认真整顿军事法制的关联角度来认识。"二战"后迄今，日本虽然存在自卫队并以恐怖对策为名派向海外，但并没有发生战斗行为，也没有出现战死者，但一旦拥有国防军，并可以实现集体自卫权，日本将成为名正言顺地拥有军队的正常国家，这样有可能出现战死者，此时，战死者作为为国家献身的人需要以国家名义进行悼念，而作为军队最高长官的首相为了从宗教上追悼战死者，必须正式参拜靖国神社。换句话说，日本为了能够进行战争，需要以国家名义对战死的军人进行宗教的追悼，此时，需要宪法上将其作为社会礼仪而承认。

在今天的日本,《日本国宪法》基于对侵略战争的反思规定的政教分离原则尚未充分确立,在此背景下,自民党的修宪草案大幅缓和政教分离原则,不仅对信仰自由,从追求和平的观点来看也存在很大的问题。

二、从个人到"家族"的回归

自 19 世纪中期以来,在日本社会与法制的变迁中,家族体制也产生了重大变化。近代作为天皇制基石的"家族体制",随着"二战"后《日本国宪法》的制定实施以及天皇成为"日本国的象征",逐渐被体现个人主义和两性平等的小家庭所代替。在 21 世纪的今天,由夫妻和子女组成的小家庭已成为社会的主要基本单位,个人主义已经成为"二战"后日本民主制的基础。但 2012 年《自民党修宪草案》试图进一步强化"家族"在社会中的作用,这实际是对"二战"后个人主义发展趋势的背离。

(一)"二战"后家族体制的改革与修宪

20 世纪初的日本社会发生了重大变化,第一次世界大战后的大正民主运动,对日本传统家族体制带来了很大的冲击,家族法的修改也开始酝酿,但随着 20 世纪 30 年代后日本法西斯势力的上台以及对外侵略战争的扩大,作为日本天皇制基础的家族体制仍得以保持。1945 年日本投降后,在"盟军"的占领下,日本进行了广泛的民主化改革,通过对宪法和民法的修改,日本传统的家族体制逐渐被废除。但由于"二战"前长期的影响,在实际生活中,家族体制的影响仍然存在。

1.《日本国宪法》的制定与家制度的废除

日本投降后,在占领当局经济民主化的政策下,日本的经济结构和政治体制发生了根本性的变化。在这一背景下,《明治民法》的修改势在必行。1946 年 11 月,《日本国宪法》公布,该宪法以国民主权、和平主义、尊重人权为基本原则,在第 14 条规定:"国民在法律面前一律平等,不因性别不同受到差别对待";第 24 条更明确规定:"婚姻的成立以两性的合意为基础,以夫妻平权为根本,应共同努力予以维持","关于选择配偶、财产权、继承、选择住所、离婚及关于婚姻和家庭的其他事项，须立足于个人尊严与两性真正平等制定法律。"这样，《明治民法》关于家族体制的规定显然违反了这一原则。而此前，伴随着《日本国宪法》的制定，1946 年 7 月 2 日，日本内阁设立了临时法制调查会，该调查会与司法法制审议会共同着手对民法的修改工作，并制定了《民法修改要纲》，准备以此为基础开始民法修改的起草。但由于民法的修改已经赶不上《日本国宪法》的施行，因此，日本政府改变了思路，于 1947 年 4 月 19 日颁布《伴随日本国宪法的实施，关于民法应急措施的法律》，与《日本国宪法》同时实施。该法规定，对民法中违反个人尊严和男女本质平等的"户主""家""家族"等规定停止执行。

1947 年 7 月，日本政府向议会提出了《关于修改部分民法的法律》，后经国会审议于同年 12 月通过，并于 1948 年 1 月 1 日开始实施。这次修改，依据《日本国宪法》的精神和条款，对民法的"亲族""继承"两编及相关的《户籍法》进行了全面修改，对"总则"部分也进行了较大幅度的修改。在"总则"编中，除删除了关于妻子无能力的规定，还在开篇规定了公共福利、诚实信用原则及权利滥用法理，宣布了个人尊严和男女平等的原则。在"亲族"编中，彻底废除了家族体制，并贯彻了婚姻自由精神，提高了妇女和子女的地位。在"继承"编中，则废除了家长继承体制，规定了子女继承份额的平等，提高了生存配偶的继承地位。

在当时的民法修改草案讨论中，关于"家族体制"曾发生激烈的争论。因为家族体制与家族国家观结合在一起，是"二战"前天皇制统治的基石，废除家族体制是日本由天皇主权向国民主权转变的重要一环。因此，反对废除家族体制的保守势力很强，在最后的《民法修改纲要》中规定：废除关于户主及家族的规定，但保留亲族共同生活的法规。这实际是对坚决主张保留家族体制的势力的妥协，在"盟总"审议民法修改草案时，曾对保留家族体制残余的抚养关系、姻族关系等提出疑问，但日方认为：三代同堂是基本合理的家族形态，家族成员之间可以相互合作、互相照顾、共同创造财富，有利于社会的稳定和发展；而对祭祀的继承则认为，在家长继承不存在的情况下，祭祀财产的归属已不是重要问题，极力维持草案。尽管最后美方的意思被写入了新家族法，但家族体制的残余仍保留下来。① 在《明治民法》第730条规定了亲族间的抚养义务及重视亲子关系、保障共同生活的规定；在第897条则规定了关于祖先祭祀的继承委之于习惯。这些内容都是对保守势力的妥协。

随着家族体制的废除，以"户"为中心的户籍体制也必须随之改革。由于"盟总"不承认三代户籍，因而1947年的修改的《户籍法》采用了以夫妻和未婚子女为家庭单位的编制方式，当时虽有意见提出采用以个人为主的身份证体制，但因日本政府害怕引起身份公证体制的混乱，未能实行，而对户籍法的全面修改则被推迟到1953年。与此同时，为维持家庭和平和亲属的共同生活，1947年日本制定了《家事审判法》，依据该法创立了家事审判体制，把过去由亲族会负责的事务交由家事审判机构负责。

由于日本民法是在极短时间内进行的修改，因而在此后的国会审议中通过了将来再进行修改的附带决议。这里有两方面含义：一方面，对反对废除家族体制的保守派来说，试图通过将来的民法修改恢复家族体制；另一方面，对民主进步人士来说，则试图使家族体制进一步民主化。在这两股势力中，首先出现了要求恢复家族体制的活动，而这一活动与试图修宪的势力结合在一起。早在20世纪50年代就有人提出应该对《日本国宪法》第24条进行修改，在1953年的日本内阁法制局关于宪法修改问题点的调查资料中，明确记载了："因为存在'废除传统家族体制的宪法第24条第2款的规定不符合日本的实际情况'的意见，需要重新对此进行讨论。"1954年，在自由党宪法调查会发表的《日本国宪法修改纲要草案》中提出："虽然不应该复活旧有的封建家族体制，但对保护尊重以夫妻、子女为中心的血缘共同体，父母对子女的抚养及教育义务，子女对父母的孝养义务应加以规定"。同时，在说明书中提出：现行宪法仅规定了夫妻间的义务、父母对子女的教育义务，而没有规定子女对父母年老后的抚养义务，应该重视这一问题。但与此相对，以妇女团体为中心的广大国民则展开了反对家族复活的运动。② 此后，随着

---

① ［日］山中永之佑编：《新日本近代法论》，法律文化社2002年版，第266页。
② ［日］日本近代法制史研究会编：《日本近代法120讲》，法律文化社1992年版，第276页。

经济的高度增长，复活家族体制的基础已不复存在，但并未绝迹。相反，《日本国宪法》规定的男女平等原则为广大妇女进入社会奠定了基础。

2. 20世纪60年代后家族体制的变化与修宪论

进入20世纪60年代以后，随着日本经济的进一步发展，传统的保守势力逐渐减弱，家族法的修改工作不断发展，这一时期的改革可以分为两个阶段：20世纪80年代以前的改革主要是对"二战"后1947年改革的补充，而20世纪80年代以后的改革则是针对社会变化对家族法的进一步改革，其意义更加深远。

从民法角度来说，在20世纪50年代以后，日本政府法制审议会的民法分会继续对继承部分进行讨论，但他们认识到，要进行全面修改需要相当长的时间，因此决定对急需修改的部分先行修改，这样，就出现了1962年和1980年对继承法的修改。前者除对继承法作了个别修改之外，还创立了"特别关系人份额"体制，后者则提高了生存配偶的继承份额。此后1975年的修改，则使妇女离婚后继续婚姻中所称姓氏成为可能。总之，这几项修改基本上仍属于对1947年改革的补充。

从宪法角度而言，在1964年"宪法调查会"的报告书中提道："宪法第24条虽然强调了个人尊严和两性的平等，但轻视了家庭成员之间，特别是子女、夫妻之间的亲密、友爱和协作观念，丢失了日本家族体制的传统，由此产生了种种的社会问题。"当然，对这一观点，该报告书也对赞成和反对两种意见并列记载。[1]

从20世纪70年代后期开始，由于"二战"后20多年经济的高速增长，日本社会产生了重大的变化，特别是升学、就业等结构的变化带动了年轻人意识的变化，而女子升学率的上升及就业率的增加，使女性的权利意识也大为提高。明文修宪论也逐渐走向低潮。与此相应，以前超越社会的家族法逐渐被社会所超越。社会需要带动法律改革的时代已经来临。对此，有日本学者称之为"习俗反映型立法观"[2]，此时最主要的改革是1987年特别养子体

---

[1] [日]辻村良子：《比较修宪论：日本国宪法的位置》，岩波新书2014年版，第145页。
[2] [日]大村敦志："综论：家族法的变迁"，见《法学教室》2003年第10期。

制的导入和1999年《成年监护法》的制定。

在1987年日本民法的修改中，与普通养子过继相比，新设立的"特别养子体制"对失去双亲关爱的低龄儿童（6岁以下，特殊情况下6—8岁）给予更多的关注，从而使给予他们更多与亲生父母同样的关怀成为可能。具体来说，在孩子与亲生父母断绝关系时，对养子过继的解除给予更严格的限制。

进入20世纪90年代以后，随着修宪论的再次高涨，关于家族规定的修改也同样被提上日程。在自民党的宪法调查会中，很多意见要求"家庭是祖先传承并孕育人生命的基石，鉴于其在社会中的基础地位，应该增加关于国家保障家庭的规定"。从2000年开始的两院宪法调查会，也记录了议员对该问题的两方面意见。如赞成修改的认为："宪法第24条将家族立足于个人主义基础之上，因此，宪法的最大缺陷是第24条，完全没有承认家族和共同体的作用。"而反对修改的则认为："将不孝行为增多归咎于宪法是对宪法的过高评价。"[1]

在2004年6月自民党宪法调查会的宪法修改工程成员整理出的《论点整理》中，特别提出："关于婚姻家庭中两性平等的规定（现行宪法第24条）从重视家族和共同体价值的观点来看应该进行修改。"在这里，似乎重视家族和共同体的价值与两性的平等不能并存，因此受到了众多的批评。而2000年10月26日，在众议院宪法调查会上，像鸠山邦夫的发言，"实际上，日本国宪法最大的缺陷是第9条、第24条等，完全不承认家族、共同体等"，更是不断出现。因此，修改《日本国宪法》第24条似乎已成了自民党修宪的目标之一。此后，日本《读卖新闻社》的《宪法修改草案》在其第27条第1款规定，"作为社会基础的家庭必须予以保护"，这与2004年日本自民党宪法调查会修宪小组《论点整理》中的"应该从重视家族和共同体价值的角度对宪法第24条进行修改"一脉相承。[2]

随着20世纪80年代以后家族的变化，要求修改民法相关规定的呼声不断高涨。特别是65岁以上高龄人口的比例在总人口中超过了15%，这预示

---

[1] ［日］辻村良子：《比较修宪论：日本国宪法的位置》，岩波新书2014年版，第146页。
[2] 同上。

着日本高龄社会的到来。与此相关,老年人受害事件不断发生,并且,因老年痴呆等精神障碍而失去判断能力,其财产管理成为一大问题,因此,首先提上议程的是成年监护体制改革。在修改后的体制中,关于法定监护体制,将此前的禁治产和准禁治产两种类型改为成年监护、保佐、扶助三种类型,并且创立了"任意监护协议"类型。这一改革虽然仍是为适应社会发展而进行的,但从内容来看,仍强调了"老年人自主决定"这一理念。[1]

与此同时,在20世纪90年代以后还提出了一些相关法案,但因保守议员的反对未能通过。如1996年法制审议会完成的《婚姻法修改纲要》。该纲要的要点如下:(1)取消男女合法婚龄的差别,缩短再婚禁止期间;(2)引入夫妻别姓体制;(3)夫妻分居五年视为感情破裂;(4)婚生子与非婚生子继承份额的平等化等。其中关于第2项的争论最大。因为很多人担心,夫妻别姓制的导入有可能导致家族的崩溃,所以推动该项立法的舆论相对较弱。这项法案至今仍未向议会提出,修改更是无期。另外,2001年还开始了子女法的修改工作,其背景是生殖辅助医学的发展。关于生殖辅助医疗的条件及其实行办法等,目前日本的厚生劳动省正进行立法准备,对家族法来说,主要是界定孩子出生后的血缘关系问题。[2]

但是,受到2008年6月4日最高法院关于"国籍法违宪判决"和2013年9月4日"非婚生子继承差别违宪判决"的影响,在2013年12月,日本国会就相关条款进行了修改,即删除了《明治民法》第900条第4款但书的规定。

(二) 2012年《自民党修宪草案》对"家族"的回归

《日本国宪法》第24条的理念作为构成家族的基础贯穿了对个人的尊重和男女平等原则,在制定当时属于国际上比较先进的,但是,2012年《自民党修宪草案》却强调"家族互助",其背后隐藏的目的不容小觑。

1. 2012年《自民党修宪草案》中的"家族互助"

2012年《自民党修宪草案》中关于第24条也有了很大变化,主要是新设了"家族必须互助"的内容,即将家庭成员之间的"互助"作为一项义

---

[1] [日]大村敦志:"综论:家族法的变迁",载《法学教室》2003年第10期。
[2] 同上。

务。如果与"前言"中的"日本国民在以国家和乡土而自豪的精神之下守护自己，在尊重基本人权的同时，形成和谐、家族和社会整体互助的国家"联系起来看，就会发现很多问题。

家族中"互助"的具体含义就是私人之间的抚养，即家族内部的相互扶助或相互抚养。如果宪法加重家庭内部的私人抚养范围或责任，对国家来说会减少社会保障的预算，换句话说，国家的负担会大大减轻。唯其如此，对任何国家来说这都是一件重大事情，日本自不例外。

如上所述，1898年实施的《明治民法》通过家族体制一方面给予户主作为家长管理家庭成员的权限，另一方面对家族课以广泛的抚养义务。即在"家族体制"之下，通过家族内部广泛义务的设定，发挥了代替国家社会保障的功能。在"二战"后《日本国宪法》之下，该"家族体制"作为一种差别对待被废除。如今，宪法中增加设立家族的"互助"义务，是将本来只在民法规定的"家庭成员之间的互助义务"特意在宪法中强调的大的变更。这样，尽管没有直接修改规定生存权的《日本国宪法》第25条，仍然体现了国家对社会保障的消极态度。

2. 第24条修宪论

（1）第24条修宪论的背景

自民党在《自民党修宪草案问答》中对修改第24条的说明是"因为现在家族之间的联系日益弱化"，所以在《日本国宪法》第24条规定"家族，作为社会自然和基本的单位需要获得尊重，家族必须互助"。但正如论者所说，这里提到的"家族之间的联系日益弱化"所指为何并不明确，是离婚率上升还是儿童虐待或老人虐待？

现在日本媒体在提到犯罪和社会问题的背景时经常会涉及"家族的崩溃"或"家族之间的联系日益弱化"，但实际情况并不简单。如日本的离婚率近年有下降的趋势，儿童虐待或老人虐待只不过是过去潜在问题的表面化。因此，《自民党修宪草案问答》从"家族之间的联系日益弱化"这一所谓的危机感出发修改宪法，理由并不充分。

进一步说，如果考虑到家族是国家应该尊重的存在，则关于家族行为的个人选择或决定应该受到最大限度的尊重。目前，日本关于家族的各项规定是基于《日本国宪法》第 24 条第 2 款的个人尊重和两性平等原则，但是，民法中的再婚禁止期间、夫妻的形式问题等，需要彻底贯彻《日本国宪法》第 24 条理念的地方很多。正因如此，关于这一问题，联合国的消除女性歧视委员会（The Convention on the Elimination of All Forms of Discrimination Against Women，CEDAW）对此给予劝告。这些问题才是修宪者真正需要引起重视的问题。

（2）修改《日本国宪法》第 24 条的目的

迄今为止，主张修改《日本国宪法》第 24 条的诉求主要有二：一是增加保护家族的内容，二是使家族相互之间的扶持义务化，特别是子女对长辈的孝行与抚养义务化。关于第一点，其理由是：《世界人权宣言》第 16 条第 3 款"家庭是社会自然和基本的集体单位，拥有受到社会及国家保护的权利"的存在，德国、法国、意大利等国宪法中都存在保护家族的规定，而《日本国宪法》中"欠缺"这一规定。关于第二点，其理由是：宪法上将家族相互的抚养和扶持作为义务规定并必须"遵守"，是秩序和道德的要求。

然而，上述修宪者的反复主张很容易使人回想起对"家族体制"的回归，或意味着"家族体制类似东西"的再现。特别需要注意的是，在"家族体制"之下，在性别歧视的同时，存在与长幼之序结合的以忠孝原则为基础的世代间差别，因此，"家族体制"下的户主抚养义务，与对子女和妻子的抚养相比，更重视对尊属的抚养。因此，《自民党修宪草案》对第 24 条的修改实际是逆历史潮流的行动，是对现代家庭体制的反动。

三、面向未来的教育改革

（一）日本近代国民教育体系的建立及"二战"后的教育改革

1. 日本近代国民教育体系的确立及其缺陷

（1）近代教育机构的建立与初期的教育立法

明治维新以后，日本政府宣布"求知识与世界"，开始全面推行学习西方的政策。在文化教育方面主要采取了两项措施，一是聘用外国专家和技师，二是改革传统的教育体制，发展国民教育事业。其中又以后者为根本。1871

年 7 月，日本政府设立文部省，作为全国的教育行政机关，负责管理全国的学校和一切教育事业。当时文部省面临的首要任务是如何引进西方的教育体制，制定全国统一的学制。

学制是参照欧美的教育体制制定的，学制的目的在于建立中央集权的教育体系，并通过强制来实现个人"立身治产"的教育宗旨，归根到底是实现全体人民的"文明开化"，以达到"富国强兵"，与列强相抗衡的目的。

1879 年《教育令》的公布是一项比较大的改革。

与《学制令》相比，《教育令》强调了地方分权和自由主义，这实际是执政者对自由民权运动的妥协。但此时，在朝廷内部，由于传统的儒学思想重新抬头，在公布《教育令》的同一年，明治天皇颁发了《教学大旨》，指出了全盘西化产生的弊病，强调了保持日本传统道德和传统文化的重要性。从而引发了儒学家元田永孚对伊藤博文的关于教育思想的论战。而地方行政体制的不完备，使地方学务委员的选任几乎不能进行，种种原因，使《教育令》的推行产生了巨大的困难。因此，公布后不到两年，就被迫进行修改。

由于《教育令》的公布不仅没有解决教育思想上的混乱，反而降低了学龄儿童的就学率，同时公立学校的设立几乎停止，而条件不具备的私立学校却不断增加，并且，由于要求地方官吏督促民众就学，增加了他们的难度，因而反对《教育令》的呼声不断高涨。正是在这种背景下，1880 年 8 月，在文部省内设立"临时调查委员会"，开始着手对《教育令》的修改。同年 12 月，向太政官提出了《教育令改正案》。

《教育令改正案》的主要内容有以下几点：①加强中央及地方官对教育的监督，学校的设立或停办需向地方官请示。学务委员由人民推荐，地方官任命。②强化就学义务。将就学年限由十六个月改为三年。③取消政府补助金，强制设置小学和师范学校。④小学教员必须具有官立或公立师范学校的毕业资格，并且要"品行端正"。

从《教育令改正案》的内容可以看出，其基本精神是强调国家干预，这与明治政府压制自由民权运动，禁止教员和学生参加政治活动是相关联的。可以说，这一时期日本的教育立法刚刚起步，在"富国强兵""文明开化"的方针之下，政府想迅速提高国民素质的良好愿望与实际的社会情况产生了很大的距离，所以法令刚一公布，就被迫进行修改。但此事毕竟为以后的立法奠定了基础。

(2) 国民教育体制的确立与《教育敕语》的颁布

1885年12月，日本改太政官体制为内阁体制，伊藤博文任首任内阁总理大臣，森有礼为首任文部大臣。此后，森有礼开始对日本的教育体制进行新的改革，从而建立了国民教育体系。

森有礼的教育观深受德国"国家富强主义"教育观的影响，他认为，教育与学问应当区别开来，教育应采实用主义，为日本国家的富强、国际地位的提高而服务。① 这种思想与伊藤博文的想法正好吻合，因此，在伊藤博文的支持下，森有礼开始了新教育法令的制定。这主要包括《小学校令》《中学校令》《帝国大学令》《师范学校令》。这些学校令构成了日本学校体制的基础。并且，与以前《学制令》由文部省发布、《教育令》由太政官发布不同，《学校令》是以敕令的形式发布的，由此可见敕令主义在日本教育立法上的萌芽。

1890年10月30日，日本天皇颁布《教育敕语》。《教育敕语》的颁布是近代日本教育史上的大事。从其颁布实施到第二次世界大战结束，他起了规定日本教育方向的教育基本法的作用。

《教育敕语》的颁布并非偶然，它"是以伊藤博文、森有礼为代表的开明主义思想，以及以元田永孚为代表的儒教、天皇亲政思想，和以山县有朋为代表的军国主义思想互相妥协的产物"。② 具体来说，首先，它是天皇制国家机构建立的结果。其次，它是思想领域传统思想和军国主义思想与欧美自由思想相论争的产物。

《教育敕语》的发布方式与一般的政务诏敕不同，它是由天皇亲自签署，以天皇名义颁发的。这表明它高于一般法令，具有绝对的权威性。

《教育敕语》的第一段首先叙述了"国体之精华"在于天皇之德化与臣民之忠诚。第二段则把儒家家族主义伦理观与普鲁士的"国家学"结合在一

---

① ［日］土屋忠雄：《近代教育史》，小学馆1975年版，第58页。
② ［日］日本近代法研究会编：《日本近代法120讲》，法律文化社1992年版，第125页。

起，同时用日本的开国神话加以修饰，最后把三者统合到"一旦危急，则义勇奉公，以扶翼天壤无穷之皇运"这一军事目的上来。第三段则强调了对德目的遵守，实际是美化天皇的统治。这与1889年颁布的《大日本帝国宪法》规定主权属于天皇一脉相承，使天皇无论在道德上还是在政治上都具有绝对的权威。在《教育敕语》颁布后不久，文部省把敕语的誊写本发给各学校，并要求各学校举行任何仪式都必须"奉读敕语"，从而加强了对学术、思想的控制。

2. "二战"后《教育基本法》的制定与教育立法的完善

"二战"后初期，"盟总"把教育改革作为社会民主化的重要组成部分，推行了教育非军事化、教育民主化的政策和措施。为此，在"盟总"设立"民间情报教育局"，并连续发布指令，从日本教育中清除军国主义和极端国家主义的东西，普及民主主义思想和原则。其间，美国向日本派遣了由27人组成的教育代表团，他们在"盟总"的民间情报教育局和日本教育家委员会的协助下，于1946年3月向"盟总"提交了《美国教育使节团报告书》，该报告书向日本提出了全面的改革建议。

报告书首先批评了过去日本的教育，除军国主义和极端国家主义之外，在其他方面仍存在许多缺陷，如中央集权的国家族体制、官僚垄断的教育行政、为特权者制订的学校体制、整齐划一的教学计划。报告书还尖锐批判了日本的教育体制，认为它为少数特权者和一般群众提供了不同类型的教育，是按照19世纪绝对主义教育体制的模式建立起来的。这个体制不顾学生的能力和兴趣差异，硬性规定在教学的各阶段学生必须掌握固定数量的知识，并通过各种规章体制、教科书、考试、监察等办法，限制了教师的教学自由。报告书在批判"二战"前日本教育的同时，指明了重建日本教育应遵循的基本原则，即在自由主义、民主主义的政体之下，承认个人的价值和尊严，最大限度地发展个人能力，依据个人的能力和个性给予受教育的机会。可以肯定的是，该报告书为以后日本教育体制的改革描绘了基本蓝图。[1]

1946年11月，《日本国宪法》正式公布，宪法中确立了主权在民、放弃

---

[1] 王贵：《日本教育史》，吉林教育出版社1987年版，第284页。

战争、保障人权三项基本原则。依据主权在民的原则，该宪法规定了"国民享有的一切基本人权不得受到妨碍"（第 11 条）、"思想和良心的自由不受侵犯"（第 19 条）、"保障学术的自由"（第 23 条），这些条款都与教育息息相关。特别是第 26 条更明确规定："全体国民，按照法律的规定，都有依其能力所及接受同等教育的权利"，"全体国民，按照法律的规定，都有使其受保护的子女接受普通教育的义务。义务教育为免费教育。"正是依据宪法的精神，"二战"后日本的教育立法进入了一个新的阶段。

1946 年 8 月，日本政府成立"教育刷新委员会"，该委员会除向内阁总理提交关于教育的建议案外，其第一特别委员会还着手拟定教育基本法纲要。同年 11 月，教育刷新委员会第 13 次全体委员会通过了第一特别委员会起草的《教育基本法纲要》，并于 12 月提交内阁总理大臣，然后由文部省拟定成法案，于 1947 年 3 月提交国会审议。经两院讨论通过，于 1947 年 3 月 31 日正式公布实施。

《教育基本法》由前言和 11 条正文（第 11 条为"补则"）组成。其主要内容包括：前言阐述了制定该法的目的；第 1、2 条说明了教育的目的和方针；第 3、4、5 条是为普及和保障学校教育，规定教育机会均等、延长义务教育和义务教育的无偿性以及男女同校；第 6 条规定了学校教育的公共性及教员的职责；第 7 条规定了奖励社会教育及实现的方式；第 8、9 条规定了政治教育和宗教教育的必要性及教育的中立性；第 10 条规定了教育行政的民主方式；第 11 条"补则"，规定："为实施本法所规定的各项条款，必要时，得制定适当的法令。"

《教育基本法》的制定与实施，开创了日本教育发展的新时代。首先，他明确规定了教育的根本指导思想、原则、方针、政策，以和平、民主的教育代替了国家主义、军国主义教育，由于该法的实施，日本议会于 1948 年 6 月通过决议废除了《教育敕语》。其次，该法是日本教育方面的基本法，是划时代的民主主义"教育宣言"。他以《日本国宪法》的基本精神为指导，把宪法内在的教育理念进一步明确化，故有"教育宪法"之称。最后，该法为"二战"后日本教育改革的开展及民主化教育体制的确立奠定了基础。此后，依据该法第 11 条的规定，相继制定了一系列教育法规。主要有：1947

年3月31日，与《教育基本法》同日公布的《学校教育法》；1948年7月公布《教育委员会法》；1949年5月公布《教职员资格法》；1949年6月公布《社会教育法》《私立学校法》等。通过这一系列法律的制定，不仅使《教育基本法》更加具体化，而且确立了"二战"后日本新的教育法制。

《教育基本法》自制定实施以来，已历经半个多世纪，在此期间，尽管通过制定其他的教育法规和采取具体的行政措施，以及通过对教育法的解释等，教育基本法的某些内容已发生了变化，要求修改基本法的声音也时有出现，但迄今并未修改。这说明基本法符合日本广大人民的意愿和要求。

在1948年9月，《教育委员会法》制定之后，文部省发布的指南中曾说："教育委员会由一般居民选举的委员组成，其意愿即居民的意愿。教育委员会应以作为宪法与教育基本法思想的民主主义为其首先考虑的目标。因此，通过教育行政的民主化和地方分权，确保教育的自主性乃是教育委员会的精神。也是今后教育委员会在工作中应该始终遵循的精神。"可以说，这一理念也正是"二战"后日本教育立法的核心所在。[①]

（二）2006年日本《教育基本法》的修改

1947年颁布施行的《教育基本法》是"二战"后日本教育的根本大法，该法将"培养尊重个人尊严、追求真理和希望和平的人"确立为总目标，形成了以自由、民主、平等、和平为核心的民主主义的教育基本理念。"二战"后近70年来，在《教育基本法》及其教育理念的指导下，日本的教育事业取得了重大的发展。但自2000年以来，日本开始实质性地修改《教育基本法》，并于2006年12月22日颁布实施了经过全面修改的新的《教育基本法》（2006年法律第120号）。新的法律将"培养尊重个人尊严、追求真理和正义、尊重公共精神、具有丰富的人性和创造性的人"作为法律的总目标，确立了以"公共""传统"和"爱国心"为核心的"国家主义"基本教育理念。由于旧的《教育基本法》是以否定"二战"前《教育敕语》体制下的皇国主义、极端国家主义和军国主义教育为前提的，开辟了日本民主主义的教育方向。而新《教育基本法》就其指导思想而言，实际是试图修改旧《教

[①] 日本近代法制史研究会编：《日本近代法120讲》，法律文化社1992年版，第282页。

育基本法》实施过程中出现的个人主义倾向，并在日益深化的全球化背景下，谋求重新确立日本教育的国家主义路线。因此，2006年制定的新《教育基本法》是对旧《教育基本法》民主进步精神的反动。

1. 2006年《教育基本法》修改的背景及过程

自1952年所谓"旧金山和约"签订，日本恢复"独立"以后，不断有日本政府要员和教育官员发表批评《教育基本法》、赞美"二战"前《教育敕语》并要求修改《教育基本法》的言论，但真正推进该法修改是2000年之后的事。此时日本修改《教育基本法》的环境有了很大变化，主要表现为：首先，如日本"中央教育审议会"所指出的，当前的日本社会面临着巨大的危机，教育改革应成为整个社会改革的一环，修改《教育基本法》则是改革教育的根本前提。"中央教育审议会"的报告书指出：当今日本社会正面临着巨大的危机，国民之间长期以来所坚持的价值观已经产生了动摇，自信丧失感和闭塞感不断在社会中间扩散，因为伦理观和社会使命感的丧失使整个社会失去了对正义、公正、安全的信任，而少子化、老龄化所带来的人口结构变化也导致社会整体活力的下降，长期的经济停滞则使许多工人不得不离开自己的工作岗位，新的毕业生就业困难。对此，需要对政治、行政、司法和经济结构等方面体制实施根本性改革。同时，为使日本能够成为充满创造性和活力、向世界开放的社会，教育领域必须进行大胆的整顿和改革。①

其次，从宏观角度来看，日本在谋求继续保持经济大国地位的同时，极力谋求成为政治大国和军事大国，这就要求教育为其提供"人力"和"人才"的支持。正如日本著名学者渡边治、田中孝彦等人所指出的，自20世纪90年代后，日本政治体系改革的重要目标是"改变小国主义的政治体系"，迈向"军事大国"和"大国主义"，而经济改革的目标是努力打破全球化背景下日本企业竞争力下降的状况，通过"新自由主义"经济改革强化企业的国际竞争力，通过修改《教育基本法》等进行教育改革。②

最后，日本教育中面临的各种问题也是此次修改《教育基本法》的一个

---

① [日] 中央教育审议会："符合新时代的教育基本法与教育振兴基本计划的理想方式（答审）"，载《教职研修》2003年第5期。
② [日] 渡边治、田中孝彦："为什么现在修改教育基本法"，载《教育》2003年第4期。

重要原因。对此,"中央教育审议会"报告认为:"我国的教育现在存在许多问题,正面临危机状况",并举例指出,如青少年缺乏理想和目标,规范意识和道德观念乃至自律意识不断下降,虐待、不上学、中途退学、班级混乱等问题依然存在,青少年的恶性犯罪有所增加。家庭和社区的教育功能没有得到充分发挥。学生学力下降,教育没有使学生掌握"真才实学"等。日本《教育基本法》的实质性修改始于2000年,成立于2000年3月的"教育改革国民会议"把修改《教育基本法》作为"共同审议事项",于同年9月22日发表《中期报告》,于12月22日发表《最终报告》,其中都把修改《教育基本法》作为一项重要建议。特别是《教育改革国民会议报告:变革教育的17条提案》更是明确指出:"现在的社会状况与制定《教育基本法》时相比已经发生了巨大变化,教育的应有状态受到质疑。基于此……对《教育基本法》,本次会议为使其显示新时代教育的基本前景进行了坦率讨论。"修改教育基本法中的三个重要观点是:第一,培养生存于新时代的日本人;第二,尊重、发展应被后代继承的传统和文化等;第三,为使教育适应未来的时代,在《教育基本法》中,必须规定理念性事项及具体方针政策。上述"教育改革国民会议"的报告书为修改《教育基本法》起到了先导性作用。

在此基础上,2001年11月,当时的文部科学大臣远山敦子向"中央教育审议会"提出"关于适应新时代的教育基本法的应有状态"的咨询,由此拉开了修改《教育基本法》的大幕。远山在"咨询理由"中指出,《教育基本法》作为规定教育基本理念和基本原则的法律,自"二战"后公布、施行以来,日本教育得到了很大发展,但与该法制定时相比,社会状况发生了巨大变化,教育状况也出现了变化,教育中产生了各种各样的问题,这就要求在21世纪的今天,要明确新时代教育的基本前景,要思考适应新时代的《教育基本法》的应有状态,并从根本上推进教育改革。她还就修法提出了五点思路:第一,探讨教育的基本理念;第二,探讨教育的基本原则;第三,探讨家庭、学校、社区等教育主体的作用;第四,探讨教育行政;第五,探讨教育基本法"前言"的处理方式。

"中央教育审议会"在接受咨询后,即在总会及其下设的基本问题分会进行了多次审议,于2002年11月发表了《中期报告》,2003年3月发表了

《最终报告》——《关于适应新时代的教育基本法与教育振兴基本计划的应有状态》，《最终报告》由"前言"和三章组成，其中第二章"关于适应新时代的教育基本法的应有状态"是专门讨论修改《教育基本法》的，该章包括三方面内容：第一，修改教育基本法的必要性与修改的视角；第二，具体的修改方向；第三，教育基本法的修改与教育改革的推进。

在上述《最终报告》发表此后，日本社会各界给予了高度关注，但一些市民组织、教师团体和律师团体等对修改《教育基本法》进行了坚决的抵抗。尽管如此，在"执政党教育基本法修改协议会"的推动下，在与政、官、财界关系密切的民间团体支持下，日本政府积极地推进《教育基本法》的修改工作。2006年4月28日，日本文部科学省向国会提交了《教育基本法修正案》，该届国会从当年5月对这项法案进行审议，但由于各种原因，法案未获通过。随后，该修正案又被提交到此后召开的临时国会审议，在时任日本首相安倍晋三的大力推动下，草案于同年12月15日通过，并于12月22日颁布实施。新的《教育基本法》是对1947年制定的《教育基本法》的"全面修订"。

2. 2006年修订的《教育基本法》的理念及内容

1947年实施的《教育基本法》是以明确日本"二战"后教育的基本理念和方针为主要目的制定的，而为确立21世纪日本教育的基本理念和基本原则是其全面修改的目的之一。

依据"中央教育审议会"的报告，此次修改《教育基本法》，既要"重视现行《教育基本法》所规定的普遍理念"，又要适应国内、国际的巨大变化，"为了培养开拓我国和人类的未来道路的人"，而"明确今后应当予以重视的理念"。前者是指"以宪法精神为依据的普遍的理念"，即"教育的基本理念"，后者是指"当今特别重要的"教育理念，即"新的教育理念"。所谓"教育的基本理念"是指，教育要"以完善人格为目标""培养身心健康的国民"。具体来说，是"贯穿于现行教育基本法"的尊重"个人的尊严"，"完善人格"，培养"和平国家和社会的建设者"，培养"身心健康的国民"等。这是对1947年《教育基本法》的保留。

而所谓"新的教育理念"包括以下八个方面。

（1）个人的自我实现与培养个性、能力及创造性。"中央教育审议会"报告对这一理念的认识是：在教育上要使每一个国民思考其生活和生存方式，要具有进取心，在适应个性的基础上能够最大限度地发挥个人能力，谋求自我价值的实现，并最终实现完成人格陶冶、使科技进步在世界发展和课题解决中发挥作用的需求，为此要勇敢地挑战未知世界，培养创造性精神。对此，2006年《教育基本法》做了如下规定：首先，"我们期望，培养尊重个人尊严……具有丰富的人性和创造性的人"（前言）；其次，"教育必须以完善人格为目标"（第1条）；最后，教育要使学生（或学习者）"掌握广泛的知识和教养"，"尊重个人的价值，发展其能力，培养创造性"（第2条）。

（2）重视与感受性、自然及环境的关系。"中央教育审议会"报告认为其主旨是：感知并表现美好事物的能力是人类所具有的，它是创造文化的基本精神和力量，自古以来，日本人就热爱自然，创造了丰富的文化，但现在自然正从日本儿童的成长环境中消失。在地球环境成为重要问题的当今社会，人与自然是共生的，理解尊重并热爱自然是与爱护人类等生命体相通的。对此，2006年《教育基本法》第2条规定："培养尊重生命、爱护自然、为环境保护做贡献的态度。"

（3）培养积极参与社会建设的"公共"精神、道德性和自律性。"中央教育审议会"报告将其主旨描述为：今后的教育要培养在尊重和确保"个人尊严"上不可缺少的积极参与"公共"意识和态度，因此，作为国家和社会成员的国民，要学习法律和社会规范，养成独立思考的能力，培养能积极参与自由公正社会建设的"公共"精神，同时，要认识到作为社会成员的使命和作用，约束自己，发挥自己的作用，培养学习、掌握社会上相互关系的规律等道德心、伦理观和规范意识。对此，2006年《教育基本法》在"前言"中指出："我们期望，培养……尊重公共精神……的人。"在该法第2条规定，教育要实现以下目标："培养丰富的情操和道德情感""培养自主和自律的精神""基于公共精神，培养积极参与社会建设并为其发展作出贡献的态度"。

（4）培养尊重日本传统与文化、热爱乡土及国家之心以及作为国际社会一员的意识。"中央教育审议会"报告指出：全球化的迅猛发展要求国民要有成为国际社会成员的意识和与存在不同传统、文化的人共生的意识。为此，要深入理解并尊重本国、本地区的传统和文化，培养日本人意识和热爱乡土、国家的精神，但重视爱国心和理解、尊重日本的传统与文化并不是要追求国家至上主义和全体主义。与此同时，必须尊重其他国家和地区的传统与文化，培养作为国际社会之一员谋求成为值得别国信任的国家意识。对此，2006年《教育基本法》规定："尊重传统与文化，热爱培育传统与文化的我国及乡土，同时尊重其他国家，培养为国际社会的和平与发展作出贡献的态度。"

（5）终身学习的理念。"中央教育审议会"报告指出：当今社会是一个日益复杂的社会，社会结构正发生巨大的变化，每个人为活跃于社会的各领域，必须通过家庭教育、学校教育和社会教育掌握职业生涯所需新知识和新技能，并为参与社会而进行必要的学习，即终身学习。对此，2006年《教育基本法》规定："每一个公民为能够磨炼自己的人格，度过丰富的人生，必须终身利用一切机会、在一切场所进行学习，谋求建立能适当发挥其学习成果的社会。"

（6）符合时代和社会变化的潮流。"中央教育审议会"报告认为：教育需要重视后代能够继承的价值，同时要使每一个国民掌握应对时代和社会环境变化的能力。如今，国民的生活环境正发生巨大而深刻的变化，教育要不断准确地应对时代和社会的变化需求。对这一理念，2006年《教育基本法》没有明确规定，但从与"中央教育审议会"的思维逻辑对照看，该法又充分地表明了这一理念，因为，首先，2006年《教育基本法》表明了教育要实现"继承传统和创造新文化的目标"，这种"创造新文化"的表述表明了"符合时代和社会变化潮流"的理念。其次，按照"中央教育审议会"报告的逻辑，除了要保留的贯穿于1947年《教育基本法》中的教育基本理念外，新的教育理念都应当是符合时代和社会变化潮流的。

（7）明确与职业生涯的联系。在"中央教育审议会"的报告中，这一理念表述为：职业在每个人的生命中占有重要的位置，人们通过劳动的喜悦可以感受生存的价值，并切实感受与社会的联系。但在经济结构发生变化的时期，价值观趋于多样化，因此，培养职业观和劳动观变得越来越重要。年轻人就职难与各年龄阶段转职的普遍化，强烈要求掌握重新就业所需专门知识和技能。为避免支撑日本"产品制造"能力的衰退，尊重技术和能力非常重要。为此，学校教育要使学生能够掌握正确的职业观、劳动观和相关知识、技能，要努力培养学生了解自己的个性、自主地选择出路的能力和态度。社会也要充实终身性的职业学习机会。对此，2006 年《教育基本法》规定："重视职业和生活的联系，培养尊重劳动的态度。"

（8）为男女共同参与社会作出贡献。"中央教育审议会"报告指出：宪法规定了男女平等原则，与此相对应，1947 年《教育基本法》规定男女必须相互敬重、互相合作。由于男女共同参与社会迄今尚未完全实现，因此，现行教育基本法的"男女共学"理念仍然有其价值。但由于现在男女共学的宗旨已被普遍接受，体制上教育机会的性别差异已经消失，故 1947 年《教育基本法》关于"必须确认男女共学"的规定应予删除。对此，2006 年《教育基本法》虽然规定了尊重"男女平等"、教育不得有"性别"歧视的理念，但又依据"中央教育审议会"报告的建议，删除了 1947 年《教育基本法》关于"男女共学"的规定。

3. 对 2006 年《教育基本法》的评价

与 1947 年《教育基本法》相比，日本的 2006 年《教育基本法》由前言、正文（共 4 章 18 条）和附则组成，2006 年《教育基本法》在结构上与 1947 年《教育基本法》保持一致，但在理念和具体内容上变化很大。作为支持者的日本教育学家筱原清昭认为，2006 年《教育基本法》在内容上具有以下四个特点：一是教育基本理念更加具体；二是教育机构、教育对象和教育领域有所扩大；三是教育行政的法律原则明文化；四是教育振兴基本计划法定化。[1]

在 2006 年《教育基本法》出台后，日本开始着手修订其他相关教育法规，主要包括《教师许可法》《学校教育法》及《地方教育行政法》等。另外，由于《教育基本法》是第一次安倍晋三内阁强力推动修改的法案，其目的是配合修宪，培养"爱护国家和乡土"的国民，因而在法案修改过程和新法颁布实施后，执政党与在野党之间、支持修宪和反对修宪的人之间展开了

---

[1] ［日］筱原清昭："教育基本法的修改对学校教育的影响"，载《教职研修》2007 年第 3 期。

激烈的斗争，对 2006 年《教育基本法》的批判时至今日仍在持续。

从总体上说，2006 年《教育基本法》把"道德之心""创造性""公共精神""保护环境""热爱祖国""生涯学习"等作为教育的基本理念存在很多问题，而把争议颇大的"公共精神"和"热爱祖国"写入教育目标之中，特别是联想到《国旗国歌法》和《年号法》的实施及相关判决，这一修改不得不引起人们的担忧。因为教育基本理念的核心是培养什么人的问题，即教育的目的和目标是什么。据此，1947 年《教育基本法》明确规定教育要"培养尊重个人尊严、追求真理和希望和平的人"，教育的目的是"完善人格"。这体现的是民主主义的基本教育理念。因此，"二战"后日本教育的总方针是民主主义教育，其最终依据是 1946 年制定的《日本国宪法》。这种民主主义的教育理念建立在个人自由、民主、平等的基础之上，与宪法的主权在民思想相通。

与此相对，2006 年《教育基本法》虽然也表达了"尊重个人尊严""尊重个人价值"的理念和"完善人格"的目标，但其对教育总目标的表述是培养"尊重个人尊严、追求真理和正义、尊重公共精神、具备丰富人性和创造性的人"，即"培养拓展 21 世纪的、心灵丰富的、身体健康的日本人"。

通过上述论述可以看出，日本 2006 年的法律修改新增加了两项与此前教育所秉持的宗旨完全不同、在日本国内引起激烈争议甚至反对的理念：（1）"尊重公共精神""基于公共精神"；（2）"尊重传统与文化"、热爱"乡土"、"培养为国际社会和平与发展做贡献的态度"。这两条理念的增加表明了日本教育明显地转向国家主义方向。

这显然是一种国家本位、社会本位的教育观。如果说 2006 年《教育基本法》还保留了民主主义因素的话，也不过是国家主义之下的民主主义。另外，2006 年《教育基本法》强调热爱"我国"，显然也是一种国家主义的教育观。在修改《教育基本法》时，就"爱国心"的表述问题，当时联合执政的自民党和公明党之间出现了很大的分歧，自民党主张的是"爱国之心"，公明党主张的是"重视国家之心"，最后两者在"国家"并不意味着国家权力和政府的前提下达成妥协，因而《教育基本法修正案》将其表述为"热爱我国和乡土的态度"。① 而 2006 年《教育基本法》则把"爱国心"表述为"热爱培育传统和文化的我国和乡土"。

当然，在教育中坚持爱国主义本身无可厚非，但对日本而言，从整个日本的近现代史来看，"爱国心"教育就不那么简单了。"二战"前的日本，在天皇制国家主义和极端国家主义的教育中培养了大批军国主义分子，给亚洲各国带来了重大的灾难。因此，提及日本的"爱国心"教育必须明确"热爱国家什么"的问题。在将"二战"前带有皇国倾向的《君之代》作为国歌、"日章旗"作为国旗的现代日本，不断强化教师和学生演唱国歌、向国旗鞠躬的行为教育，总让人不自觉得想起"二战"前狂热的日本军国主义分子对外侵略的一幕。

总之，日本 2006 年《教育基本法》明确规定"尊重公共精神"和热爱"我国及乡土"的理念反映了日本社会本位、国家本位的教育观，它们体现的是国家主义教育理念。这是对 1947 年《教育基本法》民主主义精神的反对。

（三）《教育基本法》的修改与修宪活动的关联

关于 1947 年《教育基本法》的性质和地位，日本最高法院在 1976 年的判决中指出：该法是以阐明全面贯穿教育及教育体制整体的基本理念和教育原则为目的而制定的，形式上虽然属于一般的法律，但"关于教育相关法令的解释及运用……必须尽量考虑教育基本法的规定及该法的宗旨、目的"。但是，这一法律在制定 60 年后被全面修改。前面已对 2006 年《教育基本法》进行了总体分析，以下从主要条款与修宪的关联性做一分析。

1. 《教育基本法》第 2 条德育目的的法定以及与第 16 条和第 17 条的结合

关于《教育基本法》第 2 条第 5 款主要集中在"爱护我国与家乡"和"培养态度"这一点上。在 2005 年《自由民主党新宪法草案》中，其前言的"日本国民对于作为归属的国家和社会怀有感情、责任和气概，并以此支撑自己共同守护的责任"这一部分与上述《教育基本法》的条款是对应的。

---

① ［日］池本薰："教育基本法改正案问题（上）"，载《教职研修》2006 年第 7 期。

2006年《教育基本法》中的"我国"不包含统治机构是执政党之间达成的合意，但是，即使在修宪之前，也不能保证这一条文能按照立法者的意思解释，而在战争中更难以保障"为了国家"与统治机构没有关系。另外，除培养"尊重传统与文化"的态度之外，前言中还存在"继承传统"的表达。对这一点虽然有研究批判的必要，但爱国心也好，对传统的尊重也好，这一用语本身不能一概否定，学校教育中也并非不可采取。问题是包含这些内容的条目进入法律的是非和界限。另外，2006年《教育基本法》最大的问题是第16条第2款承认了国家（文部科学省）对"教育政策的综合制定、实施权"，这实际上是改变了该条第1款"教育应当依据本法及其他法律的规定举行，不得服从不正当的统治"的规定。其结果是，该条与第2条相结合，形成了无限制的、由教育行政机关决定的强制结构。对于"希望国际社会的和平与发展"这一乍看没有什么问题的部分，一旦遇上向伊拉克派遣自卫队的内容，政府就有可能会单方面决定实现和平的含义和手段并强制灌输给教师和学生。

关于《教育基本法》第17条，政府制定包含教育内容的教育振兴基本计划，地方也有义务制定相应的计划。通过检查、评价（通过计划目标的管理）使全国的改革标准化。在这里担心的是，在教育再生会议第二次报告中（2007年6月1日），将现行的"德育的时间"作为"德育""教科化"。虽然不是当面评价，但国家可以通过教科书检定将特定的价值观强加给孩子们。而对于抵抗强制的教师有可能会认定为不合格教师，此后在10年一次的教师资格证更新中不予更新。为了能够顺利地更新教师资格证，可能会产生教师参加行政研修等迎合当局的情况。这样的教师不可能作为面向学生的专门职业从事自由的教育活动，实际上转化为作为教育行政机构末梢的忠实的法律执行者。

除上述问题外，《教育基本法》第2条的教育目标是否包括第3条以下的所有部分，对此，当时的文部科学省认为：关于家庭教育和社会教育，具体由从事教育者掌握具体的教育内容。因此，依据2006年第7条、第8条，大学和民办学校都应该受到第2条德育目的的影响。此外，新设立的第10条在规定家长责任的基础之上，还规定了"生活习惯""自立心""身心的协调与发展"等关于家庭教育的内容。对此虽然也没有多少异议，但问题是法律对家庭教育内容的规定，并且，第13条规定："学校、家庭及当地居民和其他相关人员，在自觉承担各自在教育上的作用和责任时，尽力地互相帮助和合作。"

日本文部科学省和国立教育政策研究所学生指导研究中心于 2006 年 5 月出台了提倡在学校零容忍的文件和报告书，在教育再生会议第一次报告中也表达了相同的观点，即在提倡"彻底的规范意识"同时，以整洁的教室这一理由，修改过去关于学校指导和惩戒的通知等，活用出席停止体制等。因此，有学者认为，在家庭和学校合作的名义之下，强制向全体国民灌输特定的价值观，形成日本整体的价值标准，脱离这一标准的个人及其生活会受到否定评价。[①] 以努力实现国民应有的姿态和道德为责任的法律，如《少子化社会对策基本法》第 6 条、《消费者基本法》第 7 条、《健康促进法》第 2 条等还有很多。这些法律出台的背景正是因为对道德精神的低下，虐待儿童、离婚的增加等家庭"崩溃"的危机感，通过道德的法制化予以强制的思维方式。《教育基本法》的修改和修宪论也可以看作这一思潮的一环。

2. 修宪与《教育基本法》的修改

对传统的修宪派来说，在体现自己价值观的修宪实现后修改《教育基本法》，才能制定一个更符合自己理想的《教育基本法》。但是，他们想象的日本社会与国民的理想方式和实际的现实社会存在很大的差距，面对这种差距的焦躁和烦恼，使其不能等待修宪的实现，特别是第一次安倍内阁诞生之日起，这种心情更暴露无遗，而《教育基本法》的修改则相对容易，只需要众参两院过半数通过即可。

先行修改《教育基本法》会感到"终于下一个课题就是实现修宪了"，从而达到增加修宪能量的效果。另外，通过包含爱国心的强制德育课教育可以加强对教师的管理，从而达到削减反对修宪运动能量的目的。换句话说，先行修改《教育基本法》对实现修宪的正面作用是非常大的。并且，对《教育基本法》的修订，可以达到通过修宪才能实现的培育适合新自由主义和新国家主义的社会与国民、支持在海外进行战争的年青一代国民等目的。而在将来实现修宪之时，再度修改《教育基本法》使其符合宪法也是非常容易的。恐怕这才是 2006 年日本急速修改《教育基本法》的真实意图。

---

① ［日］足立英郎："教育基本法的修改与修宪问题"，载《法学论坛》2007 年第 10 期。

Chapter 5 第五章

日本修宪的本质及未来构想

第一节 安倍政权的修宪本质

一、"主权回归日"的表演

2013年4月18日,日本政府主办的"主权回归、国际社会复归纪念事典"在日本东京永田町的宪政纪念馆举行,日本天皇和皇后夫妇、众参两院议长、最高法院院长以及包括阁僚的国会议员、都道府县知事等大约390人参加了该活动。活动是为纪念1952年以美国为首的西方国家与日本签订的所谓"旧金山和约"生效,日本摆脱占领状态61年而举行的。

在活动的致辞中,安倍晋三首相的开场白是:"61年前的今天,是日本通过自己的力量重新踏上征途的日子,通过所谓"旧金山和约"的生效,恢复了主权,日本再次成为日本人自己的国家。从那一天开始已经过了61年,今天是一个重大的节点,我想,我们在回忆此前的足迹之时,更要面向未来,将今天当作燃起希望和下定决心的新的一天。"[1]

此后,安倍晋三回顾了日本在"二战"后的废墟上,经过多年的奋斗终于发展为经济强国的历程,最后总结说:"今天,我们国家再次面临东北大地震的复兴这一重大课题,但同时,

---

[1] [日]斋藤贵男:《安倍修宪政权的本质》,岩波书店2013年版,第4页。

我们在痛心于日本遭受的这一悲剧之时，也深知国际社会对我们伸出的援手……特别是美军，通过联合行动帮助受灾地人民，在与我们共同流汗的同时，还与我们共同流泪。""我认为，今天我们的一代无论遇到何种困难……都负有使日本成为我们珍惜的国家、更好的美丽国家的责任。同时，我们负有为建设美好世界作出贡献的值得夸耀的国家之责任。"①

在 40 分钟的仪式结束、天皇夫妇退场之际，安倍晋三首相等三权机关之长竟然凑在一起三呼"天皇陛下，万岁！"因为这一场景被部分媒体小范围报道，后为了确认这一消息，在官方网站上试图恢复当时场景时，关键的"天皇陛下"部分的声音已不能听见。

这是一场使人感到非常不协调的仪式。首先，依据所谓"旧金山和约"脱离占领的只是日本"本土"地区，现在的冲绳县和部分岛屿依据该条约进行了分离，仍处于美国的委托统治之下。并且，1952 年 4 月 28 日这一天同时也是《日美安全保障条约》生效之日，这一事实无论日本政府还是媒体都没有提及。此后，冲绳虽在 1972 年还政于日本，但时至今日，日美军基地的 74% 仍集中在冲绳，实际上，作为美军军事殖民地得以延续的出发点正是安倍极力赞美的"主权回归日"。这也是这一"庆典"引起冲绳人民愤怒的原因。对此，有观点认为：4 月 28 日不仅不是"主权回归日"，而是虽脱离了占领，但却半永久性地成为美国附属国的日子。②

从这一庆典可以看出，安倍政权一方面反复强调"右翼"的观点和话语，挑动中国和韩国人民的感情，另一方面对美国表现出很温顺的样子。即使对"慰安妇"问题，在美国联邦众议院和州议会作出要求道歉的协议时，也保持沉默。但对亚洲当事人的申诉则强硬地表示："强制的从军慰安妇根本不存在。"这当然不是安倍首相一个人的问题，近年来，虽然小泉纯一郎原首相也采取了类似的行事风格，但他并没有参加 4 月 28 日的庆典。

依据安倍的设想，他所要脱离的"战后政治"仅指否定战争的《日本国宪法》，而不是要脱离从属于美国的问题，相反，要进一步强化美日同盟，

---

① ［日］斋藤贵男：《安倍修宪政权的本质》，岩波书店 2013 年版，第 5 页。
② 同上书，第 6 页。

使日本为美国的全球战略作出"更大的贡献",并不顾国内的反对声音,以纪念庆典的名义对美国表达忠心。换句话说,既是美国的附属国,又能作为亚洲大国张牙舞爪的"卫星帝国"。①

二、与安倍政权修宪相关的基础

(一) 与美国战争相关的日本"二战"后历史

如前所述,安倍所声称的"'二战'后政治"仅指否定战争的《日本国宪法》,他认为,美国强加的《日本国宪法》只是贯穿了一国和平主义的理念,很难为国际社会作出贡献,这是不应该的。

考察"二战"后日本的历史会发现,日本"二战"后的发展与美国的战争密切关联。众所周知,在占领时期,伴随朝鲜战争的特需景气成为"二战"后日本经济复兴的契机,当时的日本银行总裁和经团联会长常挂在嘴边的"神风""天佑"等话语,充分地表现了他们对朝鲜战争带给日本恩惠的沾沾自喜心情。在"主权回归"后出现的经济高速增长奇迹实际上也与越南战争有密切的关系。

在越南战争时期,虽然不是像朝鲜战争那样的直接特需,但通过对享受直接特需的东南亚各国和受战争影响的美国本土居民的出口刺激了日本的经济增长。以机械出口为例,据日本机械出口协会的统计,在越南战争开始的1960年,日本对东南亚的机械出口为2.6亿美元,对北美出口2.1亿美元,而到11年后的1971年分别达到4.5倍的11.8亿美元和21.5倍的45.9亿美元。特别是对美输出的激增,使日本列岛不仅成为在日美军基地,实际成为美国最前沿的阵地。换句话说,因为有规定了放弃战争的《日本国宪法》第9条存在,日本自卫队虽然没有参与战斗行为,但日本发了战争财却是不争的事实。

上述事实说明,对美从属并不是开始于小泉内阁时期的结构改革或伊拉克战争,正是安倍所言的"主权回归日",即所谓"旧金山和约"和《日美安全保障条约》同时生效的1952年4月28日,才是延续到今天的日本战后

---

① [日] 斋藤贵男:《安倍修宪政权的本质》,岩波书店2013年版,第7页。

体制的出发点。

与其说日本受到了在日美军的保护，毋宁说通过分担美国战争的部分角色成就了日本的经济大国。那么，《日本国宪法》第9条起了何种作用？

因为《日本国宪法》第9条的存在，一方面，在朝鲜战争和越南战争期间，日本可以不用直接派兵参战；另一方面，第9条在美日安保体制之下，起到了一种"掩饰"的作用。在《日本国宪法》实施不久，因为东西"冷战"的需要和朝鲜战争的爆发，曾对日本解除武装的美国本身改变了对日政策，支持日本建立了警察预备队，不久改为保安队，后又改为自卫队，装备和人员也不断扩大和强化。尽管如此，因为《日本国宪法》第9条的存在，日本自卫队尚未到海外进行直接的战争。这正是《日本国宪法》第9条存在的意义。

但是，安倍首相及其身边的人却从另一个角度解读，认为《日本国宪法》第9条既然已不能适应现实，干脆进行修改，从而建立真正的日本军事同盟，从而使日本自卫队能与美国一起在世界各地进行战争。在日本的结构改革不断推进，经济社会的同化接近完成之时，为了积极且自发地参与美国发起的战争而修改宪法，不仅是巨大的国际资本和美国政府所乐见，更与自1955年自民党建党以来的"使命"完全吻合。

（二）在日美军再编与核能输出

安倍政权主导的修宪如果成功，日本将负有追随美国进行战争的义务。

首先是在日美军再编的现实。依据2005年10月美安保协议委员会（"2+2"，即日本外相和防卫厅长官与美国国务卿和国防部长）达成的合意，主要是驻冲绳美军普天间基地的搬迁问题，但同时涉及全部驻日美军的部署问题。

依据这一协议，第一，日本府中市的航空自卫队航空总队司令部移驻在日美空军横田基地（位于东京都立川市、福生市等），一并设置日美统合运用调整所；第二，在美国华盛顿州的陆军第一军团的司令部之一部和日本陆上自卫队中央快速反应集团（对恐怖、地上作战部队）司令部移驻在日美陆军座间军营（神奈川县座间市、相模原市）等。另外，在其他双方的相关协议中还规定，在与日本海上自卫队横须贺基地相邻的、部分日美共同使用的在日美军横须贺基地配备"华盛顿号"核动力航母，以代替原来的普通航母。

在任何一个基地，在日美军陆海空三军都设立各自的司令部，如果与日本陆海空三军自卫队的一体化不断进展，很难说不会出现联合作战的情况。因此，现在能够阻挡日本进一步滑向战争边缘的只有《日本国宪法》第9条。

安倍第二次上台后，在首相官邸召集了"经协基础建设战略会议"，依据政府网站消息，会议主要围绕以下内容展开：在优先确保在世界各地现场工作的日本人安全的同时，加强对日本企业在海外开展基础设施建设、能源和矿物资源海外权益的支持以及海外经济协作等重要事项，以保证从战略和效率角度实施。这里的基础建设海外输出，除了道路交通以及港口、机场和其他城市建设之外，也包括核能建设，甚至是以核能建设为中心。

当然，上述思路并非安倍政权的突发奇想，这是在小泉政权初期日本政府内部和经济界就在讨论的日本国家战略。其背景正是，因少子高龄化造成的内需不振，而通过工业产品的产品输出也难以对抗新兴国家经济体，活用日本政府的政府开发援助，增强日本在海外的基础设施建设、提供必要的资材以及协助项目建成后的使用等，是一条新的出路。[①]

作为具体的国策进一步明确是在2010年6月，当时的民主党政权强力推出的"新成长战略"，多次召开"一揽子海外基础设施开展统合会议"，其中第二次即是"核电"问题，而主要负责实施的即东京电力，其发表的中长期成长宣言"2020规划"中，核电及海外事业的强化俨然在列，这自不待言。但日本"3·11"核电泄露事件发生后，这一次前决定的国策没做任何修改为安倍政权所继承。

(三) 开展海外基础设施建设国策的风险与修宪

开展"一揽子"海外基础设施这一国策给日本带来的风险主要体现在两方面：第一，日本核电的再启动。因为一个认为危险而长期停滞下去的核电很难为国外买家所信任，为了在国际市场推销日本的核电，日本的核电必须重新启动。对这一问题在此不再赘述。第二，相关的宪法问题。随着"一揽

[①] [日] 樋口阳一：《现在如何认识修宪》，岩波书店2013年版，第52页。

子"海外基础设施国策的推进，与此相关，日本人卷入海外冲突的情况必然增加，2013年阿尔及利亚一处天然气田遭到恐怖分子袭击，包括10名日本人在内的约40人遇害。随后，安倍召集执政的自民党和公明党阁僚召开紧急会议，讨论修改《自卫队法》，以便对遇到海外紧急事态时的日本国民进行陆上运输的可能。而当时负责修改法案的中谷元原防卫厅长官认为：这次自卫队法修改草案基础的报告书虽然是在现行宪法的范围之内，但随着议论的推进，必然会遇到《日本国宪法》第9条这一"短路"。因此，开展"一揽子"海外基础设施这一国策一定会遇到《日本国宪法》第9条的问题。既然商业利益重大，执政者只能改变"短路"问题。①

通过上述在日美军再编的现状和以核电输出为中心的"一揽子"海外基础设施建设国策的了解，再来看2012年《自民党修宪草案》对《日本国宪法》第9条的修改，安倍政权的意图就很容易理解了。

三、美丽之国还是危险之国

安倍晋三在两次就任首相之初，都曾在《文春新书》发表文章（分别是2006年的《迈向美丽国家》、2013年的《迈向新的国家》）阐述自己的"理想"。而对安倍迈向这一目标最大的后援团是媒体，因此，安倍上台后，除了极力拉拢此前偏右的媒体外，对偏左的《朝日新闻》和较为中立的NHK等采取打压和拉拢相结合的方式，使其逐渐转变立场。

以《朝日新闻》为例，在第一次安倍内阁时期，对当时安倍的政治态度曾进行猛烈的抨击，但在安倍第二次上台后也被迫向安倍政权靠拢。如安倍在第183次国会的施政演说中喊出了"创造强大日本的不是别人，正是我本人"此后的次日，《朝日新闻》就在社论中写道："施政方针演说吹响了迈向未来的号角！"② 在安倍第二次内阁上台百日的次日，该新闻又发表社论说："安倍首相通过宣告'开始经济再生火箭'，出台了一系列措施，射出了大规模的财政支出和金融缓和之'箭'，打开了谈判参加环太平洋经济合作协议

---

① [日] 樋口阳一：《现在如何认识修宪》，岩波书店2013年版，第53页。
② [日]《朝日新闻》，2013年3月1日朝刊。

（Trams – Pacific Partnership Agreement，TPP）的大门等，暂时停止了首相坚持的'脱离战后政治'行动，采取了集中精力解决最大悬案的经济再生问题，这是值得肯定的。"①

对于《朝日新闻》的转变，《周刊 POST》杂志进行了分析，在其《安倍晋三与朝日新闻"不恰当的蜜月"》中指出：在安倍晋三就任自民党总裁之前的阶段，两者就试图达成和解，虽然多少还存在一些芥蒂，但作为批判安倍急先锋的朝日新闻前主笔到年龄退休，在第一次安倍政权时参与 NHK 节目改编的新闻社会部记者被派往地方分局，都起到了极大的缓和作用。②

鉴于第一次内阁的短命，第二次安倍内阁紧抓社会媒体显然起到了很大的功效。

除此之外，对于承认日本强征慰安妇并以政府名义表示道歉的"河野洋平官房长官谈话"、对于殖民统治和对外侵略造成的痛苦和灾难从政府角度表示反省和歉意的"村山富市首相谈话"，安倍政权表达了不照样继承的意思，并抛出"侵略的定义是不确定的，具有必须交给专家判断的性质"论调。而其真正的含义是，对"殖民地统治"和"侵略"这些词语感觉不舒服，从而试图加以否定。③ 安倍的上述言行遭到了中韩等受到日本侵略的国家和美国的批判。

而对于修宪问题，安倍及其阁僚更是惊人的言语和动作不断。

2012 年 9 月，安倍晋三被选为自民党总裁，在两院议员总会上，他发下豪言："创造强大的日本！为了创立使日本人因出生在日本而感到幸福、使孩子们因出生在日本而感到自豪的日本，我将竭尽全力！"同年 12 月 16 日，自民党在众议院总选举中获得压倒性胜利，安倍晋三就任日本首相。

在 2012 年 4 月 27 日出台的、由自民党推进起草的《自民党修宪草案》的解说小册子《自民党修宪草案问答》中，第一个问题即是"为什么现在日本必须修改宪法？为什么自民党现在要出台宪法修改草案？"对此的回答是："现行宪法是在盟军占领下，以占领军司令部指示的草案为基础制定的。在

---

① ［日］《朝日新闻》，2013 年 4 月 5 日朝刊。
② ［日］《周刊 POST》，2013 年 5 月 17 日。
③ ［日］纐纈厚：《承认集体自卫权的深层》，日本评论社 2014 年版，第 19 页。

日本国主权受到限制时制定的宪法不能真实反映国民的自由意思。"① 这一理由也为日本维新会所采纳，在该党2013年3月通过的党纲中，语气非常强硬地提道："（对于）强制将日本贬为受孤立和轻蔑的对象并陷入绝对和平这一非现实共同幻想中的占领宪法，必须进行根本性的修改，从而使民族、国家达至真正的自立，使国家得以复兴。"实际上，克服对自由意思表达的压制和自立的缺乏，正是明治维新以来日本面临的问题。但从另一个角度来说，明治开国时期的危机导致了日本的近代化，因为当时日本的"精英阶层"为了修改与西方各国签订的不平等条约，努力学习西方的立宪政体，以期在各方面都达到西洋人的标准。

1889年公布实施的《明治宪法》，虽然本身存在内在的矛盾，但需要注意的是，近代日本的政治精英将立宪政治作为近代政治的普遍原则而继受、学习并认真探讨日本统治体制的态度。如当时的枢密院在审议明治宪法草案时（明治天皇也亲临），伊藤博文关于立宪主义、立宪政体本质的理解发言，至今仍有闪光之处。举例来说，他认为："如欲建立立宪政体施行国政，必须熟知立宪政体的本意，假如讨厌'承认'一词，忌讳给予议会承认之权，无论制定法律还是预算，议会只是'了解'这一点，到底在宪法上是不够的。"② "创制宪法的精神，第一是限制君权，第二是保护臣民的权利。因此，宪法如果不规定臣民的权利，仅规定其责任，就没有必要制定宪法了。"③ 对照上述议论，当今试图修宪的日本政客们的发言就显得非常轻浮。难以想象他们认真思考了宪法（学）。例如，礒崎阳辅参议院议员（自民党宪法修改推进本部起草委员会事务局长）在话筒前曾自言自语："立宪主义这一词语在学生时代的宪法讲义中'没听说过'，自己使用过的宪法教科书中没有这一词语。"在2013年3月29日的参议院预算委员会上，面对民主党小西洋之议员就是否知道关于概括人权保障的规定是宪法哪一条款，即是否知道《日本国宪法》第13条的质问，当时的安倍首相没有进行回答。并且，对稍微学过宪法学的人都应该知道的已故芦部信喜博士，安倍竟然回答"我不是宪法

---

① ［日］田村重信：《改正日本国宪法》，讲谈社2013年版，第110页。
② 关于议会"承认"的论争，1888年6月18日。
③ 有名的在臣民"分际"议论时的发言，1888年6月22日。

学的权威，也不是学生，不知道"。作为首相对修宪的态度明显缺乏真诚。因此，许多日本的宪法学者对此感到震惊，震惊之余又感到可悲。的确，缺乏基本的理论基础，徒言"建立强大日本"的大话，是浮躁和表演的体现，从"束缚权力的宪法"角度而言，这才是更可怕的。

安倍首相和礒崎阳辅议员发言的草率虽然是典型的事例，但其他一些所谓"修宪必要论"的提法甚至更为可笑，例如，"六十年前的宪法赶紧变吧""没有一次修宪的体验，无法培育主权者的意识""占领期间制定的宪法是无效的"。另外，虽然反对修宪派的观点，但同时在对此前"护宪"的思想也进行批判的人之中，也存在以下观点："战后的宪法议论过分强调第9条也是一个问题""修宪国民投票不仅对宪法，对国民认真思考广义政治也是一次机会""只是护宪不行，市民一方应该积极地提起修宪的构想"等。对上述议论虽然日本国内褒贬不一，但问题并不是对这些议论的评价本身，而是对评价有用的议论框架。

一般来说，从本质上思考"个人、国家、自由、平等"等问题，从而为设计一部"理想的宪法"来进行讨论与在现实政治中对修宪派试图具体提出修宪思路的是非进行讨论的"修宪讨论"，是完全不同的思路。当然，实践中有时很难完全进行分离，但"修宪讨论"与"宪法讨论"完全分开进行讨论才更有意义。众所周知，现代日本修宪的焦点是《日本国宪法》第9条。但是，在"讨论修宪"的背景下，如果有人认真思考"仅仅议论《日本国宪法》第9条是不够的"，就会将讨论引入歧途。

在"二战"后的日本，"宪法讨论"作为现实政治问题被提及，在所有的情况下都是作为"修宪讨论"。在"讨论修宪"时，只能以议论现实存在修宪派试图具体提出修宪构想的是非形式存在。并且，《日本国宪法》第96条既然规定了修宪草案的提议权者是众参两院议员的2/3以上的议员，实际上提起修宪的一般是政府的执政党。当然，如果执政党对明文修宪毫不关心，市民一方为实现期望的宪法修改，通过发动修宪运动达到目的也并非不可能。但现在的日本并不具备这样的条件。

日本著名宪法学家樋口阳一教授曾指出，在沙龙谈论中碰撞出理想的宪法构想应该不是现在的问题，围绕修宪进行的争论实际上是，该社会在此时进行的最高政治选择。

安倍晋三就任日本首相后，重新讨论"日本国宪法修改草案"必要性的呼声再次提高。在初次党代会上，提出在参议院选举中"确保修宪势力达到2/3"的日本维新会联合代表石原慎太郎在一次采访中说，修宪已经成为参议院选举的焦点，必须使民主党分裂，使"妨碍修宪的"公明党原地踏步。[①] 自民党政策调查会会长高市早苗在电视采访中曾说："宪法与国家观相关，依据国家观进行政界再编是正确的姿态。宪法应该经常成为选举的焦点。"强调了参院选举中提出修宪问题的设想。该发言与日本维新会的发言如出一辙。

前述石原慎太郎在采访中甚至说："日本应该成为强大的军事国家、技术国家。提升国家发言力的是军事能力和经济能力。要促进经济复苏，防卫产业是最好的选择。讨论核武装也是今后的选择之一。"当然，当今很难说形成作为政党稳固一体的日本维新会，在参院选举前提出独自的有水平的修宪草案是非常困难的。日本维新会在修宪问题上所起的作用不过是，视参议院选举的结果，使自民党主导的修宪向偏右方向移动一些。

总之，安倍政权推出的"修宪议论"目的并不仅是长期以来的"《日本国宪法》第9条修改"问题，从根本上来说是与自由主义、立宪主义、个人尊重等概念长期进退维谷的紧张关系。这是日本法文化的危机，但从媒体的评价看，这一危机的含义没有得到应有的重视。

第二节 自民党及其主要成员的修宪构想

一、自民党论修宪

（一）作为自民党基本政策的"修宪"

2013年2月15日，在出席自民党修宪推进本部的会议上，日本首相安倍晋三在众多国会议员面前表达了决心修宪的想法，他说："自民党的建党

---

① ［日］《朝日新闻》，2013年4月5日。

目的是获得真正独立和发展经济，虽然第二项目标已经实现，但还存在很大的问题，主要是宪法问题。"①

在这一发言之前的 2012 年 4 月 27 日，当时还是在野党的自民党发表了第二次修宪草案。当时的自民党总裁谷垣祯一在草案发表的记者会上说："我们站在推动加快制定宪法的前列，是为了进一步明确日本应该前进的道路和思路。"②

2012 年《自民党修宪草案》与 2005 年《自民党修宪草案》相比有了大幅修改，最典型的是以 2011 年东日本大地震为契机新设立了"紧急事态条款"。该草案进一步明确了在受到武力攻击或恐怖袭击乃至发生大规模灾害之时，可以赋予首相包括限制国民私权利在内的强大权力。为了行使集体自卫权，消除了《日本国宪法》的第 9 条第 2 款，缓和了对行使自卫权的制约。关于修宪的要件，将国会提议要件由总议员的 2/3 以上降为过半数以上。

至于自民党所称的 2012 年草案回应了国民的声音，实际是增加了 2005 年草案不存在的天皇元首化、国旗国歌条款、家族的尊重义务等，而将自卫队的名称改为"国防军"则显示了对保守派呼声的重视。

自民党成立于 1955 年 11 月 15 日，当时，在东京的中央大学讲堂召开成立大会并制定了党纲，党纲中明确记载："在坚持和平主义、民主主义以及尊重基本人权的同时，争取修改现行宪法，重新讨论占领时期的各项法制，依据国情对其进行废除或修改。"因此，修宪是自民党的基本原则，长期以来自民党也一贯扛着修宪的大旗。但历届自民党的总裁（首相）对修宪的热情则存在很大的差距。

作为自民党第一任总裁的鸠山一郎首相非常热心于修宪，作为修改占领政策之一环，修宪是其主要诉求。但由于《日本国宪法》第 96 条规定了较高的修宪门槛，1956 年 7 月的参议院选举中自民党争取获得修宪要求议员数的 2/3 遭到了失败，此后在同年 10 月发表《日苏共同宣言》和 12 月加入联合国后，鸠山辞去了首相职务。

---

① [日]《读卖新闻》政治部：《修宪论战的基础》，中央公论新社 2013 年版，第 188 页。
② 同上书，第 189 页。

1957年就任首相的岸信介也是极力主张修宪的人，但是，由于岸信介忙于与美国交涉修改《日美安全保障条约》的事，修宪问题暂时搁置了。吉田茂内阁1951年在旧金山与美国等国签订所谓"旧金山和约"之时，同时缔结的《日美安全保障条约》和附随的行政协定，将占领时期盟军拥有的权利、地位完全由在日美军承继下来，包括基地的使用、核武器的拥有、对他国军队的攻击以及镇压日本国内的叛乱，几乎完全承认了在日美军的无限制自由。但是，条约没有规定美国对日本的防卫义务，也没有关于条约期限的明确记载。因此，日本国内对这一"不平等条约"的不满不断增加。岸信介的目标是要求强化安保条约的双务性、对等性。但是，因为日本宪法不允许行使集体自卫权和向海外派遣自卫队，所以1957年8月日本政府设立了宪法调查会，开始讨论修宪问题。

修改安保条约的交涉开始于1958年9月，1960年1月美日两国政府签订了新的《日美安全保障条约》。依据新条约，美国负有防卫日本的义务，在日本国内美军基地受到攻击时，日本可以采取共同行动。但是，由于日本国内反对安保的呼声不断高涨，岸信介没能看到宪法调查会的结论，于1960年7月下台。

（二）"修宪"沉寂的时代

鉴于岸信介下台的现实，继任的日本首相因为感觉修宪的政治成本太高，不再提修宪问题，此后历代日本首相关于宪法问题在国会的发言如下。[1]

（1）池田勇人首相：我认为，修宪问题的本质是需要在国民各阶层之间进行充分的讨论，经过一定的岁月后，当国民舆论自然集中于一个方向并逐渐成熟之时，届时才是应该下结论的时候。（1960年10月21日参议院本会议上的发言。）

（2）佐藤荣作首相：在我任职期间，修宪不会提上议事日程。（1971年5月21日众议院法务委员会上的发言。）

（3）田中角荣首相：修宪问题应该以国民的总体意志为基础，作为政府，现在没有考虑修宪问题。（1973年6月13日参议院本会议上的发言。）

---

[1] ［日］《读卖新闻》政治部：《修宪论战的基础》，中央公论新社2013年版，第192—193页。

(4) 三木武夫首相：现在的舆论还不成熟，所以，我认为现在不是修宪的时期。(1975年5月14日众议院法务委员会上的发言。)

(5) 福田赳夫首相：作为现实问题的修宪尚需很多资源，与此相关联，需要国会议员2/3以上的提议，因此，作为现实问题虽然不是很难，但作为思考方式讨论修宪并不合适，也不考虑提起修宪的问题。(1978年3月10日参议院预算委员会上的发言。)

(6) 大平正芳首相：我现在还没有看到社会上热议修宪、政府需要考虑采取措施的事态。(1979年4月19日众议院内阁委员会上的发言。)

(7) 铃木善幸首相：在铃木内阁没有看到修宪的苗头，我们必须忠实地遵守和拥护现行宪法，同时要明确的是，不仅阁僚，作为公务员也要忠实地执行宪法。(1980年10月9日众议院预算委员会上的发言。)

在上述七位首相此后继任的中曾根康弘首相，虽然高喊"战后政治总决算"并试图修宪，甚至在年轻时做有"修宪之歌"，被认为是修宪论者，但在1982年12月9日的众议院本会议上提及修宪问题，仍然说，我作为自民党总裁当然会思考，作为政党基于我党党纲规定的自主制定宪法这一基本方针，以研究制定更好的宪法为目标并进行调研。但是，在现任内阁中，不考虑将宪法问题提上议事日程。① 可见，他并没有就修宪付诸实际的行动。实际上，在20世纪90年代之前，自民党内反对修宪的势力同样存在。这主要是因为当时自民党内右翼并不占有绝对优势。自民党前总裁河野洋平曾说："虽然自民党的'立党精神'之一包括制定'自主宪法'，但对此问题始终是非常自制的。……曾经的自民党既有偏右的人，也有偏左的人，也采取了社会主义的福利政策，对于亚洲政策也好，对美政策也好，都非常慎重。我在从新自由俱乐部回归自民党之时，中曾根康弘首相曾说'我虽然偏右，但左翼阵营也很强大'。"②

(三) 风向的转变

20世纪90年代后，随着海湾战争的爆发和"冷战"的结束，日本社会

---

① [日]《读卖新闻》政治部：《修宪论战的基础》，中央公论新社2013年版，第194页。
② [日]樋口阳一、山口二郎：《对安倍修宪说NO》，岩波书店2015年版，第12页。

对宪法的意识发生了很大的变化,容忍修宪的呼声开始增强。

2001年4月26日,高举"全面构造改革"大旗的小泉纯一郎就任日本首相,他敏锐地感受到了这一舆论的变化并及时表达了修宪的意图。在就任首相次日的记者会上,他说:"当今的宪法解释是,虽然拥有集体自卫权,但不能行使。要改变这一点很难,因此,我的想法是希望修改宪法。"可以说,这是长期以来作为日本首相对修宪问题最直接的发言。

在此后的众议院本会议上,面对来自在野党议员关于自卫队的质询,小泉说,对自卫队是否违反宪法的解释与其因人而异,倒不如对中学生来说不会产生误解的文章更好些。《日本国宪法》不仅是第9条,整体的重新讨论不应该再成为禁忌。①

此后,小泉首相开始着手推动宪法的修改。在自民党2003年的众议院公约中,明确记载了到建党50周年的2005年出台修宪草案。在2004年1月的自民党大会上,采纳了将修宪作为重点政策的运动方针。同年12月21日自民党新宪法制定推进小组(组长小泉纯一郎)举行了第一次会议,在会议上,小泉纯一郎提出了"广泛听取国民的声音,以党内意见和党宪法调查会的讨论为基础,制定符合时代精神和建党宗旨的优秀宪法"目标。依据这一方针,自民党在2005年10月28日出台了自民党建党以来的第一部修宪草案。

2006年9月26日,小泉纯一郎结束了首相任期,修宪的使命交给了继任者安倍晋三。

二、安倍晋三的修宪观

(一)安倍晋三的从政与继任首相

安倍晋三出生于日本的所谓政治世家,是日本"二战"后出生的第一位首相,作为甲级战犯、1957年继任日本首相并主张修宪的岸信介是他的外祖父。而岸信介曾任东条英机内阁的商工大臣并以副首相身份加入东条内阁,是东条英机的主要支持者之一。作为岸信介的外孙,安倍晋三毫不隐瞒自己

---

① [日]《读卖新闻》政治部:《修宪论战的基础》,中央公论新社2013年版,第195页。

对岸信介政治方式和政治经历的强烈憧憬和敬意。① 1993 年，安倍晋三当选为众议院议员，时值"冷战"结束的初期。自年轻时期，安倍晋三就主张修改《日本国宪法》第 9 条并声称自己是修宪论者。就任首相之初就举起"脱离战后体制"的大旗，并在海外媒体面前直言，作为不符合时代精神的法律条文最典型的就是《日本国宪法》第 9 条。

2006 年 9 月，继小泉纯一郎内阁之后，第一届安倍内阁建立。当时，作为"政权公约"，一开始就提出"制定与开创新时代日本相符合的宪法"，并攻击《日本国宪法》是"战败国道歉的证据"和"占领时代的残渣"，并主张在明文修宪之前，通过宪法解释的变更解禁集体自卫权，最大限度地实现日美军队的联合作战等。② 由于小泉内阁的结束，这一任务交给了继任的安倍晋三。

2007 年 5 月，安倍晋三推动制定了规定修宪程序的《修宪国民投票法》，虽然此后不久辞职，但在 2012 年自民党重新从民主党手中夺取政权后，再次就任首相，成为"二战"后继吉田茂首相之后第二个两次就任首相者。

在 2012 年日本众议院选举自民党大胜此后的记者会见中，安倍晋三从自民党建党历史说起，这样回答：自民党建党的目的有二，一是彻底改变包括修宪在内的占领时代的结构，二是经济成长。第二项目标已经达成，但第一项目标却后退了。

因此，第二次继任首相的安倍上台伊始就极力推动修宪。那么，安倍晋三的修宪观到底为何？

（二）安倍晋三的修宪观点

以下依据 2013 年 4 月 15 日安倍晋三在首相官邸接受采访时的回答进行说明。③

1. 宪法必须由国民亲自制定

安倍晋三认为，自己本身是个修宪论者。理由有三：一是宪法的制定过

---

① ［日］纐缬厚：《集体自卫权承认的深层》，日本评论社 2014 年版，第 10 页。
② ［日］全国宪法研究会：《日本国宪法的继承与发展》，三省堂 2015 年版，第 94 页。
③ ［日］《读卖新闻》政治部：《修宪论战的基础》，中央公论社 2013 年版，第 60—68 页。

程存问题；二是宪法自制定开始已过了60年，内容已不适合时代要求；三是日本近代以来的两部宪法都不是国民亲手制定的，明治宪法是君主制定的钦定宪法，"二战"后的昭和宪法是由占领军制定的。而通过自己的手制定一部新宪法这一精神本身就可以开创一个新的时代。

为什么日本宪法制定60年没有进行一点修改，安倍晋三认为，就"二战"后而言，美国宪法（以宪法修正案的形式）修改过6次，法国宪法修改过27次，德国宪法修改过58次。上述国家的修宪程序也很严格，都属于刚性宪法，但是，日本的修宪程序更严格，提议要件的占议员总数2/3以上要求很难达到。许多试图修改宪法的人虽然内心认为该要件规定毫无道理，但没有采取具体行动。因此，安倍认为该要件"2/3"应该改为"1/3"，现在舆论调查有超过半数的人认为应该修改宪法。① 但是，因为稍微超过1/3的议员数阻止修改，这是很可笑的。这是对国民本身不信任的体现。因此，要打开由占领军关闭的枷锁，将修宪权还给国民，必须先修改《日本国宪法》第96条。

针对记者提出的如何修改《日本国宪法》第96条，安倍指出：对《日本国宪法》第96条的修改曾在2012年的众议院选举中提出，在2013年的参议院选举中还会作为一个诉求。如果能在参议院选举中获得多数，剩下的就是《修宪国民投票法》的问题。关于18岁选举权的整理，关于公务员的行为限制，关于国民投票的对象是否与修宪搅在一起等问题本来设想（自2012年《自民党修宪草案》出台）3年内完成，但因为民主党的抵制很难实现了。上述问题解决不了，国民投票就不能实现。等取得一定的成果后，就会修改第96条。修改第96条向国会提出的时期还会在自民党内充分讨论，另外与公明党和维新会的关系问题，还是要充分讨论比较好。

2. 宪法"前言"应该明确记载"保卫领土、领海"

安倍认为，宪法"前言"浓缩了现代宪法的各种问题，"前言"中的"信赖爱好和平的各国人民的公正和信义，决心保护我们的安全和生存"，导

---

① 安倍晋三这里是引用《读卖新闻》社于2012年2月就是否赞成修宪在全国进行的舆论调查，在回答者中，54%的人认为修改比较好；关于集体自卫权，认为应该通过"修宪"或"修改宪法解释"行使的为55%。该调查以日本全国的成年男女3000人为对象展开，回收有效答卷率55%。

致政府对国民的生命与安全不负责任，"爱好和平的各国人民"到底指谁也不清楚。而政府保卫国民的生命、安全、财产、领土、领海等责任应该在"前言"中明确记载。

与此同时，一些新的权利，如隐私权、知情权、在美好的环境中生存的权利等也应当考虑。关于地方分权，现行宪法着墨太少，因此，自民党的新宪法草案对地方自治的本质和基层自治体、广域自治体都进行了详细规定。

对于《日本国宪法》第9条，安倍认为应该进行大的转换，自卫队每年的预算接近5兆日元，保持了具有世界水平的军事力量，但是，宪法没有提及自卫队。因此，新的宪法应该体现自卫队的存在以及日本对国际维和活动贡献的内容。

对于民主党批评2012年《自民党修宪草案》的问题，特别是对"国防军"变更的批判，安倍辩解称：实力组织为了阻止侵略进行战争之时，如果不被作为军队认可，在日内瓦条约上就不作为俘虏对待。2005年的自民党第一次修宪草案表述为"自卫军"，2012年4月27日的修宪草案改为"国防军"。因为自卫军在英语上表述为 self defense force，进行国际维和的人好像被排除在外了，感觉是支保护自己的军队，所以还是与各国的 national defense force 一样，改为"国防军"为好。因此，安倍认为，民主党的批评声音，如"日本容易受到导弹的攻击""日本会成为战争之国"，逻辑上有跳跃，不是真正的议论，属于"煽动的政客"。

3. 对"集体自卫权"也考虑解释修改

对有人提出的亚洲各国对日本修宪的担心声音，安倍的回答是：并不全是。虽然不知道朝鲜的想法，如印度尼西亚总统苏西诺认为日本修宪"是非常符合常理的思维方式"。①

对于记者提出的因为要先修改《日本国宪法》第96条才能修改第9条，这期间需要时间，而针对朝鲜半岛的形势，是否会修改禁止行使集体自卫权的宪法解释，安倍认为，《联合国宪章》确认了各成员拥有个别的和集体的

---

① 2013年1月，安倍晋三在访问印度尼西亚时，同时任印度尼西亚总统苏西诺举行会谈，在谈及日本准备从修改宪法第96条着手，将"自卫队的名称改为国防军"时，苏西诺认为"这有利于亚洲的安全和稳定"，被认为是表达了对日本修宪的支持。

自卫权。但是，日本的宪法解释是不能行使集体自卫权，而仅靠一个国家不能保护国民的生命，不仅是个别自卫权，只有行使集体自卫权，自卫权才是彻底的。当前，朝鲜拥有发射导弹的能力，如果朝鲜的导弹射向为保卫日本而配备的美国巡洋舰，日本的舰船虽有防备能力但没有防备，美国的军舰会遭到破坏，此后，朝鲜的导弹会射向日本，破坏日本的防御功能，这应该是最能导致的愚蠢结果。这样说的政治人物是不负责任的表现，因此，会通过国民的讨论，好好思考宪法解释。关于集体自卫权的重新解释时间虽然没有最后确定，但在防卫计划大纲的基础上，日美如何协调是非常重要的问题。

总之，从安倍的观点可以看出，作为其主要任务的修宪，主要想达到两项目标，短期目标是加强日美同盟，应对中国和朝鲜的"威胁"；中长期目标是将自卫队升格为真正的"国防军"，使日本成为名副其实的"独立国家"。

三、石破茂看修宪

石破茂（1957年2月4日—），日本众议院议员，属日本自民党内原桥本派。他出生于鸟取县八头郡郡家町（现八头町），毕业于庆应义塾大学法学部。其父是前建设事务次官、鸟取县前知事、参议院前议员、前自治大臣兼国家公安委员会委员长（铃木内阁）石破二朗。石破茂1986年踏入政坛，曾任日本防卫厅长官，现任安倍内阁的地方创生担当相。2015年9月28日，石破茂在国会议事堂附近的酒店召开记者会，正式宣布成立由其本人担任会长的"石破派"。石破表示"如果有人认为像我这样的人也可以执掌政权，我会为此而努力"，其目标是接替日本首相安倍晋三迎来"后安倍时代"。派系的正式名称为"水月会"，共有20名国会议员加入，包括前金融担当相山本有二、前环境相鸭下一郎等。

石破茂是当今日本自民党内有能力挑战首相宝座的主要人选，其在对待历史问题上比安倍晋三更务实，对中国也较友好，因此，他的修宪态度在日本具有一定的代表性。

石破茂认为，日本应该修改现行宪法，并且现在正当其时。其理由有五点。

（一）《日本国宪法》是以《麦克阿瑟草案》为基础制定的

《日本国宪法》是在日本国主权受到限制的情况下制定的，因此，自1955年日本自民党建党以来就确定了制定自主宪法的方针。

对于在日本国主权受到限制的情况下制定的《日本国宪法》本身是否"无效"，石破茂持否定态度，他认为，现行宪法已经实施了60余年，日本国民已对该宪法予以"追认"。但尽管如此，因现行宪法固有的问题以及经过60余年来的实施而未进行过任何修改，其不符合时代特点等问题同样不能忽视。①

正是基于此，自民党在2000年设立了宪法调查会，2007年制定了《修宪国民投票法》并设立了宪法审查会，从而在国家政治的层面一步步走向了修宪之路。

在此期间，自民党发表了众多提案，主要包括：1956年的《中间报告——宪法修改的必要性及其问题》、1972年的《宪法修改大纲草案——修宪的必要性及其方向》、1982年的《日本国宪法总结中间报告》、2005年的《新宪法草案》。在2007年制定《修宪国民投票法》并设立宪法审查会后，以修宪讨论的强化为契机，对旧的草案进行了全面讨论，对内容进行了补充。在所谓"旧金山和约"生效（1952年4月28日）60周年之际的2012年4月27日发表了《自民党修宪草案》。在此后的众议院选举中，自民党以"修宪"作为政权公约，获得大胜并重新执政。

现在，《修宪国民投票法》已经于2010年5月18日开始实施，修宪程序已经确定，如果两院2/3以上的议员赞成并提议，经国民投票过半数赞成，修宪将成为现实。

（二）为何要先行修改《日本国宪法》第96条

因为现行宪法第96条规定的修宪程序过于艰难。依据该条规定，现行宪法的修改需要获得两院议员2/3以上的赞成并提案，然后经国民投票过半数赞成才能进行。这在世界上是非常罕见的。在此，石破茂引用了驹泽大学西

---

① ［日］石破茂：《找回宪法，找回日本》，大进堂2013年版，第179页。

修名誉教授2012年11月对各国修宪次数的比较分析,该分析指出,1787年制定的美国联邦宪法截止到1992年5月共修改18次,其间增加了27条修正案;比利时宪法从1996年3月到2008年12月进行了24次修改;卢森堡宪法截至2009年3月已进行了34次修改;"二战"后制定的德国联邦宪法截至2009年7月已进行了57次修改;法国1958年宪法截至2008年7月的30年间已进行了24次修改。[①] 但是,《日本国宪法》没有进行过一次修改。

2012年《自民党修宪草案》对该条的修改是:"本宪法的修改,须经众议院或参议院议员的提议,各议院全体议员过半数以上赞成,由国会议决,向国民提出,并得其承认。此种承认,须在依据法律规定进行的国民投票中获有效投票过半数以上赞成。"(第100条第1款)在这里,将参众两院提议修宪的条件从"2/3以上"缓和到"过半数"。对于为何要缓和提议修宪条件,石破茂认为,日本国的主权者是国民,自民党草案在"前言"中明确了"主权在民",修宪的国民投票正是直接问政于作为主权者的国民的程序,但是,作为重要组成部分的国民投票,因为前面的国会提议程序过于严格,降低了国民对宪法表达意见的机会,所以提议条件过于严格,反而不利于反应作为主权者国民的意思。这是缓和提议条件的原因。

当然,石破茂也认为,不能单纯地对各国修宪次数进行比较,因为各国的政体、宪法制定背景等存在很大的差别,各国的修宪规定有其各自的背景和理由。如美国实行联邦制,除联邦宪法外,各州都有自己的宪法和最高法院,因此,作为联邦国家的美国与作为单一国家的日本本身存在很大的不同。另外,有些国家的宪法典包含了非常细致的政策规定,有些国家的宪法典作为上位法仅规定了一些理念。前者修改的频率比较高,后者修改的频率则不会很高。

对修宪的提议条件,两院制国家和一院制国家也不能一概而论,提议需要的议员数量是以议员总数为基础还是以出席议员为基础也存在很大的不同。因此,在综合考虑以上条件的基础上,石破茂认为,日本提议修宪的条件应该以从现行宪法规定的"2/3以上"下调到"过半数"。

---

① [日]《产经新闻朝刊》,2013年5月4日。

针对自民党内对缓和修宪提议条件到"过半数"的质疑,如"过半数的条件与一般法律草案议决需要的条件相同,会出现当权者频繁向国民提出修宪草案的情况,从而造成宪法的不稳定,因此,提议条件改为两议院议员3/5以上更合适"的观点,石破茂认为,的确,在2/3以上和过半数之间存在"3/5以上"这一选项,但是,"2/3"换算成百分比是66.66%,"3/5"是60%,差别不大。并且,作为日本法令上的议决要件没有"3/5"这一先例,因此,作为多数意见的采用使用"过半数"更好。①

另外,"是否可以依据第96条修改第96条",石破茂认为,这一问题实际是作为现行宪法修改程序规定的第96条本身是否可以依据本条修改的古老观点。自己在庆应义塾大学法学部时学习的教科书是清宫四郎的《宪法Ⅰ法律学全集》(有斐阁),依据该教科书:"修改规定是以宪法制定权为基础的,不是以宪法修改权为基础,修改权人基于相同的修改规定作为自己行为依据的修改规定进行修宪,不仅在法理论上不可能,而且因为承认了修改权人对修改规定的自由修改,从而导致宪法制定权与宪法修改权的混同,失去宪法制定权的意义。"从字面上理解"不可以依据第96条来修改第96条",并且,"刚性宪法向柔性宪法的变更以宪法修改规定为依据在法理论上也不可行"。但同时,清宫教授认为,"在国会议决中对'刚性'程度进行变更的部分修改,可以理解为由拥有修改权意志的人决定"。②

因此,石破茂认为,2012年《自民党修宪草案》将两院内修宪的提议要件由"2/3以上"缓和为"过半数以上",属于"刚性"程度的变更,不仅应该被允许,而且可以解释为交给修改权人,即作为主权者的国民意志决定。

(三)《日本国宪法》的修改门槛比其他国家更高

对此,石破茂引用了作为大学生教科书的芦部信喜教授的《宪法》(岩波书店),并认为该教科书中提出的不允许修改的对象是"废除修宪国民投票制"。据此,石破茂认为,2012年《自民党修宪草案》中关于"在国民投票中

---

① [日]石破茂:《找回宪法,找回日本》,大进堂2013年版,第183页。
② 同上书,第185页。

需要有效投票过半数赞成"的明确规定是充分考虑了学术界观点的结果。[1]

(四) 对宪法无效、废弃观点的疑问

对于主张"宪法无效、应该废除"的激进观点，石破茂是反对的。这一激进观点的基础是"强加的宪法伦"。石破茂认为，民法上对于欺诈或强迫的合同的确可以取消，但民法同时存在消灭时效的规定（一般是 20 年），超过时效则不能取消。而《日本国宪法》自制定公布以来，经过了"主权恢复"，已经 60 多年，从时效的观点来说，早已超过时效，其间，日本政府从未主张过无效，也不存在时效中断的问题。应该取消的行为和无效行为严格来说存在不同，无效行为自始无效，即使追认也不产生效果。但作为国之基础的宪法如果无效，那"二战"后所有的法律、判决、行政行为则都归于无效。这是不可想象的。[2] 因此，自民党的本义只是早日修改宪法，将宪法修改权还给国民。

(五) 通过主权者之手找回宪法

石破茂认为，日本的修宪并不容易，因为需要经过现行的修改程序。但是，尽管修宪门槛高，也不能逃避、胆怯和停止，需要直接面对。是否能够越过修宪的高门槛，决定权在拥有制定宪法权力的主权者国民手中。因此，他呼吁日本国民能够站在国家的立场思考，不要将修宪当成政治人物的事情，而要当作作为主权者的国民自身的问题。从这一含义上讲，所谓修宪，就是"通过作为主权者的国民之手，找回宪法"的问题。[3]

第三节 其他政党的修宪态度

自 2012 年 12 月日本民主党沦为在野党之后，该党势力大为衰落。2016 年 3 月 27 日，作为日本最大的在野党民主党与右翼政党维新会正式合并，组

---

[1] ［日］石破茂：《找回宪法，找回日本》，大进堂 2013 年版，第 187 页。
[2] 同上书，第 191 页。
[3] 同上书，第 196 页。

成新的政党"民进党",但两党合并的主要目的是打败安倍领导的自民党政权,获得执政权,在修宪方面没有形成明确的思路。2017年9月,面对安倍再次解散众议院提前举行大选,一盘散沙的民进党被迫与小池百合子的"都民之会"合并,组建"希望之党",而不满该次合并的党员则另组"立宪民主党",至此,原来的民主党已变得面目全非。但作为曾经执政三年的一大政党,从历史的角度而言,其修宪思路仍值得研究。因此,在此仍然对合并之前的民主党和维新会各自修宪思路进行分析。除此之外,本节还将对与自民党联合执政的公明党修宪态度进行分析。关于"左"翼的日本共产党和社会党因在第二章已进行论述,在此不再赘述。

一、民主党的修宪态度

（一）模糊的路线与界限

2013年2月24日,日本民主党召开大会,在该次大会上,民主党制定了自1998年建党以来的首部被称为《民主党宪法》的政党纲领。该宪法针对《日本国宪法》的问题作出了如下说明。

《日本国宪法》高举的"国民主权、尊重基本人权、和平主义"的基本精神需要具体化,在象征天皇制之下,为了确立基于自由和民主主义的真正的立宪主义,必须和国民一起构筑面向未来的宪法。

这一说明是指向修宪还是护宪？单从上述话语很难明白,是一种典型的暧昧表达方式。

民主党是一个混合了原保守派的旧社会党议员在内的集合体,因此,连基本政策都很难达成一致意见,对宪法的态度正是典型的体现。

本来在民主党执行部2013年1月22日汇集的纲领草案中,没有提及宪法,主要是因为旧社会党出身的议员反对的结果。但是,在次日党本部召开的纲领讨论委员会上又出现了变化。开始,当时的细野豪志干事长强调,希望纲领的讨论能成为民主党进一步统一思想的契机。但是,主张宪法要向前看的议员提出了反对意见。作为主张修宪代表的前原诚司认为,纲领如果不写入宪法问题,就不会明白日本面临的问题如何解决。最后,经过激烈讨论,决定在纲领中需要提及宪法。

但是，围绕修宪的党内意见对立并没有结束，此后，围绕 2013 年 7 月参议院选举的公约制定，两派对立进一步加深。

2013 年 5 月 8 日，细野豪志干事长在东京都内召开的主张修宪议员的会议上明确：民主党不会成为护宪势力，宪法的哪些地方需要修改，需要提供一个清单。但是，随着参议院选举的临近，细野豪志干事长等民主党的执行部又为与主张修宪的议员保持距离而煞费苦心。

同年 6 月 4 日，民主党召开宪法调查会委员会，对参议院选举公约草案中的"如果现行宪法有不足之处，有需要修补、修改之处，应将之向国民提出"内容予以删除。为何之前还信誓旦旦讨论加入公约的宪法问题，在正式提案中又觉得激进而后退为护宪派？同样的语言，在实现政权交替的 2009 年众议员选举公约中也得以体现，因此，民主党内的修宪派认为这是明显的倒退。

民主党内的修宪派与护宪派争论的结果在公约中的体现是，与纲领一样，只是点名了"设想面向未来的宪法"这一表达。在 2013 年 6 月 25 日，参议院选举公约发表的记者会见中，在被问到上述话语的含义时，樱井充协调会长的回答更让人摸不着头脑。他说，与现实不协调的部分都在讨论之中，是新增加一些条款还是进行修改虽然还未可知，但这一意志仍将贯彻下去。

（二）反复讨论的民主党

当然，民主党关于宪法问题并非一直没有达成一致意见，曾几何时，民主党与自民党一样曾热心讨论修宪问题。

民主党内关于宪法问题讨论最热烈的时期是成立不久的 1999 年 12 月 14 日，当时的鸠山由纪夫代表（后曾出任日本首相）费尽心机设立的民主党宪法调查会。鸠山由纪夫是试图修宪的第一任自民党总裁鸠山一郎首相之孙，在东京永田町的宪法纪念馆召开的民主党宪法调查会第一次见面会上，鸠山由纪夫强调："作为最大的在野党民主党，拥有充分讨论宪法的责任。"[①]

在 2009 年夺取政权之前，民主党的宪法调查会就宪法问题形成了三次书

---

① ［日］《读卖新闻》政治部：《修宪论战的基础》，中央公论新社 2013 年版，第 200 页。

面文件。

第一次是 2002 年 7 月 29 日由民主党宪法调查会长中野宽城主持完成的《民主党宪法调查会报告》。该报告揭示了"创宪"的理念，强调"为适当地对应变化的形势，需要将创立新宪法纳入视野，以推进广泛的宪法讨论"。在统治机构、基本人权、地方分权、安全保障的各领域等阐述了修宪的观点。关于《日本国宪法》第 9 条指出："在现行宪法解释之下，参加集体安全保障活动明显困难，某种程度的体制改革必不可少。"在这一基础之上，作为全面参加联合国维和活动以及多国军队的选择项，列举了三点：(1) 通过解释变更《日本国宪法》第 9 条和前言；(2) 制定安全保障基本法等法案；(3) 宪法中明确记载可以行使集体安全保障的依据，甚至修改《日本国宪法》前言和第 9 条。

需要注意的是，该报告还提出了对规定修宪要件《日本国宪法》第 96 条的修改，将第 96 条规定的需要两院议员 2/3 以上提议、国民投票过半数赞成的条件缓和为两院议员过半数提议、国民投票过半数赞成或两院议员 2/3 以上提议、不需要国民投票的条件。

第二次是 2004 年 6 月 22 日发表的《宪法提言中间报告》。虽然当时的宪法调查会长是旧社会党出身的仙谷由人（后曾任官房长官），但报告书对作为焦点的《日本国宪法》第 9 条，仍然提出，为了能够参加盟军队和多国军队等的集体安全保障，宪法中应该有明确的位置。关于《日本国宪法》第 96 条的修改，基本维持了 2002 年报告的观点。

需要说明的是，在此前一年的 2003 年 9 月，民主党与小泽一郎领导的旧自由党合并，尽管小泽一郎此前表达了强烈参加联合国集体安全保障的愿望，但是，因为民主党与保守色彩浓厚的旧自由党合并，需要警惕因安全保障政策问题引起党内分裂，所以就任临时负责人的小泽一郎与民主党内护宪派议员就安全保障问题进行了慎重讨论。在《宪法提言中间报告》发表之前的 2004 年 3 月 19 日，小泽一郎与旧社会党出身的护宪派代表横路孝弘（后曾出任众议院议长）在国会内部会见记者时发表了承认日本参加联合国主导的多国军队的"日本安全保障、国际合作的基本原则"。《宪法提言中间报告》不过是沿袭了这一思路。

第三次是发表于 2005 年 10 月 31 日的《宪法提言》，该文件此后长时间内主导了民主党对宪法的基本思考。

该提言以"面向未来的新宪法"的具体化为目标，概括地整理了民主党的修宪观点，明确记载了新宪法要达到的"五项基本目标"，包括环境权等新权利的确立以及分权国家的构建等。关于《日本国宪法》第 9 条，提出了规定"自卫权"，自卫队的活动必须有宪法依据等。关于参加包括多国军队等行使武力的集体安全保障问题，则提出日本国的自主选择权，其实包含了参加的可能性。

在《宪法提言》发表的 3 日之前，自民党在小泉纯一郎总裁的主持下正式发表了《自民党修宪草案》，在明确记载自卫权等众多方面，该提言体现了与自民党的一致性。但是，该提言消除了关于修改《日本国宪法》第 96 条的方针。据说是受到了时任宪法调查会长枝野幸男（后曾任官房长官）的影响。

（三）因"反对自民党"向护宪倾斜

尽管民主党发表了一系列关于修宪的报告书，但并没有走向修宪的行动，在政治实践中也没有与自民党等党派协调采取修宪行动。这并非表明民主党是一个只会议论而不采取行动的政党，其原因在于，自建党以来，连纲领都没有制定的民主党，其唯一的中心任务就是"反对自民党"。特别是 2006 年小泽一郎就任党代表并巩固了地位此后，进一步加强了与自民党的对决姿态，宪法也成为批判自民党的材料。[①]

与自民党对决的决定战役是 2007 年 4 月围绕《修宪国民投票法》的众议院表决，此前的 1 月，安倍晋三首相（第一次安倍政权）在新年的记者会见中明确了在本届内阁修改宪法的目标，当时民主党予以强烈的反对。此后，虽然在国会与自民党进行了关于《修宪国民投票法》的协议，但依据小泽一郎的指示，采取了反对该法案的姿态，因此协议中断。对法案的表决也予以反对，此后，伴随《修宪国民投票法》设立的宪法审查会也未能开始活动。

2009 年上台执政的民主党政权，由于在政策方面的不协调，在短短的三

---

① ［日］《读卖新闻》政治部：《修宪论战的基础》，中央公论新社 2013 年版，第 203 页。

年时间里，内阁几次更换，此时，虽然在修宪方面停滞不前，但却实现了日本安全保障政策的大转换。即从初期的鸠山由纪夫首相和小泽一郎民主党干事长的对美自立外交和重视中日关系路线转为菅直人首相的强化日美同盟路线。特别是2010年8月27日，作为菅直人政权咨询机关的"新时代安全保障与防卫力量恳谈会"正式发表的《新时代日本的安全保障与防卫力量的未来构想——"建设和平创新国家"目标》，体现了日本安保政策的重大转变。其内容主要着眼于三点：(1)从"基本防卫力量"构想向"动态防卫力量"构想的转换；(2)瞄准"国际公共空间"自卫队战力的"无限对应能力"的确立；(3)"与美军共同作战基础"的强化。一句话，以新日美同盟路线作为亚太版"北约"的核心，实现称霸亚洲的目的。①

2012年，小泽一郎因围绕以消费税提高为中心的社会保障及税收整体改革的党内抗争脱离了民主党，但此时因民主党政权的政策混乱导致民主党的根基动摇，在宪法问题上如果面向一个方向可能会成为民主党分裂的导火索。因此，修宪问题始终没有提上日程。在2012年12月的众议院选举中民主党失去政权，对此，某民主党的核心成员曾这样说："民主党最恶劣的是价值观的混乱，协议离婚是最好的选择。"②

二、公明党的修宪态度

(一) 以"加宪"方式参与修宪

2013年7月，日本参议院选举结果揭晓，坚决主张修宪的自民党、日本维新会、大家党三党的议席总数为142个，如果加上公明党的20个席位，共计162席，这恰好是在参议院提议修宪需要总议员2/3的数目，因此，"公明党掌握了修宪的钥匙"成为议会内普遍的观点。而公明党在参议院选举期间意识到自己决定性票的发言也不断出现，如山口那津男代表2013年7月5日在广岛县内的街头演说中曾言：公明党认为，现在的宪法是一部好的宪法，但是应该再增加一些更好的东西，我们有不同于其他政党的部分，虽然认为

---

① [日]纐纈厚：《承认集体自卫权的深层》，日本评论社2014年版，第43页。
② [日]《读卖新闻》政治部：《修宪论战的基础》，中央公论新社2013年版，第204页。

修宪是可以的，但内容有差异。

公明党对修宪的立场是"加宪"，即一方面基本维持现行宪法，另一方面依据社会形势的变化增加一些必要的条款和理念。

在2013年的宪法纪念日公明党发表的宣传文稿中指出："现行宪法是一部好的宪法，在坚持和平、民主、人权的宪法三原则同时，增加伴随时代发展出现的环境权等新的理念，因此，'加宪'在现实中是最合适的。"

公明党的"加宪"立场开始于2002年的党代表大会，当时，随着日本国内对宪法舆论的变化，自民党和民主党开始在党内热烈地讨论宪法问题。公明党曾参加1999年自民党和自由党的联合政权（小渊惠三政权），因此，该党一方面整合过去护宪色彩浓厚的主张，另一方面为适应现实政治的动向采取了"加宪"的主张。

（二）公明党"加宪"的内容

关于公明党对修宪的容忍内容，在2013年5月31日，该党在国会内召开的党宪法调查会上散发了《关于"加宪"对象的条目》资料，这是公明党党内讨论的结果，体现了公明党的修宪思路。该资料主要列举了一下条目。[①]

（1）前言：宪法三原则的明确化；国际贡献的明文化；类似于人类普遍原则的价值（地球环境与生命伦理等）；明确日本固有的历史、传统和文化。

（2）第一章（天皇）：明确记载国民主权。

（3）第二章（放弃战争）：自卫权的明示（应该明确关于个别自卫权的行使）；自卫队的存在（应该明确记载承认作为专守防卫、行使个别自卫权主体的自卫队的存在，因为实际上合宪的自卫队已经是事实，认为违宪的只是少数意见，所以有观点认为没必要特别注明）；国际贡献（关于国际贡献有观点希望明确化，但是是在第9条中增加，还是在前言中增加，还是作为原则，甚或通过制定法律对应，存在分歧）；废核。

（4）第三章（国民的权利及义务）：新的人权；环境权、环境保全责任；生命伦理；隐私权和名誉权；知识产权；犯罪受害人的权利；终身学习权；受审判权。

---

① ［日］《读卖新闻》政治部：《修宪论战的基础》，中央公论新社2013年版，第206—208页。

（5）第四章（国会）：两院制（明确两院制的责任分担）；法律草案的再议决条件；岁入法案；国会调查权的扩大。

（6）第六章（司法）：国民参加司法的权力。

（7）第七章（财政）：私立学校的补助；财政规律；复数年度预算；企业会计的导入；决算；会计监察院。

（8）第八章（地方自治）：地方自治的原则；财政自立；地方财政自立与课税自主权。

（9）第九章（修改）：提议要件的缓和（虽然 2/3 以上的提议要件绝不是过高，但一定程度的缓和有讨论的余地）。

（10）紧急事态：紧急事态的对应（应该加入导弹防御、对国际恐怖活动的对应等内容）。

以上是公明党列举的要目材料，但需要说明的是，关于安倍首相极力想修改的《日本国宪法》第 96 条的提议条件，在 2004 年公明党宪法调查会发表的论点整理中表示，鉴于修宪的重要性多数意见认为妥当，但没必要修改。而本次加进了"有讨论的余地"，明显转换了方针。因为在极力主张修改宪法的安倍首相之下，只要公明党继续参与联合执政，很难对修改《日本国宪法》第 96 条只是表示"慎重"就能应付，这也是在材料中加入"有讨论余地"的结果。也正是因为安倍首相对修宪与重新行使集体自卫权进行宪法解释的积极态度，公明党的宪法调查会长北侧一雄在 2013 年 5 月 31 日的调查会上指出：宪法的具体修改问题越来越成为焦点，必须尽快理出头绪。表明了对"加宪"具体内容进行充实的急迫性。

迄今为止，公明党对宪法相关问题经过党内的激烈讨论选择了符合现实的对应态度。如在海湾战争后的 1992 年，尽管是在野党，对自卫队参加《联合国维持和平活动合作法案》投了赞成票。2003 年，对《伊拉克特别措施法》投了赞成票。可以预见，围绕宪法修改问题，公明党将会再次进入党内激烈讨论的时期。

三、维新会的修宪态度

在日本在野党中，维新会是极力主张修宪的极右翼政党。2013 年 6 月 6

日，在东京都某宾馆举行的维新会政治资金酒会上，桥下彻和石原慎太郎两共同代表就宪法问题进行了会谈。桥下彻认为，维新会应该明确提出修宪问题，在大选之前发出其他政党不能做、不能说的声音，让国民作出判断。而石原慎太郎则认为，从某种含义上说，或许这是（指修宪）需要用政治生命，甚至生命来做的事情，谁必须做，我是要真正做下去的。①

1969年出生的桥下彻和1932年出生的石原慎太郎，完全不同时代的两人因修宪问题走在了一起。

维新会在其前身"大阪维新会"之时即开始着眼于修宪问题，因为他们认为，道州制的导入、国会理想模式的构建、政治体制的根本改革必须从修宪开始。在2012年2月发表的基本政策"维新八策"中，明确提出了修宪的方针。具体包括：(1)《日本国宪法》修改要件（第96条）从2/3以上的提议要件缓和为1/2以上；(2)首相公选制；(3)包括废除参议院等根本改革；(4)强化众议院的优越性。在2012年12月众议院选举的公约中，更是明确记载了修宪必需的首相公选制、废除参议院和修改《日本国宪法》第96条。

尽管如此，桥下彻和石原慎太郎关于修宪的出发点并不完全形同。桥下彻出身于律师，他一方面坦率地承认现行宪法对限制国家权力的意义，但同时主张对不符合时代变化的条款尽快修改。因此，对修改规定修宪提议要件的《日本国宪法》第96条表示理解。而石原慎太郎则严厉批判现行宪法是"占领军制定的产物"。维新会2013年3月出台的党的纲领就宪法问题明确记载：必须修改将日本置于孤立和蔑视对象以及绝对和平这一非现实共同幻想之元凶的占领宪法，将国家、民族导入真正的自立、使国家重新复苏。这一表述明显受到了石原慎太郎观点的影响。

---

① [日]《读卖新闻》政治部：《修宪论战的基础》，中央公论新社2013年版，第211页。

Chapter 6 第六章

对日本修宪运动的思考

第一节 从历史视角看日本宪法与修宪

一、《日本国宪法》是否是"强制"下的产物

1990年11月,在日本政府提出向海湾派兵的法案因违反宪法成为废案时,日本受到了来自美国舆论的大肆批判。如同年11月4日的《纽约时报》在题为《为什么对日本人来说拿起武器这么困难》的文章中,将《日本国宪法》第9条称作"因美国强制而出现的日本宪法中的和平条款",同时,该文介绍了某美国外交官的如下观点:"该条款必须依据其制定者的意思进行分析,即为了使日本不再破坏世界和平,当然,伊拉克危机完全是与其相反的挑战。日本现在谋求的应该是强化国际法和恢复世界和平。"[①]

这一关于日本国宪法的"强加"看法反映了"二战"后的一种观点。该观点不仅在美国,在日本也非常普遍。的确,与美国宪法和法国宪法的制定不同,日本不是通过市民革命从而导致国民和掌权者的意识变革,而是因为发动侵略战争战败投降根据占领军司令部的意向制定的《日本国宪法》,这就产生了"二战"后修宪者主张的"总司令部的强制""强加的宪法"

---

① [日]常冈圣子:《日本国宪法解读》,柏书房株式会社1993年版,第121页。

等论调存在很大的市场。① 但仔细分析会发现观点存在很多问题。我们必须要问，《日本国宪法》完全是美国强加的吗？将"盟总"关于《日本国宪法》第9条的解释看作宪法制定者的意思是否正当？"盟总"是否将《日本国宪法》第9条解释为仅放弃侵略战争？在今天日本执政党积极推动修宪并与2014年7月1日正式解禁集体自卫权之后，有必要从历史角度对《日本国宪法》的相关问题进行重新思考。

在宣告日本投降条件及"二战"后日本重建政治原则的《波茨坦宣言》中，明确规定了日本必须变更规定天皇主权的《明治宪法》的义务，如前所述，依据麦克阿瑟的指示，币原喜重郎内阁在1945年10月27日设立了以松本蒸治为委员长的宪法调查委员会，但在此后发表的该委员会的宪法草案中，根本没有对天皇的地位规定任何实质的变更，因此，该草案对"盟总"来说很难接受。在这一背景下，麦克阿瑟认为，不能指望日本政府会依据《波茨坦宣言》进行改革，故而在次年的2月3日，命令"盟总"民政科起草宪法。与此同时，众多联合国成员主张追究天皇的战争责任，对此，麦克阿瑟为了使占领政策顺利进行，希望在大幅缩减天皇权限的同时，保留天皇制本身。麦克阿瑟担心的是，由联合国代表组成的远东委员会拥有对日占领政策的巨大权限，如果在其开始活动之前，日本政府不能提出包含明确民主改革条款的宪法草案，远东委员会就有可能要求废除日本的天皇制。

"盟总"草案在1946年2月13日由占领军当局的民政科长惠特尼将军亲自交给日本政府，此时的形势是，麦克阿瑟已表明，如果日本政府不接受该草案，"盟总"则将该草案呈现给国民。很明显，这表明新宪法的最终判断权不属于日本政府，而在于日本国民。"盟总"草案的发表对保守的日本阁僚来说，意味着自己可能被从政权的宝座上赶下台。最后，日本政府被迫接受该草案。

虽然有观点认为，"盟总"草案在交给日本政府时，并没有来自"盟总"方面的胁迫或强制，因此《日本国宪法》不是强迫下的宪法。但是，与是否使用了胁迫或强制的手段无关，日本政府接受该草案的过程本身，对"二

---

① ［日］辻村良子：《比较中的修宪论》，岩波新书2014年版，第79页。

战"后的日本阁僚来说，的确表现了强制性。这一点，在参加当时内阁会议的一些人事后的发言中也有体现，如议员入江俊郎事后说："当时必须直面的问题是舍弃天皇制还是保留天皇制的问题，因此，没有办法，只能接受总司令部的草案。"① 但这里的问题是，该宪法是对谁的强制，即使《日本国宪法》的制定对日本政府来说是强制的，但对日本国民来说是否是强制的，则是需要另外分析的重要问题。

即使在日本投降后不久还处于混乱中的 1945 年 12 月，日本民间组织也发表了一些宪法草案，而"盟总"对这些民间草案表现了极大的关心，这也许是"盟总"将这些民间草案看作民主主义在日本国民基层中的表现。

这其中，1945 年 12 月 27 日"宪法研究会"发表的草案得到了"盟总"的极大关注。该研究会由日本宪法学家铃木安藏等和一些时论家组成，草案参考了美国联邦宪法和德国魏玛宪法。近年的研究表明，该草案与明治时期自由民权运动的私拟宪法草案也有很大的继承性，因为作为研究会中心人物的铃木安藏正是研究自由民权运动宪法思想的专家。而近代日本的自由民权运动深受法国《人权宣言》的影响。在 1946 年 1 月 11 日的"盟总"备忘录中，记载了讨论该草案的情况，并给予该草案"是民主主义的，应该赞成"的高度评价。在数日后完成的"盟总"草案明显受到了该草案的影响，这从两草案存在很多相似点可以证明。如"盟总"草案关于天皇地位的第 3 条规定类似于宪法研究会"天皇不得亲政，国政的全部归于作为最高责任者的内阁"规定的条款。并且，不存在于美国宪法的禁止拷问规定和限制财产权的规定，两草案相同。这表明，日本国民起草的宪法草案虽然没有得到日本政府的重视，但"盟总"给予了很高的评价，且相当部分通过"盟总"宪法草案最终被新宪法吸收。②

此外，《日本国宪法》部分条款是审议时追加的，这一点可以从宪法第 25 条的制定经过得到证明。该条第 1 款规定："全体国民都拥有健康地享受最低限度文化生活的权利"，虽然"宪法研究会"的草案包含了几乎同样的

---

① ［日］辻村良子：《比较中的修宪论》，岩波新书 2014 年版，第 78 页。
② ［日］宪法调查会：《关于宪法制定经过的小委员会报告书》，日本评论社 1964 年版，第 308 页。

条款，但"盟总"草案没有采纳该条。该条款是在众议院审议时，由社会党提出修正案加入的。很明显，《日本国宪法》第 25 条不是美国方面强加的，完全来源于日本国民的意思。

如前所述，关于《日本国宪法》第 9 条的出台情况也比较复杂，在"宪法研究会"的草案中不存在放弃战争的条款，"宪法研究会"的成员之一曾说："在宪法中设置和平条款是我们没有想到的。"另外，美国政府也同样，在 1946 年 1 月 11 日美国政府发送给麦克阿瑟的题为《日本政体的变革》文件中，表达了美国对日本保持军事力量的提案认为是当然的。放弃战争的思路最早在文件中出现是麦克阿瑟提出的"修宪三原则"，其第 2 项规定："废弃以国权发动的战争。日本必须放弃作为纠纷解决手段的战争乃至作为保护自己安全手段的战争。日本的防卫与保护应该交给推动当今世界日益发展的崇高理想。绝不允许日本保持陆海空军，也绝不能给予日本军队交战权。"[①]可见，放弃战争条款的思路来自麦克阿瑟。

但是，对于放弃战争的理念，在 1946 年 1 月 24 日麦克阿瑟与币原喜重郎首相的会谈中，币原也曾对麦克阿瑟提出过。究竟谁提议将该条款放入新宪法之中，现在缺乏有力的证据。但是，关于《日本国宪法》第 9 条制定者的意思，与"盟总"如何解释无关，而应该是以币原及其继任者吉田茂首相在国会关于修改宪法审议过程中表明的解释为准。

《日本国宪法》不是强加给日本国民的，其另一证据是 1946 年《每日新闻》发表的舆论调查结果，该结果显示：回答支持新宪法草案的人达到 85%，反对的仅有 13%，不回答的 2%。关于放弃战争条款，回答必要的为 56%，不必要的为 28%，支持修改的 14%。[②] 当时的日本政府反复公开说明《日本国宪法》第 9 条指的是放弃一切战争，而大多数日本国民也是在这样理解第 9 条的基础上表明支持第 9 条的。从这一意义上来说，日本一位宪法研究者提出的"日本国宪法是美国送给日本的礼物"这一说法再合适不过。[③]

[①] [日] 现代宪法研究会编：《日本国宪法：资料与判例》，法律文化社 1981 年版，第 11 页。
[②] [日]《每日新闻》对当时全国 2000 人的随机调查，载《每日新闻》，1946 年 5 月 27 日。
[③] [日] 野岛刚：《被误解的日本人》，陈绣琳译，上海三联书店 2016 年版，第 174 页。

二、《日本国宪法》的进步原则之一：对经济弱者的保护

从《日本国宪法》是"美国压力下的产物"这一观点进而衍生出另一种误解：《日本国宪法》没有一点比美国宪法更具有民主性。但实际并非如此。《日本国宪法》中至少有两项"进步的"原则是美国宪法所不具有的，一是对社会上经济弱者的保护，二是和平主义原则。要理解这两项宪法原则的历史意义，必须追溯19世纪以来日本导入西方宪法原则的过程。

为使封建社会转化为近代资本主义国家，在日本当初导入立宪政体时，试图混合日本的历史传统和西方的宪法原则。在日本《明治宪法》起草时，当时可资参考的西方宪法各式各样，这些西方宪法可以分为两大类，一是美国式的、法国式的，其宪法是政治体制变革通过市民革命实现的国家制定的"民主型"宪法，该类宪法完全排除了绝对君主制的政治原则，确立了国民主权和权力分立，保障了基本人权。与此相对，没有经过市民革命，而是通过旧有统治者自上而下的自动改革而实现政治体制变革的德国等，制定了尽量保存部分独裁权力的"保守型"宪法，该类宪法采用了君主主权，在权力分立的表象背后试图向君主集权。关于人权的规定一般通过"依据法律规定""在法律的范围之内"等条款予以严格的限制。

在众多日本民间的宪法草案中，也存在模仿美国联邦宪法的草案，但在1881年政变后，掌握明治政权的伊藤博文等人决定以"保守型"的《德意志帝国宪法》为蓝本。最终使日本走向了法西斯主义和军国主义的道路。

"二战"后的日本在"盟军"占领下，将民主型的宪法原则作为"人类普遍的原则"写入了宪法前言，同时，《日本国宪法》确定了与美国联邦宪法共通的众多政治原则。

其一是采用了国民主权原则。在这里不做具体分析，但需要注意的是，几乎在所有的场合，日本人没有意识到"国民"与"人民"的词义区别，英语的"人民"（people）一般日语译为"国民"（nation），因此，"人民主权"（popular sovereignty）译为"国民主权"（national sovereignty）。但是，依据法国的宪法理论，"人民主权"不同于"国民主权"，前者指确保政府源于民意，与此相对，后者在具有"人民主权"外观的同时，通过对直接民主制的

否定和保障议会独立于人民的机制，阻碍人民意志在政治过程中的反应。现行日本宪法中，类似"国民主权"的规定（如《日本国宪法》第51条）和类似"人民主权"的规定同时存在，因此，可以把《日本国宪法》看作从"国民主权"向"人民主权"过渡阶段的宪法。①

其二是确立了三权分立原则。这一原则前面也有论述，在此不再赘言。

其三是对基本人权的保障。《日本国宪法》的制定并不单纯意味着从保守型宪法向民主型宪法的转变。在18、19世纪的"民主型"宪法中，财产权被认为是神圣不可侵犯的。进入20世纪后的现代宪法开始否认传统的自由放任主义，加入了对财产权的限制。在对国家经济活动进行限制的同时，承认了保障所有人尊严的社会权。尽管其程度、方式有所差别，但却是20世纪资本主义国家的共同特征。其典型则是1919年的《德国魏玛宪法》。

美国在1933年大危机后上台的罗斯福总统实行新政，在扩大的联邦政府权限之下，采取积极的经济限制，建立起了社会保障体制和以联邦政府为主导的大规模公共事业。

美国新政的成功，对"二战"后欧洲各国产生了重大影响，甚至关于企业国有化内容的限制条款也写入了宪法，如法国1946年的宪法前言就有"财产通过企业及其运用具有了全国的公共性或事实上垄断的性质，必须全部归社会所有"。这样的规定，同时在权利典章中加入了多种社会权。"二战"后的《日本国宪法》也存在同样的规定，即第22条第1款、第29条第2款、第25—28条规定了生存权、受教育权、工作权、劳动三权等社会权。必须注意的是，20世纪资本主义国家宪法上的这些变化并不意味着这些国家的社会主义化，而是为了克服资本主义的重大弊病，是对资本主义在一定范围内的修正。在这一点上，美国与日本站在同一立场上。但美国与日本最大的不同是：无论国家对经济的控制还是社会权，都没有宪法上的明文规定。当然，社会保障的充实程度以及相应的社会权，并非仅看是否在宪法上有保障，事实上，在日本，社会权长期被视为纸面上的东西。但是，美国的社会权仅具有限定的性质，其原因在于，社会权即使作为政治义务也不一定是宪法上公

---

① ［日］常冈圣子：《日本国宪法解读》，柏书房株式会社1993年版，第133页。

认的。

美国与日本的差异在国家对经济活动限制背后的思想方面也可以看到。美国限制经济的目的一般是恢复自由竞争秩序,而日本限制经济的目的同社会保障目的一样,是为了提高弱者的社会经济地位。①

三、《日本国宪法》的进步原则之二:划时代的和平主义

和平主义是日本宪法的另一进步原则,当然,宪法中规定和平主义并非始于日本,法国1791年宪法就规定了放弃战争的条款,"二战"后的意大利、联邦德国、巴西等都在宪法中规定了放弃战争的条款,但他们放弃的仅是侵略战争,而《日本国宪法》规定了放弃包括自卫战争在内的一切战争,就此来说,日本宪法规定的是任何国家宪法中都没有包括的划时代的和平主义。

如前所述,对《日本国宪法》第9条的说明可见日本政府在制定该宪法之初也认为放弃的不仅是侵略战争,也包含自卫战争。在1946年6月26日众议院帝国宪法修改委员会上,吉田茂首相曾说:"关于放弃战争的本草案规定,并没有直接否定自卫权,但是,第9条第2款不承认一切军备和国家的交战权,其结果实际等于放弃了作为自卫权发动的战争以及交战权。"但是,日本政府在20世纪50年代变更了解释,即可以保持自卫的军队,以此为基础,1954年建立了自卫队。

但是,绝大多数的日本宪法研究者迄今仍然解释为:《日本国宪法》第9条规定了放弃一切战争,禁止保持任何军队。即使一般人也几乎没有人会认为第9条应该解读为放弃的仅是侵略战争。

值得注意的是,《日本国宪法》对和平采取了不同于以往的新视角。长期以来,和平是通过国与国之间军事力量的平衡来实现的,与此相对,《日本国宪法》提出了"通过信任爱好和平的各国人民的公正与信义"保持和平的思考方式。这意味着,《日本国宪法》首次不是从政府一方的观点,而是从国民一方的观点来看待战争与和平问题。

---

① [日] 常冈圣子:《日本国宪法解读》,柏书房株式会社1993年版,第139页。

这一思考方式产生于现实的战争体验。日本人从侵略战争带来的灾难之中，特别是原子弹灾难中，认识到将人类从毁灭中拯救出来的唯一道路是废除军备和禁止核武器。币原喜重郎向麦克阿瑟提出的放弃战争的提案只不过是代表了大多数日本人的共同认识。币原在回忆录中提及电车中的乘客批评在没有国民合意的情况下军队随意发动战争的情景时写道："我在受命组阁担任总理一职时，脑海中迅速浮现出当时电车中的一幕，因此，下定决心，必须努力实现当时国民的意思，为此，决定在宪法中改变政治的运行方式，使未来永远不要再出现那样的战争。"①

但是，当日本人想到"不要忘记广岛和长崎"之时，如果其目的在于宣扬和夸大自己是战争的受害者，那将毫无意义。因为日本在作为核武器的受害者同时，还是战争的加害者，正是日本以所谓的"自卫战争"之名对中国和朝鲜以及其他亚洲国家进行了大规模的侵略和殖民。因此，日本承认以"南京大屠杀""强征慰安妇""731部队"为代表的日本对亚洲各国的侵略事实是构建东亚和平的前提。

自海湾战争后，日本国内有观点认为：《日本国宪法》阻碍了日本对国际社会的军事贡献，因此是一部"利己的宪法"。但这种观点实际上是以国际和平必须通过军力的行使才能实现这一立场为出发点的，实际上，《日本国宪法》对战争与和平采取了完全不同的思路，这在"前言"中就有很明确的体现。因此，"利己的"不是《日本国宪法》的和平主义，而是不忠实于和平主义的日本对外政治方式。②

四、20世纪90年代后美国的压力

海湾战争爆发后，在美国的压力下，日本于1992年6月制定了《联合国维持和平活动合作法案》，但是，针对美国认为在国际危急时刻日本不能派出军队与作为经济大国的责任不符的批评，对日本政府来说，无论从何种含义上都不能称之为"压力"，因为美国的该种批评正是长期以来日本政府面

---

① ［日］币原喜重郎：《外交五十年》，法律文化社1971年版，第213页。
② ［日］常冈圣子：《日本国宪法解读》，柏书房株式会社1993年版，第145页。

对国民不断强烈抵抗而继续强化自卫队正当性政策的坚强后盾和推动力。

本来，无论是西方的宪法原则还是日本的和平主义，日本政府并不是在积极承认这些价值的基础上接受《麦克阿瑟草案》的，他们是为了维护天皇制和自己的政治生命被迫将这些原则作为新宪法原则来接受的。并且，被当时的占领军"盟总"称作"相当多的人认为反动的保守派"政治人物集团，[1]在"二战"后长期掌握日本的国家政权，其间，他们并不隐瞒对宪法的轻视，正是以"宪法是美国制定的""占领军司令部强加给日本的宪法"这些理由，才公开主张修改宪法特别是要消除《日本国宪法》第 9 条。但是，由于得不到修宪提议要求的国会两院议员 2/3 以上的支持，长期以来修宪的梦想不能实现。为此，日本政府使用了曲线的解释修宪方式。因此，正是日本政府自己架空了《日本国宪法》第 9 条，却总是利用"美国的压力"做借口。

自 20 世纪 90 年代以后迄今，日本政府透过解释修宪和一系列法案的制定，不仅实现了向海外派兵，还于 2014 年 7 月 1 日正式以阁议的形式解禁了集体自卫权。在当今以安倍为首的自民党长期执政以及在国会占绝对优势的情况下，日本离军事大国化只有一步之遥，这不能不令曾受到日本侵略的中国等亚洲国家感到担心，而如果我们仔细审视一下日本民主主义的性质，对于日本的军事大国化更有理由感到忧虑。第一，大多数日本人经常认为日本政府的行为是正确的，对上级的"敬重和信任"是日本人长期以来培育的政治传统之一。第二，一旦某项政策以多数人之名被实施，此前的反对者一方往往会保持沉默。"二战"后的日本虽然已成为"民主的国家"，但日本国民的该种政治态度与"二战"前相比基本上没有大的变化。另外，很多人担心，阻止日本走向军国主义倾向的国民之间的战争记忆，随着世代交替正在逐渐消失。[2]

因此，维护《日本国宪法》的和平主义原则不仅对日本，对世界各国而言都非常重要。只有爱好和平的各国人民联合起来，世界的永久和平才能实现。这也正是我们反对日本修改和平宪法的原因之一。

---

[1] [日] 高柳贤三、大友一郎、田中英夫：《日本国宪法的制定过程Ⅰ》，有斐阁 2000 年版，第 29 页。

[2] [日] 常冈圣子：《日本国宪法解读》，柏书房株式会社 1993 年版，第 153 页。

第二节　从国际视角看日本宪法与修宪

一、对《日本国宪法》"激进性"的认识

一般来说，理解宪法的方式有多种。一方面，宪法是国家的基本法，其他所有法律都处于宪法之下，其权限来自宪法所赋。宪法规定了一个国家的政治体制以及治理国家的应然规则。宪法给予政府设立机关的许可并保障国民的权利。可以说，一个国家的法治精神均在宪法中得以体现。另一方面，如果从政治角度来理解宪法则会看出其另一侧面，特别从一个国家的政治史中发生的事件来看，宪法即是对权力的夺取，或换句话说，宪法是企图使夺取的权力体制化和永久化的产物。自1215年英国的约翰王被迫签署《大宪章》以来就是如此。

如果从这一角度出发，就会产生以下问题，"宪法包含的原则是否正确""宪法能否顺利实施"，更重要的是还会产生"究竟谁试图从谁那里夺取权力"这样的问题，从这一角度解读，就会发现一部宪法往往是由一个目标、一股推动力和一股张力组成的。①

以下通过对《日本国宪法》和《美国联邦宪法》的比较来较为清晰地观察这一问题。就美国宪法而言，它不是美国革命的产物，相反，它是此后持续的反革命的体制化产物。美国革命的体制化产物是1777年制定的非常民主的《邦联条例》，该条例承认了13个州（国家）的独立，并加之于类似联合国的邦联。1789年制定的美国宪法所取代的并不是脱离英国的殖民地统治，而是该种邦联体制。因此，该体系不是从英国国王哪里而是将从邦联各州取得的权力具体化的产物。其结果就是，美国宪法体现了权力向中央集中的趋势，无论从哪一条款来看，都写明了政府各机关所拥有的特定权力。当然，也存在试图阻止这一趋势的条款，明显的事例是，为了获得反对者的支持随

---

① [日] 常冈圣子：《日本国宪法解读》，柏书房株式会社1993年版，第157页。

后增加的前 10 条宪法修正案（《权利法案》），但是，该宪法基本的核心是中央集权。

与此相对照，日本国宪法是从中央政府，特别是从天皇手中夺权的具体体现，这一过程非常激烈。《日本国宪法》前面的 41 条，除第 10 条和第 30 条之外，全部集中在削减中央政府的权力方面，将从天皇手中夺取的权力赋予了被选举的政府，将从内阁手中夺取的权力赋予了国会，将从政府本身夺取的权力赋予了国民。最初的这 40 个条文是非常详细的政府权限负面清单，关于政府拥有的权力从第 41 条"国会是国权的最高机关……"开始（需要注意的是，对反对天皇制的日本人来说，对现行宪法残留的这一天皇制残余是持批评态度的）。

当然，从前述历史视角的分析可以看出，从日本政府手中夺取权力的是"盟军"，日本右翼认为，《日本国宪法》最初的第一章逻辑上来说是盟国战争努力的继续。盟国为了削弱日本政府的权力进行了太平洋战争，其目标在宪法中体制化了。这一观点虽然包含着部分真实的东西，但是，决定的差异在于，占领当局在这一权力夺取过程中，至少从宪法开始制定到发表这一重要的一年间的节点中，将日本国民看作同盟者。这一宪法的主要特色，与其说是加入了《日本国宪法》第 9 条，毋宁说是这一事实本身。[①]

众所周知，在美国的战时宣传中，人种主义占了相当大的部分，当时的美国人一般认为，太平洋战争中的敌人与其说是日本的政治体制毋宁说是日本人。但是，不管单个的占领军当局人士怎样考虑，至少占领当局本身在当初，没有将战时的人种主义作为政策的基础。他们清清楚楚的将日本政府与日本国民区分开，他们认为，自己采取的破除垄断企业、解散军队和削减政府权力的政策行动，假定是获得国民支持的。华盛顿给盟军最高司令官的命令——"投降后美国初期的对日方针"中曾这样写道："在修正封建主义、权力主义倾向方面，日本国民乃至政府如果要改变先前确立的政体（指近代以来建立的天皇政体），我们要乐观其成。在达成此种变化之时，当出现日本国民乃至政府对反对者采取行动的事态之时，最高司令官只有在为确保自

[①] ［日］常冈圣子：《日本国宪法解读》，柏书房株式会社 1993 年版，第 159 页。

身军队的安全和达成其他占领目的的必要场合，才应该介入。"①

由此可见，美国当局对日本国民通过革命手段打倒战时政权的问题已经考虑到了，并且——就像当初的政策声明所言——这属于占领军当局不介入的事件。这可以看作美国民主主义意识形态的原因，为了削弱曾经的敌人，即战时的日本政府，可以不择手段。因此，美国占领之初，为了从日本政府手中夺取权力是将日本国民当作同盟者的，并且，这一事实也嵌入了《日本国宪法》的体系之中。

日本保守派批评这部宪法是在"强制"之下制定的，这也毋庸讳言。因为宪法就是对权力的夺取。但是，怎样评价这一行为，是从政府的立场出发还是从国民的立场出发是不一样的。宪法所要做的就是从政府手中夺取权力并将其转让给国民。并且，这种权力的夺取不仅获得了国民的支持，他们甚至参与其中。此后，日本国民为了保护这一宪法进行了长期的斗争。从这一含义上来说，日本宪法是比美国宪法还要民主的法律文件。美国宪法是不断扩大中央权力的，而日本宪法正好相反，这在很多条文中都有体现。如"前言"，在英文中仅"people"就出现了10次，正文的第97条、第11条、第12条等都有体现。而美国宪法则没有这样的语句，美国宪法的制定者们是非常害怕国民的政治行动的，宪法要保障的自由和权利不是通过国民的"斗争"乃至"不断努力"实现的，而应该通过政府机构的保障（在这里想到了汉密尔顿的"名言"："所谓人民，这些家伙就是傻瓜、野兽！"）。对他们来说，听到日本国宪法这样的条款一定认为过于激进了。②

虽说如此，《日本国宪法》并不是政治原则的罗列，也不是强加给日本的民主主义意识形态，而是将现实的政治权利从日本政府手中向国民的转让。从整体上来看，日本政府抵制这一转让，而国民则支持。最终，受到国民广泛支持而被政府抵制的《日本国宪法》得以实施。而这一切都是在占领初期激荡的几个月中发生的。日本在密苏里号战舰上签订投降文件是在1945年9月2日，《麦克阿瑟草案》的发表是在1946年3月6日。当然，占领军当局

---

① ［日］现代宪法研究会编：《日本国宪法：资料与判例》，法律文化社1981年版，第4页。
② ［日］常冈圣子：《日本国宪法解读》，柏书房株式会社1993年版，第163页。

的高官此后对自己做的事情也许感到后悔，特别是对《日本国宪法》第9条。如针对1946年5月的大众游行事件，时任盟军统帅的麦克阿瑟发出了警告，并禁止了1947年2月的总罢工，但这一事实明显违反了此前引用的日本投降初期的指令，这意味着为了削弱日本政府的权力将日本国民作为同盟军的占领军政策正急速的终止。但此时，《日本国宪法》已经实施，占领军当局虽然对自己做的事情感到后悔，却为时已晚。

但是，宪法虽然不能撤回却留下了无限的可能性。截至1947年，被占领军当局结为同盟的对手已经从日本国民转向了日本政府，此后，占领当局开始为加强日本的中央集权采取行动。伴随着"冷战"的开始，日本从美国的敌人变成了反共同盟军，而日本政府也从应该被削弱和民主化的对象变成了应该在政府权力和经济方面予以强化的存在，财阀解体的政策被放弃，大批战犯被从监狱中释放并重新走向政治舞台。与此相反，占领军当局开始了对共产主义者的压制。1950年创设了"警察预备队"，此后进一步发展为自卫队。这一被称为逆转的过程不仅重建了日本政府的军事力量，还创造了使与美国一直联手的日本旧统治阶层继续在政治、经济、社会等各个方面保持权力的条件。不仅如此，美国政府进一步将《日美安全保障条约》作为1952年对日和平条约（所谓"旧金山和约"）的条件，该《日美安全保障条约》实质上成为将日本外交政策的决定权转让给美国政府的理由，可以看作对《日本国宪法》实质上的修改。依据该条约，只要在日本国内存在美军基地，美国宣称的敌人日本也必须看作敌人，既然如此，日本外交长期追随美国也就不难理解了。

此外，《日本国宪法》的基本原则深入人心并不是在占领军控制之下由国会发布之时，而是在反对逆转过程中日本广大国民经历了漫长的试图维护宪法的斗争之后，这一斗争虽然在20世纪60年代的反安保斗争时期达到高潮，但一直持续到今天。尽管如此，《日本国宪法》实际上并没有完全被实施。因为1952年之前，握有最高权力的并不是国民，而是占领军当局。到1952年，宪法终于要实质上实施之时，因为已经开始的逆转过程，其基础已经崩溃。

二、关于《日本国宪法》第 9 条的再认识

　　日本修宪活动的反复出现和消失反映了"二战"后日本政治史的一个侧面，即自始至终，修宪论的矛头对准的都是《日本国宪法》第 9 条。关于修宪的范围和理由等问题，虽然修宪论者之间存在不同的观点和看法，但其共同点是，从"保障国家安全"这一现实主义需要出发要求修改《日本国宪法》第 9 条，其目的在于通过修宪使其符合现实情况。在修宪活动的背后始终存在一种倾向，即主张按照理念来改变现实的理想主义的退潮以及《日本国宪法》第 9 条所体现战争记忆在人们头脑中的淡化甚至消失。这一倾向在 20 世纪 90 年代后的修宪活动中变得更加强烈。[①]

　　的确，《日本国宪法》第 9 条否定了日本国家拥有和使用军事力量的权利，无论是英语还是日语的语言对这一点都非常明确。有观点认为，因为并没有明言"排除自卫力量"，所以并非意味着排除自卫力量，自始放弃交战权并没有放弃为了自卫拥有军备的权利。这一观点是自相矛盾的，因为侵略战争在国际法中是被禁止的，在现实中，交战权仅为了自卫才允许行使，而《日本国宪法》放弃的正是这种权利。

　　认为《日本国宪法》第 9 条的条文中包含承认国家军事力量含义的人明显是对条文的曲解，他们的出发点是：在这个充满战争和存在战争威胁的时代，禁止国家保有军事力量，就像禁止银行收取利息或禁止肉食加工厂屠宰牲畜或禁止企业获取利润一样，是非常可笑的。《日本国宪法》第 9 条会使"什么是国家"这一近代概念本身崩溃。[②] 尽管如此，《日本国宪法》第 9 条的实际内容就是如此，其含义不能被曲解。

　　那些主张创设自卫队不是在交战权之下，也没有违反宪法，而是在国家警察权力之下的人，其动机值得怀疑。那么，对于不能剥夺国民的自卫权这一主张，即这一权利是宪法绝对不能放弃的基本权利这一主张，应该如何理解？不可否认，保卫自己的权利是人与生俱来的，可以说是我们生存的权利。

---

① ［日］千叶真、小林正弥：《日本宪法与公共哲学》，白巴根等译，法律出版社 2009 年版，第 37 页。
② ［日］常冈圣子：《日本国宪法解读》，柏书房株式会社 1993 年版，第 169 页。

但是,《日本国宪法》第9条并没有说要剥夺国民的自卫权,所谓剥夺了国民的自卫权是对作为这一宪法基本原则的国民主权的完全误解。这一宪法的制定并不是要限制国民的权利,而是要限制政府的权力。他不是对国民的命令,而是来自国民的命令。如果这一宪法剥夺了国民的自卫权,就相当于宪法拥有高于国民的权利,而这是不可能的。因此,《日本国宪法》第9条没有否定国民的自卫权,这一权利是不可侵犯的。《日本国宪法》第9条否定的是国家拥有和使用军备的权力,而这是可能的。因为国家不能拥有不可被剥夺的权利,拥有这一权利的只能是人民本身。

如前所述,第9条的语言表述关于这一点是非常明确的,即"日本国民……永远放弃作为国权发动的战争(和武力威胁或武力行使……)"英语表达是"…the Japanese people forever renounce war as a sovereign right of the nation…"英语使用的 nation 这一词语有些暧昧,依据文脉既可以认为是"国家"也可以认为是"国民"。但既然与 people 这一词语放在对照的位置,很明确应该是"state"(国家)的含义,在这里,并没有写"日本国民永远放弃了作为自己主权的战争"。因此,日语对"sovereign right of the nation"的翻译和第41条对"state power"的翻译同样使用了"国权"这一词语是非常正确的翻译。由此,"国权"这一词语在日本历史上通过"国权"(国家的权利)与"民权"(国民的权利)之间的政治对立得以确立。因使用了这一词语条文的含义更加明确,即作为民权的自卫权(在某种情况下也意味着对政府的自卫权)在任何时候都没有放弃。①

现代社会的国家权力超越了历史上的任何时期,渗透进了日常生活和全体国民的意识之中,在这样的时代,很难想象国家与国民完全分开,尽管如此,对两者进行区别是民主主义思考方式的第一前提,也是理解《日本国宪法》的第一前提。如果"日本"意味着国民的话,对国家权力的否定并不意味着对"日本"的否定。如前所述,该宪法本质上是政府对国民实质的权力转让,《日本国宪法》第9条不过是转让诸权力清单之一。

废除作为国权的自卫权而保留作为民权的自卫权实际上包含了三方面含

---

① [日] 常冈圣子:《日本国宪法解读》,柏书房株式会社1993年版,第173页。

义。第一，国民自己拥有直接防卫的权利。这一权利在国际法之下是被拥护的，并且，人民战争作为20世纪民族自卫与民族解放的方法，曾发挥巨大的作用。当然，无论如何宪法不是拥护这一方式，只是不加以禁止。第二，国民拥有在任何时候都可以修改宪法，包括放弃《日本国宪法》第9条甚至拥有使自卫队合法化的权利。《日本国宪法》第9条中的"永久"这一词语不过是一个用语，既然明确记载了修宪的程序，在法律上这一词语就没有任何意义。第三，不是通过扩充军备，而是通过站立在世界和平运动前列、"希望在努力维护和平、从地球上永远消除专制与隶属、压迫与偏见的国际社会中，占有光荣地位"的国民，相信自己比拥有庞大军备国家的国民更加安全，从而可以在这一基础上探索保卫国家之路。这一点明显是《日本国宪法》的意图。①

当然，第三种含义违反现代的常识。但是，现代的常识并不一定正确。通过战争并不能解决问题。"冷战"结束后，削减军备虽然有了进展，也应该受到欢迎，但本质上来说性质没有改变。

美国政治学家约翰·沙克认为，"尽管有庞大的武库和兵力——或者说毋宁因为此……现代国家对于其他现代国家的攻击并不能保卫本国国民的生命和财产，该国家所能做的只有报复""虽然在打破国家是安全保证人这一幻想方面作出了努力，但今天，这仍然，当然也是最重要的政治教育任务"。②

从这一整体的视野来看，《日本国宪法》第9条是"二战"后表达国际政治新现实最早且最高的体现。这一点从对世界多国宪法相关规定的比较中也可以看出。

在《日本国宪法》制定的1946年，还有众多国家在宪法中规定了关于和平的条款，但其中大部分仅规定了放弃侵略战争的规定。据统计，在全世界的成文宪法中，超过80%的宪法都规定了关于战争与和平的条款。从比较法的视角大体可以分为以下七种类型：（1）仅规定抽象和平条款的宪法，如芬兰、罗马尼亚等国宪法；（2）明确放弃侵略和征服战争条款的宪法，如法

---

① ［日］常冈圣子：《日本国宪法解读》，柏书房株式会社1993年版，第175页。
② John H. Schaar, legitimacy in the Modern State, Transaction Books, 1981, pp. 349, 358.

国、德国、韩国等国宪法；（3）规定放弃作为国际纠纷解决手段的战争的宪法，如意大利、菲律宾等国宪法；（4）明确中立、不结盟的宪法，如瑞士、澳大利亚等国宪法；（5）明确禁止核武器的宪法，如巴拉圭、哥伦比亚等国宪法；（6）明确不保持军队的宪法，如哥斯达黎加、巴拿马等国宪法；（7）明确放弃战争、不保持武装力量，规定平生存权的宪法，只有日本。[①]可见，仅从条文而言，《日本国宪法》的第9条规定确实具有不同寻常的意义。当然，现在的日本离《日本国宪法》第9条的规定已经越来越远，2012年其国防费已位列世界第5位，在《日美安全保障条约》之下，自卫队也早已派向海外，而这些正是通过日本政府不断变迁的解释来实现的。对此不再赘述。

在这里最大的谜团之一是，币原喜重郎（当时的首相）与麦克阿瑟等人为何在当时接受了这一点。他们并不是共同梦到了乌托邦，他们的内心到底存在何种动机，目前我们已不得而知。但最重要的并不是谁开始写下了这一条文或最初使其获得承认，而是写下这一条文的时间和场所。《日本国宪法》第9条并不是一小撮个人精神的产物，而是体现了战争结束后几个月内弥漫在整个日本的气氛。当时，战争的阴影尚未散去。全世界所面对的是这样一个时代的开端，即在一个新的、拥有核武器的、前途不明的时代，任何军事力量面对核武器都是毫无价值的。因此，《日本国宪法》第9条对当时大部分日本人来说感觉是当然的。《日本国宪法》第9条正是当时历史瞬间气氛固定化的产物——当时清晰地出现，并且此后逐渐变得模糊——但为今天留下了不断增加其正确性的真理光芒。[②]

虽然占领军当局和当时的日本统治者是使这一新的真理作为宪法原则表现出来的代理人，但可以说，他们对自己做的事情或者说该行为的意义，在事情做完后就迅速忘记了。本来应该是展现给全世界人民脱离战争噩梦的一缕曙光，但他们迅速将其视为伪善的敝屣，这或许是日本最大的悲剧。因为众所周知，该第9条包括前言的相关规定，自制定后迄今从未被实践过。自1945年以来，日本的"安全与生存"始终处于美军的"核保护伞"之下。

---

① ［日］辻村良子：《比较中的修宪论》，岩波书店2014年版，第160—170页。
② ［日］常冈圣子：《日本国宪法解读》，柏书房株式会社1993年版，第177页。

最近，自卫队越来越填补了这一空缺。严格来说，"保卫和平宪法"这一口号没有意义，因为《日本国宪法》第9条和前言中体现的和平原则从未被尝试过。

三、余论

综上，虽说《日本国宪法》由美国人起草，但美国宪法与日本宪法存在很大的不同。《日本国宪法》并不是美国宪法的翻版，美国宪法制定的目的是想集权于中央，日本宪法则相反。

从《日本国宪法》制定的大背景来看，在第一次世界大战后，美国超越英国成为世界第一大富裕国家，但仅仅10年之后，这一世界第一大富裕国家同样面临了1929年的经济大危机。开始由于应对不当，灾难一直持续，直到1932年罗斯福总统上台，采取"新政"干预经济，稳定国民生活，从而使美国走出了一条不同于德国的道路。

在美国参加第二次世界大战的1941年，正是罗斯福总统第三任期之初，政策起草官员仍然深受新政时代的影响。1941年12月，日本偷袭珍珠港之后，美国对日宣战，此后，美国国务院内设立了"日本重建协调会"，组长正是以专门研究日本江户时代"农民暴动"历史著称的肖伯顿，在当时的小委员会上，他们探讨了"二战"后日本应该走的方向，即不能侵略他国，其繁荣必须通过建立在工业化基础上的海外贸易这一基础之上。这次讨论的关键点直接影响了此后日本占领的方向。

然而，作为占领军司令官的麦克阿瑟，在新政之前的恐慌时代，作为参谋长曾对要求补偿津贴的"一战"退伍兵群体下令派骑兵驱散，他本人虽然是信奉新政之前社会思想的军人，但因为属于保守派，带有对一起战斗的幕僚充分信任的特质，在其幕僚中，有惠特尼少将、凯德斯上校等"一战"后众多策划日本体制改革的人，这些调查日本状况并策划细节的年轻专门人员都是1932年以后新政时代接受大学教育的人。[1]

第二次世界大战结束后，美国为重建欧洲实施了马歇尔计划，对日本则

---

[1] [日]常冈圣子：《日本国宪法解读》，柏书房株式会社1993年版，第195页。

采取了重建日本计划。作为战时同盟国的苏联则与美国出现了军事对立，经过朝鲜和越南两场战争，对于日本，战后初期提出的没有军备的经济繁荣提案也产生了很大变化，逐渐被其他提案所代替。但是，与美国本土相对照，享受着没有军备繁荣的"二战"后日本国民，对与《日本国宪法》第9条相表里的农地改革、教育改革、废除特高警察、实现妇女参政、解散财阀（虽然不彻底）等表现了极大的热情，作为其成果，由美国人起草的宪法，虽然承受了来自美国以及日本国内修宪派的压力，但在迄今的70多年中，却受到了日本众多国民的支持。

如前所述，在日本投降后，如何以少量兵力控制此前声称"一亿玉碎"、团结起来对抗美军的旧敌对国家国民，美国政府下了很大的工夫。其做法有二：一是保留天皇体制；二是利用将战争责任推到日本军阀头上，而国民没有责任这一历史观，从而在军事和财政上降低占领的负担。因此，依据这一占领军的需要，日本的知识分子无论是在报纸还是杂志上讨论战争都难逃这一巢穴。这一思维方式在占领之下持续下来，在占领结束后多年，因为日本成为经济大国恢复了自信，从而助长了今天日本从战前到战时大国本位思想的复活，当日本的汽车产业超越美国汽车产业之时，这一倾向更加明显。

在美军占领之下存在新闻检查体制，占领期间日本的言论自由受到压制是事实，但是，如果思考一下占领之前日本的言论压制有多厉害，就会更好地理解这一体制。①

关于占领，应该把美军对日本的占领和日本对中国和亚洲各国的"占领"结合起来考虑。目前日本国内在批评美军对日本的占领时抛开日本对亚洲各国的侵略是错误的。

但令人遗憾的是，时至今日，包括大学教授在内，日本众多的知识分子仍然说日本国民过去是反对那场战争的，其实，如果稍微看一下当时日本媒体的报道，就会发现实际并非如此。这一思路实际是"二战"后占领军当局为适应占领需要制造出来的谎言。而今天，日本媒体仍然不断登载文章，声称日本国民反对向海外派出维和部队，反对自卫队的海外派遣等。这一套路

---

① ［日］常冈圣子：《日本国宪法解读》，柏书房株式会社1993年版，第197页。

是对占领军时期思路的承继。实际上，在 21 世纪的今天，日本赞成自卫队向海外派遣的人在增加。因此，现在作为日本国民，需要的不是"现在或者国民如何如何"这一反对方式，而是对这一反对方式的思考。

因为就政治而言，当今的日本政治用 Bruce Ackerman 的话说，已经从"普通政治"进入到"宪法政治"（Constitutional politics，国民质问国家的基本法、统治结构、基本政策正确与否的政治）。但国民对"宪法政治"中修改宪法问题的关心并不高，从严格意义上来说，它是政府主导的"宪法政治"，带有较强的从上到下的疑似"宪法政治"性质。[①] 而只要安倍晋三内阁将修宪当作目前最重要的任务，那么官制"宪法政治"问题只会变得更加严重，现实日本的实践也正体现了这一点。

当然，《日本国宪法》实施后的 70 余年实践使得日本社会形成了尊重该宪法的风气，这就使日本右翼试图恢复"二战"前那样的军事国家变得困难。从这一角度而言，《日本国宪法》的制定实施从世界角度来看也是划时代的事件。

---

① ［日］千叶真、小林正弥：《日本宪法与公共哲学》，白巴根等译，法律出版社 2009 年版，第 67 页。

Conclusions 结 语

日本修宪的未来走向

"日本究竟为何要修宪，日本将要走向何方？"这是我们目前必须思考的问题。

在古罗马时代，驻守高卢的边防军没有元老院的命令，不得武装渡过高卢与意大利边境地区的一条小河——卢比贡河，其目的是为防止掌握军权的野心家对罗马共和国的反叛。但是，公元前49年，身为高卢总督的恺撒乘罗马内部斗争之际打破了这一禁令，率军渡过卢比贡河进军罗马城，从而掌握了罗马大权。此后，"渡过卢比贡河"常被用来指代超越此前的架构作出的重大决断和行动。以此观之，体现和平主义的《日本国宪法》第9条正是这样一条日本的"卢比贡河"。

虽然《日本国宪法》本身迄今没有修改，但通过"二战"后日本政府的一系列宪法解释，其第9条实际已被架空，特别是2014年7月1日，安倍首相通过内阁决议实现了解禁集体自卫权的目的，可以说，前脚已经迈进了"卢比贡河"，而2017年5月3日，他在"宪法实施70周年纪念演讲"提出的2020年实现修宪目标则为武装渡过这一"河流"进一步增加了动力。

现行的《日本国宪法》第96条专门规定了修宪程序，这表明《日本国宪法》并非不可以修改，但问题是，2012年《自民党修宪草案》中消除了立宪主义这一核心精髓。特别是关于

"前言"、第 9 条、第 13 条、第 97 条的修改。可以说，2012 年《自民党修宪草案》是对第二次世界大战后《日本国宪法》所秉持基本原则的背离，该草案开启了回归战前依据"日本的古代传说"正当化的可能性。虽然对后者没必要全面否定，但放弃前者是一场危险的赌注。

对于日本的修宪，我们应该秉持坚决反对的态度。

虽然修宪是一国国民的权利，《日本国宪法》第 96 条也规定了修宪程序，修改似乎是应有之义，但问题是现今日本政客的修宪目的不纯。

无论从日本 2012 年《自民党修宪草案》的内容还是安倍政权的言论及行动来看，其目的并不是仅仅要修改宪法这么简单。

2017 年是《日本国宪法》实施 70 周年的节点，当此之时，安倍政权及其支持势力仍然执拗于错误的历史认识，这既体现了其对天皇制集权主义的怀念，也体现了其对历史政治化的企图。因为通过美化历史，将会消解批判现有权力的坐标轴，从而使其权力得以持续。

在安倍执政期间，历史的政治化企图急速发展。其典型是所谓的"慰安妇"问题。该问题的起因是，2014 年 8 月，《朝日新闻》对本社此前关于"慰安妇"问题的报导进行检查，证实关于第二次世界大战期间在朝鲜半岛征发"慰安妇"的吉田清治证言是虚假的，因此发表声明取消相关报道。一时间这一问题成为争论焦点。以《产经新闻》为主的右派媒体及其支持者采用历史修正主义的典型方式，试图使日本的过去正当化。首先，对确定事实中存在的极小的不确定部分及此后证明错误的部分极力夸张，以达到否定确定整体的目的。的确，吉田清治关于强征朝鲜女性做"慰安妇"的证言是虚假的，但"二战"期间，日本政府参与强征朝鲜及中国女性为"慰安妇"的事实是日本国内外社会公认的。这一点，作为 1993 年官房长官的"河野洋平谈话"明确予以承认，第一次安倍内阁时期也继承了这一谈话。因此，关于"强制"的一个证言的否定，并不能改变"慰安妇"问题存在本身这一实质。[①] 其次，实证主义方式的任意使用。在历史研究中，需要以证据或史料为基础的实证态度，但日本的历史修正主义者将本来应该作为学术态度的实

---

① [日] 水岛朝穗：《集体自卫权的彻底分析》，岩波书店 2015 年版，第 280 页。

证主义极力的政治化使用，其典型是历史教科书的检定。无论是对"南京大屠杀"还是1923年日本东京地震时对朝鲜人的虐杀，在检定时都以受害者人数不详为理由，要么检定不合格，要么要求明确记载受害者人数不详存在多种说法。这实际是通过极力强调细枝末节的不确实部分，来达到否定或模糊历史事实本身的方式。

正是在安倍执政之下，历史的政治化不断扩大。其极端代表则是安倍首相的言论。就"慰安妇"问题，安倍多次发言说："因为《朝日新闻》关于'慰安妇'的错误报道，损害了日本的名誉，损害了众多日本人的感情。"[1]但实际上，损害日本名誉的正是日本右翼及其媒体的言论。

安倍及作为其支持者的右翼集团，试图从除去"战败耻辱"这一动机出发，实现对"二战"后政治体制的颠覆。而修宪正是其中重要的一环。当然，即使修改《日本国宪法》第9条使日本成为可以进行战争之国，进行总体战和全面的国民总动员仍难以想象，而更可能的状态是：为对美国发动战争的后方支援而出动的自卫队遭到了敌方攻击，日本自卫队进行反击，双方出现了伤亡，此时，日本国民是走向反战、厌战的方向还是走向复仇的方向，现在还难以预测。但看一下2015年2月发生的伊斯兰极端组织杀害日本人事件时的舆论控制，就会感觉到完全存在将死者神圣化（看成是与恐怖组织作战的勇士）并试图进行国民精神动员的可能性。现在对安倍等人来说，最好的方式就是以局部战争为契机，使国内的政局和报道出现"战争状态"，从而可以出现排除所有批评和异议的状况，以此达到自己的目的。因此，修改"和平宪法"，使日本成为可以战争之国，是对"二战"后日本建立的自由民主体制从根本上的颠覆。

但是，我们也要看到问题的另一面。就目前而言，自民党和公明党的联合执政联盟在国会两院保持了稳定多数，任何法案都可以通过。在野党处于低迷状态，甚至部分在野党成为自民党的别动队。阻止安倍政权的体制阀门已不存在。但安倍政权的根基确实牢固吗？

当然，安倍经常将在选举中的胜利和国会中的多数作为自己权力正统性

---

[1] ［日］水岛朝穗：《集体自卫权的彻底分析》，岩波书店2015年版，第281页。

的基础，这一点也很难反驳。但必须要说明的是，安倍所依据的民意并不是坚定支持他的力量。即使在安倍领导的自民党在2014年12月总选举中大胜，此后《朝日新闻》举行的舆论调查中，也可以看出如下民意：针对选举中自民党获得远超半数的议席，回答认可安倍首相政策的仅占11%，而认为在野党缺乏魅力的占比达到72%；而对今后安倍首相推行政策表示期待的为31%，表示不安的为52%。在重启核电、承认集体自卫权行使及其他政策方面，更多的日本国民表达了反对安倍政权指导方向的一惯性。因此，所谓安倍政权稳定的多数支持率，并不是出于对安倍政策的评价，而是在没有其他选择基础上的不得已。而2017年7月东京都议会选举中自民党的大败正说明了这一点。因此，支持自民党政治长期存续的基础并不牢固。当然，在今天日本国内政治和民意整体偏右的背景下，即使其他政党上台，日本修宪的脚步只会推迟，而不会完全停止。这是我们应该注意的问题。

Appendix 附 录

日本宪法关联资料

一、《明治宪法》（中文）

（1889年2月11日公布，1890年11月29日施行）

第一章 天 皇

第一条 大日本帝国由万世一系之天皇统治之。

第二条 皇位依皇室典范之规定，由皇男子孙继承。

第三条 天皇神圣不可侵犯。

第四条 天皇为国之元首，总揽统治权，依本宪法条规行之。

第五条 天皇以帝国议会之协赞，行使立法权。

第六条 天皇裁可法律，并命其公布及执行。

第七条 天皇召集帝国议会，命其开会、闭会、停会，并有权解散众议院。

第八条 天皇为保持公共安全或避免公共损害，因紧急需要，在帝国议会闭会期间，可发布代替法律之敕令。

前项敕令应于下次会期向帝国议会提出，若议会不予承认，政府应公布该敕令此后失其效力。

第九条 天皇为执行法律，或为保持公共之安宁秩序及增进臣民之幸福，发布或使发布必要之命令。但不得以命令变更法律。

第十条 天皇决定行政各部之官制及文武官吏之俸给，并任免文武官吏，但本宪法或其他法律载有特例者，各依其条项。

第十一条 天皇统率陆海军。

第十二条 天皇决定陆海军之编制及常备兵额。

第十三条 天皇有宣战、媾和及缔结各种条约之权。

第十四条 天皇宣布戒严。

戒严之条件及效力，以法律定之。

第十五条 天皇授予爵位、勋章及其他荣典。

第十六条 天皇命令大赦、特赦、减刑及复权。

第十七条 设置摄政，依皇室典范之规定。

摄政以天皇名义行使大权。

第二章 臣民权利义务

第十八条 作为日本臣民之条件，依法律之规定。

第十九条 日本臣民，按照法律命令所定之资格，均得充任文武官吏及就任其他公务。

第二十条 日本臣民，遵从法律所定，有服兵役之义务。

第二十一条 日本臣民，遵从法律所定，有纳税之义务。

第二十二条 日本臣民，在法律范围内，有居住及迁徙之自由。

第二十三条 日本臣民，非依法律，不受逮捕、拘禁、审问、处罚。

第二十四条 日本臣民，不被剥夺接受法律所定法官审判职权。

第二十五条 日本臣民，除法律规定之场合，无本人允诺，其住所不受侵入或搜查。

第二十六条 日本臣民，除法律规定之场合，书信秘密不受侵犯。

第二十七条 日本臣民，其所有权不受侵害。

因公共利益必须之处置，则依法律之规定。

第二十八条 日本臣民，在不妨害安宁秩序及不违背臣民义务之范围内，有信教之自由。

第二十九条　日本臣民，在法律范围内，有言论、著作、刊行、集会及结社之自由。

第三十条　日本臣民，遵守相当之仪礼，依另定之规程，得为请愿。

第三十一条　本章所列条规，在战时或国家事变之际，不妨碍天皇大权之施行。

第三十二条　本章所列条规，限于不抵触陆海军之法令或纪律者，准行于军人。

第三章　帝国议会

第三十三条　帝国议会，以贵族院、众议院两院构成之。

第三十四条　贵族院，依贵族院令所定，以皇族、华族及敕任议员组织之。

第三十五条　众议院，依选举法所定，以公选议员组织之。

第三十六条　无论何人，不得同时为两议院议员。

第三十七条　凡法律，须经帝国议会之协赞。

第三十八条　两议院得议决政府提出之法律案，并得各自提出法律案。

第三十九条　凡经两议院之一否决之法律案，在同一会期内不得再行提出。

第四十条　两议院关于法律或其他事件，得各自向政府建议其意见。但未被采纳者，在同一会期内不得再行建议。

第四十一条　帝国议会，每年召集之。

第四十二条　帝国议会，以三个月为会期，必要时应以敕令延长之。

第四十三条　临时紧急必要之时，应于常会之外，召集临时会。

临时会之会期，以敕令定之。

第四十四条　帝国议会之开会、闭会、会期之延长及停会，两院同时施行之。

众议院被命解散时，贵族院应同时停会。

第四十五条　众议院解散时，应以敕令重新选举议员，自解散之日起，五个月以内召集之。

第四十六条　两议院非各有议员总数三分之一以上出席，不得开议并议决。

第四十七条　两议院之议事，以过半数决之，可否同数时，取决于议长。

第四十八条　两议院之议会公开。但依政府之要求或各本院之决议，得开秘密之会议。

第四十九条　两议院各得上奏于天皇。

第五十条　两议院得受臣民所呈之请愿书。

第五十一条　两议院除本宪法及议院发所载者外，得制定整理内外部所需之各种法规。

第五十二条　两议院之议员，于院内发表之意见及表决，于院外不负责任。但议员自将其言论以演说、刊行、笔记或其他方式公布时，应依一般法律处置之。

第五十三条　两议院之议员，除现行犯罪或关于内乱外患之罪外，在会期中，非经各本院许可，不得逮捕。

第五十四条　国务大臣及政府委员，无论何时，得出席各议院，并得发言。

第四章　国务大臣及枢密顾问

第五十五条　各国务大臣，辅弼天皇，负其责任。

凡法律敕令及其他关于国务之诏敕，须经国务大臣副署。

第五十六条　枢密顾问，依枢密院官制之规定，应天皇之咨询，审议重要国务。

第五章　司　　法

第五十七条　司法权，由法院以天皇名义，依法律行使之。

法院之构成，以法律规定之。

第五十八条　法官，由具有法律所定资格者任之。

法官除因受刑法之宣告或惩戒处分外，不得被免职。

惩戒条规，以法律规定之。

第五十九条 审判之对审判决，公开之。但有妨害安宁秩序或风俗之虞时，得依法律或依法院之决议，停止公开审判。

第六十条 凡属于特别法院管辖者，另依法律规定之。

第六十一条 凡因行政官厅之违法处分致被伤害权利之诉讼而应属于另依法律规定之行政法院审判者，不在司法法院受理之限。

第六章 会 计

第六十二条 新课租税及变更税率，以法律规定之。但属于报偿之行政手续费及其他收纳金，不在前项之限。

发行国债及订立预算外应归国库负担之契约，须经帝国议会之协赞。

第六十三条 现行租税未经法律重新更改者，依旧例征收之。

第六十四条 国家岁入岁初，每年应以预算，经帝国议会之协赞。

如有超过预算之款项或预算外所生支出时，须于日后请求帝国议会承认。

第六十五条 预算，应先在众议院提出。

第六十六条 皇室经费，依现在定额，每年由国库支出之。除将来需增额之时外，勿须经帝国议会之协赞。

第六十七条 凡基于宪法大权已决定之岁出，及由法律之结果或法律上属于政府义务之岁出，非经政府同意，帝国议会不得废除或削减之。

第六十八条 因特别需要，政府得预定年限，作为继续费，请求帝国议会之协赞。

第六十九条 为补充不可避免之预算不足，或为准备预算外所生之必要费用，应设预算费。

第七十条 为保持公共安全而有紧急需要之时，若因内外情形政府不能召集帝国议会，得以敕令，做财政上必要之处置。

前项情形，须在下次会期向帝国议会提出，请求承认。

第七十一条 如帝国议会未议定预算，或预算不能成立时，政府应照上年度之预算施行。

第七十二条 国家岁出岁入之决算，由审计院检查确定之，政府应将该检查报告，一并提出于帝国议会。

审计院之组织及职权，以法律规定之。

第七章 补　则

第七十三条　本宪法条项，将来如有必要修正时，应以敕令将议案交帝国议会议之。

前项情形，两议院非各有全体议员三分之二以上出席不得开议。非经出席议员三分之二以上多数，不得为修正之决议。

第七十四条　皇室典范之修正，勿须经帝国议会之议。不得以皇室典范变更本宪法之条规。

第七十五条　宪法及皇室典范，在摄政期间内不得变更之。

第七十六条　无论法律、规则、命令，或用任何其他名称，凡与本宪法不相抵触之现行法令，均有遵用之效力。

岁出上有关政府义务之现行契约或命令，均依六十七条之例。

二、《日本国宪法》（中文）

（1946 年 11 月 3 日公布，1947 年 5 月 3 日施行）

日本国民通过正式选出的国会中的代表而行动，为了我们和我们的子孙，决心确保由于同各国人民的和平与合作的成果以及自由带给我国全部国土的恩惠，不因政府的行为再次造成战争惨祸，兹宣布主权属于国民，并制定本宪法。盖国政源于国民的严肃委托，其权威来自国民，其权利由国民的代表行使，其福利由国民享受。这是人类普遍的原则，本宪法即以此原则为依据。与此相反的一切宪法、法令和诏敕，我们均将予以排除。

日本国民期望持久的和平，深知统治人类相互关系的崇高理想，信赖爱好和平的各国人民的公正和信义，决心保持我们的安全和生存。我们希望在努力维护和平、从地球上永远消除专制与隶属、压迫与偏见的国际社会中，占有光荣的地位。我们确认：全世界人民均有摆脱恐怖和贫困、在和平中生存的权利。

我们相信，任何国家都不应只顾本国而无视他国，政治道德的法则是普遍的法则，遵守这一法则是维护本国主权，并与他国建立对等关系的各国的责任。

日本国民誓以国家的荣誉，竭尽全力以达到这一崇高的理想和目的。

第一章 天　　皇

第一条　天皇是日本国的象征，是日本国民统合的象征，其地位以主权所在的全体日本国民的意志为依据。

第二条　皇位世袭，依据国会决议的皇室典范的规定继承之。

第三条　天皇关于国事的一切行为，必须有内阁的建议和承认，由内阁负其责任。

第四条　天皇只能行使本宪法所规定的关于国事的行为，没有关于国政的权能。

天皇可依据法律规定，委托其关于国事的行为。

第五条　依据皇室典范的规定设置摄政时，摄政以天皇的名义行使其关于国事的行为，在此场合准用前条第一项之规定。

第六条　天皇依据国会的指名任命内阁总理大臣。

天皇依据内阁的指名任命担任最高法院院长的法官。

第七条　天皇依据内阁的建议与承认，为国民行使下列关于国事的行为。

一、公布宪法修正案、法律、政令及条约。

二、召集国会。

三、解散众议院。

四、公告举行国会议员的总选举。

五、认证国务大臣和法律规定的其他官吏的任免和全权证书以及大使、公使的国书。

六、认证大赦、特赦、减刑、免除刑罚执行以及恢复权利。

七、授予荣典。

八、认证批准书以及法律规定的其他外交文书。

九、接受外国大使及公使。

十、举行仪式。

第八条 皇室让与财产，或皇室承受或赐予财产，必须依据国会的决议。

第二章　放弃战争

第九条 日本国民真诚希求基于正义与秩序的国际和平，永远放弃以国权发动的战争、以武力威胁或武力行使作为解决国际争端的手段。

为达到前项目的，不保持陆海空军及其他战争力量，不承认国家的交战权。

第三章　国民的权利与义务

第十条 作为日本国民的条件以法律规定之。

第十一条 国民享有一切基本人权不受妨碍。

本宪法对于国民所保障的基本人权，作为不可侵犯的永久权利，赋予现在及将来的国民。

第十二条 本宪法对于国民所保障的自由与权利，依国民不断的努力保持之。且国民不得滥用此项自由与权利。而且，为了经常增进公共福利对此有利用的责任。

第十三条 全体国民作为个人受到尊重。国民对于生命、自由以及追求幸福的权利，只要不违反公共福利，须在立法及其他国政上予以最大尊重。

第十四条 全体国民在法律面前一律平等。在政治、经济或社会关系中，不得以人种、信仰、性别、社会身份以及门第的不同而有所差别。

不承认华族及其他贵族体制。

荣誉、勋章以及其他荣典的授予，不附带任何特权。授予的荣典，只限于现有者和将接受者一代有效。

第十五条 选定和罢免公务员是国民固有的权利。

一切公务员都是为全体国民服务，而不是为一部分国民服务。

关于公务员的选举，保障由成年人进行的普选。

一切选举中的投票秘密不得侵犯，对于选举人所作的选择，不论在公私方面，都不得追究责任。

第十六条　任何人对损害的救济、公务员的罢免、法律、命令及规章的制定、废止和修订以及其他事项，有和平请愿之权。任何人都不得因进行此种请愿而受到差别待遇。

第十七条　任何人在由于公务员的不法行为受到损害时，可以依照法律的规定，向国家或公共团体请求赔偿。

第十八条　任何人都不受任何奴隶性拘束。或者，除因犯罪而受到处罚外，不得违反本人意志而使其服苦役。

第十九条　思想及良心的自由，不受侵犯。

第二十条　对任何人都保障其信教的自由。任何宗教团体都不得从国家接受特权或行使政治上的权力。

任何人不被强制参加宗教上的行为、庆祝典礼、仪式或活动。

国家及其机关不得进行宗教教育及其他任何宗教活动。

第二十一条　保障集会、结社、言论、出版及其他一切表现的自由，不得进行检查。

通信秘密不受侵犯。

第二十二条　在不违反公共福利的范围内，任何人都有居住、迁徙以及选择职业的自由。

任何人移居国外或脱离国籍的自由不受侵犯。

第二十三条　保障学术自由。

第二十四条　婚姻仅以两性合意为基础而成立，以夫妻平权为根本，通过共同努力予以维持。

关于选择配偶、财产权、继承、居所、离婚以及关于婚姻和家族的其他事项的法律，必须在尊重个人的尊严与两性本质平等的基础上制定。

第二十五条　全体国民都享有最低限度的健康与文化生活的权利。

国家应于生活的一切方面努力提高和增进社会福利、社会保障及公共卫生。

第二十六条　全体国民，按照法律规定，都有接受与其能力相适应的受教育权利。

全体国民按照法律规定，都有使其保护的子女接受普通教育的义务。义务教育为免费。

第二十七条 全体国民都有劳动的权利与义务。

有关工资、劳动时间、休息及其他劳动条件的基本标准，由法律规定。

不得酷使儿童。

第二十八条 保障劳动者的团结权、团体交涉及其他团体行动权。

第二十九条 财产权不受侵犯。

财产权的内容应符合公共福利，由法律规定。

私有财产在正当的补偿下得收为公用。

第三十条 国民有按法律规定纳税之义务。

第三十一条 非经法律规定的程序，任何人不被剥夺生命或自由，也不得处以其他刑罚。

第三十二条 任何人不被剥夺在法院接受审判的权利。

第三十三条 任何人除作为现行犯被逮捕外，如无主管司法官署签发并指名犯罪理由的拘捕证，不被逮捕。

第三十四条 如不立即讲明理由并予以委托辩护人的权利，任何人不得被拘留或拘禁。如无正当理由，任何人不受拘禁。如本人提出要求，必须立即对此理由在由本人及其辩护人出席的公开法庭上予以说明。

第三十五条 对任何人的居所、文件及所有物有不受侵入、搜查或没收的权利。此项权利除第三十三条的规定外，如无依据正当理由签发并明示搜查场所及扣留物品的命令书，不受侵犯。

搜查扣留，应依据主管司法署单独签发的命令书施行之。

第三十六条 绝对禁止公务员实行拷问与酷刑。

第三十七条 在一切刑事案件中，被告人有接受公正的法院迅速而公开审判的权利。

刑事被告人享有询问所有证人的充分机会，并有使用公费通过强制手续为自己寻求证人的权利。

刑事被告人在任何场合都可委托有资格的辩护人。被告本人不能委托时，辩护人由国家提供。

第三十八条 任何人不得被强制做不利于本人的供述。

强迫、拷问或威胁所做的口供,或被非法长期拘留或拘禁后所做的口供,不能作为证据。

任何人如果对自己不利的唯一证据是本人的口供时,不得被判罪或科以刑罚。

第三十九条 任何人在其实行的当时为合法行为或已经被判无罪的行为,不得被追究刑事上的责任。对同一种犯罪,不得重复追究刑事上的责任。

第四十条 任何人在被拘留或拘禁后被判无罪时,得依法律规定向国家请求赔偿。

第四章 国　　会

第四十一条 国会是国家权力的最高机关,是国家唯一的立法机关。

第四十二条 国会由众议院和参议院两议院构成。

第四十三条 两议院由选举产生的代表全体国民的议员组成。

两议院议员的定额由法律规定。

第四十四条 两议院的议员及其选举人的资格,由法律规定。但不得因人种、信仰、性别、社会身份、门第、教育、财产或收入有所差别。

第四十五条 众议院议员的任期为四年,但在众议院解散时,在其任期届满前告终。

第四十六条 参议院议员的任期为六年,每三年改选议员之半数。

第四十七条 关于选举区、投票方法及其他选举两议院议员的事项,由法律规定。

第四十八条 任何人不得同时担任两议院的议员。

第四十九条 两议院议员按法律规定自国库接受适当数额的年俸。

第五十条 除法律规定者外,两议院议员在国会开会期间不受逮捕,会期前被逮捕的议员,如其议院提出要求,须在开会期间予以释放。

第五十一条 两议院议员对在议院内所作之演说、讨论或表决,在院外不被追究责任。

第五十二条 国会常会每年召开一次。

第五十三条 内阁得决定召集国会的临时会议。如经任一议院全体议员四分之一以上要求，内阁须决定召集临时会议。

第五十四条　众议院被解散时，必须在自解散之日起四十日以内举行众议院议员总选举，并在自选举之日起三十日以内召开国会。

议院被解散时，参议院同时闭会。但内阁在国家有紧急需要时，得要求参议院举行紧急会议。

在前项但书的紧急会议中采取的措施，是临时性的，如在下届国会开会后十日内不能得到众议院的同意，即丧失其效力。

第五十五条　两议院自行裁决关于其议员资格的争议。但取消议员资格，须有出席议员三分之二以上多数的决议。

第五十六条　两议院各自如无全体议员三分之一以上出席，不得开会议事和作出决议。

两议院议事时，除本宪法有特别规定者外，依出席议员的过半数议决之，可否票数相等时，由议长决定。

第五十七条　两议院的会议为公开会议。但经出席议员三分之二以上多数议决时，得举行秘密会议。

两议院各自保存其会议记录，除秘密会议记录中认为应特别保密者外，均予公开发表，并须公布于众。

如有出席议员五分之一以上之要求，各议员的表决需载入会议记录。

第五十八条　两议院各自选任其议长及其他工作人员。

两议院各自制定关于其会议、其他程序及内部纪律的规章体制，并得对扰乱院内秩序的议员进行惩罚。但开除议员须有出席议员三分之二以上多数的议决。

第五十九条　凡法律案，除本宪法有特别规定者外，经两议院通过后即成为法律。

众议院通过而参议院作出不同决议的法律案，如经众议院出席议员三分之二以上多数再次通过时，即成为法律。

前项规定并不妨碍众议院依据法律规定提出举行两院协议会的要求。

参议院接到众议院通过的法律案后，除国会休会期间不计外，如在六十日内不作出决议，众议院可视为其决议被参议院否决。

第六十条　预算须先向众议院提出。

关于预算，如参议院作出与众议院不同的决议，依据法律规定，举行协议会仍不能取得一致意见时，或参议院在接到众议院已经通过的预算后，除国会休会期间外，在三十日内不作出决议时，即以众议院的决议作为国会决议。

第六十一条　关于缔结条约所必要的国会承认，准用前条第二项之规定。

第六十二条　两议院得各自进行关于国政的调查，要求有关证人出席作证或提出证言及纪录。

第六十三条　内阁总理大臣及其他国务大臣，不论其是否在两议院保有议席，为就议案发言得随时出席议院，另外在被要求出席答辩或作说明时，必须出席。

第六十四条　国会为审判受到罢免控诉的法官，设立有两议院议员组织的弹劾法院。

有关弹劾的事项，由法律规定。

第五章　内　　阁

第六十五条　行政权属于内阁。

第六十六条　内阁按照法律规定由其首长内阁总理大臣及其他国务大臣组成之。

内阁总理大臣及其他国务大臣必须是文职人员。

内阁在行使行政权上，对国会负连带责任。

第六十七条　内阁总理大臣经国会议决在国会议员中提名。此项提名较其他一切议案优先进行。

众议院与参议院作出不同的提名决议时，依据法律规定，即使召开两议院的协议会意见仍不一致时，或在众议院作出提名的决议后，除国会休会期间外，在十日内参议院仍不作出提名决议时，即以众议院的决议作为国会的决议。

第六十八条　内阁总理大臣任命国务大臣，但其中半数以上须从国会议员中选任。

内阁总理大臣可任意罢免国务大臣。

第六十九条　内阁在众议院通过不信任决议案或否决信任决议案时，如十日内不解散众议院，必须全体辞职。

第七十条　内阁总理大臣空缺，或众议院议员总选举后第一次召集国会时，内阁必须全体辞职。

第七十一条　发生前两条情况时，在新总理大臣被任命之前，内阁继续执行其职务。

第七十二条　内阁总理大臣代表内阁向国会提出议案，就一般国务及外交关系向国会提出报告，并指挥监督各行政部门。

第七十三条　内阁除执行其他一般行政事务外，执行下列各项事务：

一、诚实执行法律，总理国务。

二、处理外交关系。

三、缔结条约，但须在事前或依据情况在事后获得国会的承认。

四、依法律规定的准则，掌管关于官吏的事务。

五、编制并向国会提出预算。

六、为实施本宪法及法律的规定而制定政令。但在此种政令中，除法律特别授权者外，不得制定罚则。

七、决定大赦、特赦、减刑、免除执行刑罚及恢复权利。

第七十四条　法律及政令均须由主管国务大臣签署，并须由内阁总理大臣签署。

第七十五条　国务大臣在职期间，如无内阁总理大臣的同意，不得追诉，但并不因此妨碍追诉的权利。

第六章　司　　法

第七十六条　一切司法权属于最高法院及依法律规定设置的下级法院。

不得设置特别法院。行政机关不得施行作为终审的审判。

所有法官依其良心独立行使职权，只受本宪法及法律的约束。

第七十七条　最高法院有权就关于诉讼程序、律师、法院内部纪律以及司法事务处理的事项制定规则。

检察官必须遵守最高法院制定的规则。

最高法院得将制定关于下级法院规则的权限委托给下级法院。

第七十八条 法官因身心障碍不能执行职务时，除依照审判决定，不经正式弹劾不得罢免。法官的惩戒处分不得由行政机关执行。

第七十九条 最高法院由任其院长的法官及法律规定名额的其他法官构成，除任其院长的法官外，其余法官由内阁任命。

最高法院法官的任命，在其任命后第一次举行众议院议员总选举时交付国民审查，自此经过十年后举行众议院议员总选举时再次交付审查，以后准此。

在前项审查中，投票者多数通过罢免法官时，该法官即被罢免。

有关审查事项，由法律规定。

最高法院法官到达法律规定年龄时退休。

最高法院法官均定期接受适当数额的报酬，此报酬在任期中不得减额。

第八十条 下级法院法官依最高法院提出的名单，由内阁任命。被任命的法官任期十年，可连任。但到达法律规定的年龄时退休。

下级法院的法官均定期接受适当数额的报酬，此报酬在任期中不得减额。

第八十一条 最高法院为有权决定一切法律、命令、规则及处分是否符合宪法的终审法院。

第八十二条 法院的审理及判决在公开法庭进行。

如全体法官一致决定有妨碍公共秩序或善良风俗之虞时，审理可以不公开进行。但对政治犯罪、关于出版的犯罪或本宪法第三章所保障的国民权利问题案件的审理，一般必须公开进行。

第七章 财　　政

第八十三条 处理国家财政的权限，须依据国会决议行使。

第八十四条 新课征租税或变更现行租税，须有法律或法律规定之条件为依据。

第八十五条 国家费用的支出或国家负担债务，须依据国会的决议。

第八十六条 内阁编制每会计年度预算须向国会提出，经其审议和议决后决定。

第八十七条　为补充难以预见的预算不足，得依据国会决议设置预备费，由内阁负责支出。

一切有关预备费的支出，内阁必须于事后取得国会的承认。

第八十八条　皇室的一切财产属于国家，皇室的一切费用必须列入预算，经国会议决。

第八十九条　公款以及其他公有财产，不得为宗教组织或宗教团体使用、提供方便和维持活动，亦不得供不属于公共统治的慈善、教育或博爱事业支出或利用。

第九十条　国家的收支决算，每年都须由会计检察院审查，内阁于下一年度同此审查报告一并向国会提出。

会计检察院之组织及权限，由法律规定。

第九十一条　内阁须定期，至少每年一次，向国会及国民报告国家财政状况。

第八章　地方自治

第九十二条　关于地方公共团体的组织及运营事项，依据地方自治的宗旨由法律规定。

第九十三条　地方公共团体依据法律规定设置议会为其议事机关。

地方公共团体的长官、议会议员及法律规定的其他官吏，由该地方公共团体的居民直接选举。

第九十四条　地方公共团体有管理其财产、处理事务及执行行政的权能，得在法律范围内制定条例。

第九十五条　仅适用于某一地方公共团体的特别法，依据法律规定，非经该地方公共团体居民投票半数以上同意，国会不得制定。

第九章　修　　订

第九十六条　本宪法的修订，须经各议院全体议员三分之二以上赞成，由国会创议，向国民提出，并得其承认。此种承认须在特别国民投票或国会规定选举时进行的投票中获半数以上赞成。

宪法的修订在经过前项承认后，天皇立即以国民的名义，作为本宪法的组成部分予以公布。

第十章　最高法规

第九十七条　本宪法对日本国民保障的基本人权，是人类经过多年努力争取自由的结果，这种权利在过去几经考验，被确认为现在和将来都是国民不可侵犯的永久权利。

第九十八条　本宪法为国家的最高法规，与其条款相违反的法律、命令、诏敕以及关于国务的其他行为之全部或一部，不具效力。

日本国缔结的条约及已确立的国际法规，应诚实遵守。

第九十九条　天皇或摄政以及国务大臣、国会议员、法官以及其他公务员，负有尊重和维护本宪法的义务。

第十一章　补　　则

第一百条　本宪法自公布之日起，经六个月开始施行。

为实行本宪法而制定必要的法律，选举参议院议员，召集国会的手续及为施行本宪法而必要的准备手续，可以在上款规定的日期之前进行。

第一百〇一条　本宪法施行之际，如参议院尚未成立，在其成立前由众议院行使国会的权力。

第一百〇二条　依据本宪法产生的第一届参议院议员，其中半数的任期为三年。此部分议员，依法律规定而确定。

第一百〇三条　本宪法施行时现任职国务大臣、众议院议员、法官及其他公务员，其地位与本宪法承认的地位相应者，除法律有特别规定外，不因本宪法之施行而自然失去其地位。但根据本宪法选出或任命其后任者时，其地位自然丧失。

三、《日本国憲法》（日文）

（1946 年 11 月 3 日公布，1947 年 5 月 3 日施行）

　　日本国民は、正当に選挙された国会における代表者を通じて行動し、われらとわれらの子孫のために、諸国民との協和による成果と、わが国全土にわたつて自由のもたらす恵沢を確保し、政府の行為によつて再び戦争の惨禍が起こることのないやうにすることを決意し、ここに主権が国民に存することを宣言し、この憲法を確定する。そもそも国政は、国民の厳粛な信託によるものであつて、その権威は国民に由来し、その権力は国民の代表者がこれを行使し、その福利は国民がこれを享受する。これは人類普遍の原理であり、この憲法は、かかる原理に基くものである。われらは、これに反する一切の憲法、法令及び詔勅を排除する。

　　日本国民は、恒久の平和を念願し、人間相互の関係を支配する崇高な理想を深く自覚するのであつて、平和を愛する諸国民の公正と信義に信頼して、われらの安全と生存を保持しようと決意した。われらは、平和を維持し、専制と隷従、圧迫と偏狭を地上から永遠に除去しようと努めてゐる国際社会において、名誉ある地位を占めたいと思ふ。われらは、全世界の国民が、ひとしく恐怖と欠乏から免かれ、平和のうちに生存する権利を有することを確認する。

　　われらは、いづれの国家も、自国のことのみに専念して他国を無視してはならないのであつて、政治道徳の法則は、普遍的なものであり、この法則に従ふことは、自国の主権を維持し、他国と対等関係に立たうとする各国の責務であると信ずる。

　　日本国民は、国家の名誉にかけ、全力をあげてこの崇高な理想と目的を達成することを誓ふ。

第一章　天　皇

第一条　天皇は、日本国の象徴であり日本国民統合の象徴であつて、この地位は、主権の存する日本国民の総意に基く。

第二条　皇位は、世襲のものであつて、国会の議決した皇室典範の定めるところにより、これを継承する。

第三条　天皇の国事に関するすべての行為には、内閣の助言と承認を必要とし、内閣が、その責任を負ふ。

第四条　天皇は、この憲法の定める国事に関する行為のみを行ひ、国政に関する権能を有しない。

天皇は、法律の定めるところにより、その国事に関する行為を委任することができる。

第五条　皇室典範の定めるところにより摂政を置くときは、摂政は、天皇の名でその国事に関する行為を行ふ。この場合には、前条第一項の規定を準用する。

第六条　天皇は、国会の指名に基いて、内閣総理大臣を任命する。

天皇は、内閣の指名に基いて、最高裁判所の長たる裁判官を任命する。

第七条　天皇は、内閣の助言と承認により、国民のために、左の国事に関する行為を行ふ。

一　憲法改正、法律、政令及び条約を公布すること。

二　国会を召集すること。

三　衆議院を解散すること。

四　国会議員の総選挙の施行を公示すること。

五　国務大臣及び法律の定めるその他の官吏の任免並びに全権委任状及び大使及び公使の信任状を認証すること。

六　大赦、特赦、減刑、刑の執行の免除及び復権を認証すること。

七　栄典を授与すること。

八　批准書及び法律の定めるその他の外交文書を認証すること。

九　外国の大使及び公使を接受すること。

十　儀式を行ふこと。

第八条　皇室に財産を譲り渡し、又は皇室が、財産を譲り受け、若しくは賜与することは、国会の議決に基かなければならない。

第二章　戦争の放棄

第九条　日本国民は、正義と秩序を基調とする国際平和を誠実に希求し、国権の発動たる戦争と、武力による威嚇又は武力の行使は、国際紛争を解決する手段としては、永久にこれを放棄する。

前項の目的を達するため、陸海空軍その他の戦力は、これを保持しない。国の交戦権は、これを認めない。

第三章　国民の権利及び義務

第十条　日本国民たる要件は、法律でこれを定める。

第十一条　国民は、すべての基本的人権の享有を妨げられない。この憲法が国民に保障する基本的人権は、侵すことのできない永久の権利として、現在及び将来の国民に与へられる。

第十二条　この憲法が国民に保障する自由及び権利は、国民の不断の努力によつて、これを保持しなければならない。又、国民は、これを濫用してはならないのであつて、常に公共の福祉のためにこれを利用する責任を負ふ。

第十三条　すべて国民は、個人として尊重される。生命、自由及び幸福追求に対する国民の権利については、公共の福祉に反しない限り、立法その他の国政の上で、最大の尊重を必要とする。

第十四条　すべて国民は、法の下に平等であつて、人種、信条、性別、社会的身分又は門地により、政治的、経済的又は社会的関係において、差別されない。

華族その他の貴族の制度は、これを認めない。

栄誉、勲章その他の栄典の授与は、いかなる特権も伴はない。栄典の授与は、現にこれを有し、又は将来これを受ける者の一代に限り、その効力を有する。

第十五条　公務員を選定し、及びこれを罷免することは、国民固有の権利である。

すべて公務員は、全体の奉仕者であつて、一部の奉仕者ではない。

公務員の選挙については、成年者による普通選挙を保障する。

すべて選挙における投票の秘密は、これを侵してはならない。選挙人は、その選択に関し公的にも私的にも責任を問はれない。

第十六条　何人も、損害の救済、公務員の罷免、法律、命令又は規則の制定、廃止又は改正その他の事項に関し、平穏に請願する権利を有し、何人も、かかる請願をしたためにいかなる差別待遇も受けない。

第十七条　何人も、公務員の不法行為により、損害を受けたときは、法律の定めるところにより、国又は公共団体に、その賠償を求めることができる。

第十八条　何人も、いかなる奴隷的拘束も受けない。又、犯罪に因る処罰の場合を除いては、その意に反する苦役に服させられない。

第十九条　思想及び良心の自由は、これを侵してはならない。

第二十条　信教の自由は、何人に対してもこれを保障する。いかなる宗教団体も、国から特権を受け、又は政治上の権力を行使してはならない。

何人も、宗教上の行為、祝典、儀式又は行事に参加することを強制されない。

国及びその機関は、宗教教育その他いかなる宗教的活動もしてはならない。

第二十一条　集会、結社及び言論、出版その他一切の表現の自由は、これを保障する。

検閲は、これをしてはならない。通信の秘密は、これを侵してはならない。

第二十二条　何人も、公共の福祉に反しない限り、居住、移転及び職業選択の自由を有する。

何人も、外国に移住し、又は国籍を離脱する自由を侵されない。

第二十三条　学問の自由は、これを保障する。

第二十四条　婚姻は、両性の合意のみに基いて成立し、夫婦が同等の権利を有することを基本として、相互の協力により、維持されなければならない。

配偶者の選択、財産権、相続、住居の選定、離婚並びに婚姻及び家族に関するその他の事項に関しては、法律は、個人の尊厳と両性の本質的平等に立脚して制定されなければならない。

第二十五条　すべて国民は、健康で文化的な最低限度の生活を営む権利を有する。

国は、すべての生活部面について、社会福祉、社会保障及び公衆衛生の向上及び増進に努めなければならない。

第二十六条　すべて国民は、法律の定めるところにより、その能力に応じて、ひとしく教育を受ける権利を有する。

すべて国民は、法律の定めるところにより、その保護する子女に普通教育を受けさせる義務を負ふ。義務教育は、これを無償とする。

第二十七条　すべて国民は、勤労の権利を有し、義務を負ふ。

賃金、就業時間、休息その他の勤労条件に関する基準は、法律でこれを定める。

児童は、これを酷使してはならない。

第二十八条　勤労者の団結する権利及び団体交渉その他の団体行動をする権利は、これを保障する。

第二十九条　財産権は、これを侵してはならない。

財産権の内容は、公共の福祉に適合するやうに、法律でこれを定める。

私有財産は、正当な補償の下に、これを公共のために用ひることができる。

第三十条　国民は、法律の定めるところにより、納税の義務を負ふ。

第三十一条　何人も、法律の定める手続によらなければ、その生命若しくは自由を奪はれ、又はその他の刑罰を科せられない。

第三十二条　何人も、裁判所において裁判を受ける権利を奪はれない。

第三十三条　何人も、現行犯として逮捕される場合を除いては、権限を有する司法官憲が発し、且つ理由となつてゐる犯罪を明示する令状によらなければ、逮捕されない。

第三十四条　何人も、理由を直ちに告げられ、且つ、直ちに弁護人に依頼する権利を与へられなければ、抑留又は拘禁されない。又、何人も、正当な理由がなければ拘禁されず、要求があれば、その理由は、直ちに本人及びその弁護人の出席する公開の法廷で示されなければならない。

第三十五条　何人も、その住居、書類及び所持品について、侵入、捜索及び押収を受けることのない権利は、第三十三条の場合を除いては、正当な理由に基いて発せられ、且つ捜索する場所及び押収する物を明示する令状がなければ、侵されない。

捜索又は押収は、権限を有する司法官憲が発する各別の令状により、これを行ふ。

第三十六条　公務員による拷問及び残虐な刑罰は、絶対にこれを禁ずる。

第三十七条　すべて刑事事件においては、被告人は、公平な裁判所の迅速な公開裁判を受ける権利を有する。

刑事被告人は、すべての証人に対して審問する機会を充分に与へられ、又、公費で自己のために強制的手続により証人を求める権利を有する。

刑事被告人は、いかなる場合にも、資格を有する弁護人を依頼することができる。被告人が自らこれを依頼することができないときは、国でこれを附する。

第三十八条　何人も、自己に不利益な供述を強要されない。

強制、拷問若しくは脅迫による自白又は不当に長く抑留若しくは拘禁された後の自白は、これを証拠とすることができない。

何人も、自己に不利益な唯一の証拠が本人の自白である場合には、有罪とされ、又は刑罰を科せられない。

第三十九条　何人も、実行の時に適法であつた行為又は既に無罪とされた行為については、刑事上の責任を問はれない。又、同一の犯罪について、重ねて刑事上の責任を問はれない。

　第四十条　何人も、抑留又は拘禁された後、無罪の裁判を受けたときは、法律の定めるところにより、国にその補償を求めることができる。

第四章　国　　会

　第四十一条　国会は、国権の最高機関であつて、国の唯一の立法機関である。

　第四十二条　国会は、衆議院及び参議院の両議院でこれを構成する。

　第四十三条　両議院は、全国民を代表する選挙された議員でこれを組織する。

　両議院の議員の定数は、法律でこれを定める。

　第四十四条　両議院の議員及びその選挙人の資格は、法律でこれを定める。但し、人種、信条、性別、社会的身分、門地、教育、財産又は収入によつて差別してはならない。

　第四十五条　衆議院議員の任期は、四年とする。但し、衆議院解散の場合には、その期間満了前に終了する。

　第四十六条　参議院議員の任期は、六年とし、三年ごとに議員の半数を改選する。

　第四十七条　選挙区、投票の方法その他両議院の議員の選挙に関する事項は、法律でこれを定める。

　第四十八条　何人も、同時に両議院の議員たることはできない。

　第四十九条　両議院の議員は、法律の定めるところにより、国庫から相当額の歳費を受ける。

　第五十条　両議院の議員は、法律の定める場合を除いては、国会の会期中逮捕されず、会期前に逮捕された議員は、その議院の要求があれば、会期中これを釈放しなければならない。

　第五十一条　両議院の議員は、議院で行つた演説、討論又は表決について、院外で責任を問はれない。

　第五十二条　国会の常会は、毎年一回これを召集する。

第五十三条　内閣は、国会の臨時会の召集を決定することができる。いづれかの議院総議員の四分の一以上の要求があれば、内閣は、その召集を決定しなければならない。

第五十四条　衆議院が解散されたときは、解散の日から四十日以内に、衆議院議員の総選挙を行ひ、その選挙の日から三十日以内に、国会を召集しなければならない。

衆議院が解散されたときは、参議院は、同時に閉会となる。但し、内閣は、国に緊急の必要があるときは、参議院の緊急集会を求めることができる。

前項但書の緊急集会において採られた措置は、臨時のものであつて、次の国会開会の後十日以内に、衆議院の同意がない場合には、その効力を失ふ。

第五十五条　両議院は各々その議員の資格に関する争訟を裁判する。但し、議員の議席を失はせるには、出席議員の三分の二以上の多数による議決を必要とする。

第五十六条　両議院は、各々その総議員の三分の一以上の出席がなければ、議事を開き議決することができない。

両議院の議事は、この憲法に特別の定のある場合を除いては、出席議員の過半数でこれを決し、可否同数のときは、議長の決するところによる。

第五十七条　両議院の会議は、公開とする。但し、出席議員の三分の二以上の多数で議決したときは、秘密会を開くことができる。

両議院は、各々その会議の記録を保存し、秘密会の記録の中で特に秘密を要すると認められるもの以外は、これを公表し、且つ一般に頒布しなければならない。

出席議員の五分の一以上の要求があれば、各議員の表決は、これを会議録に記載しなければならない。

第五十八条　両議院は、各々その議長その他の役員を選任する。

両議院は、各々その会議その他の手続及び内部の規律に関する規則を定め、又、院内の秩序をみだした議員を懲罰することができる。但し、議員を除名するには、出席議員の三分の二以上の多数による議決を必要とする。

　第五十九条　法律案は、この憲法に特別の定のある場合を除いては、両議院で可決したとき法律となる。

　衆議院で可決し、参議院でこれと異なつた議決をした法律案は、衆議院で出席議員の三分の二以上の多数で再び可決したときは、法律となる。

　前項の規定は、法律の定めるところにより、衆議院が、両議院の協議会を開くことを求めることを妨げない。

　参議院が、衆議院の可決した法律案を受け取つた後、国会休会中の期間を除いて六十日以内に、議決しないときは、衆議院は、参議院がその法律案を否決したものとみなすことができる。

　第六十条　予算は、さきに衆議院に提出しなければならない。

　予算について、参議院で衆議院と異なつた議決をした場合に、法律の定めるところにより、両議院の協議会を開いても意見が一致しないとき、又は参議院が衆議院の可決した予算を受け取つた後、国会休会中の期間を除いて三十日以内に、議決しないときは、衆議院の議決を国会の議決とする。

　第六十一条　条約の締結に必要な国会の承認については、前条第二項の規定を準用する。

　第六十二条　両議院は、各々国政に関する調査を行ひ、これに関して、証人の出頭及び証言並びに記録の提出を要求することができる。

　第六十三条　内閣総理大臣その他の国務大臣は、両議院の一に議席を有すると有しないとにかかはらず、何時でも議案について発言するため議院に出席することができる。又、答弁又は説明のため出席を求められたときは、出席しなければならない。

　第六十四条　国会は、罷免の訴追を受けた裁判官を裁判するため、両議院の議員で組織する弾劾裁判所を設ける。

　弾劾に関する事項は、法律でこれを定める。

第五章　内　閣

第六十五条　行政権は、内閣に属する。

第六十六条　内閣は、法律の定めるところにより、その首長たる内閣総理大臣及びその他の国務大臣でこれを組織する。

内閣総理大臣その他の国務大臣は、文民でなければならない。

内閣は、行政権の行使について、国会に対し連帯して責任を負ふ。

第六十七条　内閣総理大臣は、国会議員の中から国会の議決で、これを指名する。この指名は、他のすべての案件に先だつて、これを行ふ。

衆議院と参議院とが異なつた指名の議決をした場合に、法律の定めるところにより、両議院の協議会を開いても意見が一致しないとき、又は衆議院が指名の議決をした後、国会休会中の期間を除いて十日以内に、参議院が、指名の議決をしないときは、衆議院の議決を国会の議決とする。

第六十八条　内閣総理大臣は、国務大臣を任命する。但し、その過半数は、国会議員の中から選ばれなければならない。

内閣総理大臣は、任意に国務大臣を罷免することができる。

第六十九条　内閣は、衆議院で不信任の決議案を可決し、又は信任の決議案を否決したときは、十日以内に衆議院が解散されない限り、総辞職をしなければならない。

第七十条　内閣総理大臣が欠けたとき、又は衆議院議員総選挙の後に初めて国会の召集があつたときは、内閣は、総辞職をしなければならない。

第七十一条　前二条の場合には、内閣は、新たに内閣総理大臣が任命されるまで引き続きその職務を行ふ。

第七十二条　内閣総理大臣は、内閣を代表して議案を国会に提出し、一般国務及び外交関係について国会に報告し、並びに行政各部を指揮監督する。

第七十三条　内閣は、他の一般行政事務の外、左の事務を行ふ。

一　法律を誠実に執行し、国務を総理すること。

二　外交関係を処理すること。

三　条約を締結すること。但し、事前に、時宜によつては事後に、国会の承認を経ることを必要とする。

四　法律の定める基準に従ひ、官吏に関する事務を掌理すること。

五　予算を作成して国会に提出すること。

六　この憲法及び法律の規定を実施するために、政令を制定すること。但し、政令には、特にその法律の委任がある場合を除いては、罰則を設けることができない。

七　大赦、特赦、減刑、刑の執行の免除及び復権を決定すること。

第七十四条　法律及び政令には、すべて主任の国務大臣が署名し、内閣総理大臣が連署することを必要とする。

第七十五条　国務大臣は、その在任中、内閣総理大臣の同意がなければ、訴追されない。但し、これがため、訴追の権利は害されない。

第六章　司　　法

第七十六条　すべて司法権は、最高裁判所及び法律の定めるところにより設置する下級裁判所に属する。

特別裁判所は、これを設置することができない。行政機関は、終審として裁判を行ふことができない。

すべて裁判官は、その良心に従ひ独立してその職権を行ひ、この憲法及び法律にのみ拘束される。

第七十七条　最高裁判所は、訴訟に関する手続、弁護士、裁判所の内部規律及び司法事務処理に関する事項について、規則を定める権限を有する。

検察官は、最高裁判所の定める規則に従はなければならない。

最高裁判所は、下級裁判所に関する規則を定める権限を、下級裁判所に委任することができる。

第七十八条　裁判官は、裁判により、心身の故障のために職務を執ることができないと決定された場合を除いては、公の弾劾によらなければ罷免されない。裁判官の懲戒処分は、行政機関がこれを行ふことはできない。

第七十九条　最高裁判所は、その長たる裁判官及び法律の定める員数のその他の裁判官でこれを構成し、その長たる裁判官以外の裁判官は、内閣でこれを任命する。

　　最高裁判所の裁判官の任命は、その任命後初めて行はれる衆議院議員総選挙の際国民の審査に付し、その後十年を経過した後初めて行はれる衆議院議員総選挙の際更に審査に付し、その後も同様とする。

　　前項の場合において、投票者の多数が裁判官の罷免を可とするときは、その裁判官は、罷免される。

　　審査に関する事項は、法律でこれを定める。

　　最高裁判所の裁判官は、法律の定める年齢に達した時に退官する。

　　最高裁判所の裁判官は、すべて定期に相当額の報酬を受ける。この報酬は、在任中、これを減額することができない。

　　第八十条　下級裁判所の裁判官は、最高裁判所の指名した者の名簿によつて、内閣でこれを任命する。その裁判官は、任期を十年とし、再任されることができる。但し、法律の定める年齢に達した時には退官する。

　　下級裁判所の裁判官は、すべて定期に相当額の報酬を受ける。この報酬は、在任中、これを減額することができない。

　　第八十一条　最高裁判所は、一切の法律、命令、規則又は処分が憲法に適合するかしないかを決定する権限を有する終審裁判所である。

　　第八十二条　裁判の対審及び判決は、公開法廷でこれを行ふ。

　　裁判所が、裁判官の全員一致で、公の秩序又は善良の風俗を害する虞があると決した場合には、対審は、公開しないでこれを行ふことができる。但し、政治犯罪、出版に関する犯罪又はこの憲法第三章で保障する国民の権利が問題となつてゐる事件の対審は、常にこれを公開しなければならない。

第七章　財　　政

　　第八十三条　国の財政を処理する権限は、国会の議決に基いて、これを行使しなければならない。

第八十四条　あらたに租税を課し、又は現行の租税を変更するには、法律又は法律の定める条件によることを必要とする。

第八十五条　国費を支出し、又は国が債務を負担するには、国会の議決に基くことを必要とする。

第八十六条　内閣は、毎会計年度の予算を作成し、国会に提出して、その審議を受け議決を経なければならない。

第八十七条　予見し難い予算の不足に充てるため、国会の議決に基いて予備費を設け、内閣の責任でこれを支出することができる。

すべて予備費の支出については、内閣は、事後に国会の承諾を経なければならない。

第八十八条　すべて皇室財産は、国に属する。すべて皇室の費用は、予算に計上して、国会の議決を経なければならない。

第八十九条　公金その他の公の財産は、宗教上の組織若しくは団体の使用、便益若しくは維持のため、又は公の支配に属しない慈善、教育若しくは博愛の事業に対し、これを支出し、又はその利用に供してはならない。

第九十条　国の収入支出の決算は、すべて毎年会計検査院がこれを検査し、内閣は、次の年度に、その検査報告とともに、これを国会に提出しなければならない。

会計検査院の組織及び権限は、法律でこれを定める。

第九十一条　内閣は、国会及び国民に対し、定期に、少くとも毎年一回、国の財政状況について報告しなければならない。

第八章　地方自治

第九十二条　地方公共団体の組織及び運営に関する事項は、地方自治の本旨に基いて、法律でこれを定める。

第九十三条　地方公共団体には、法律の定めるところにより、その議事機関として議会を設置する。

地方公共団体の長、その議会の議員及び法律の定めるその他の吏員は、その地方公共団体の住民が、直接これを選挙する。

第九十四条　地方公共団体は、その財産を管理し、事務を処理し、及び行政を執行する権能を有し、法律の範囲内で条例を制定することができる。

　　第九十五条　一の地方公共団体のみに適用される特別法は、法律の定めるところにより、その地方公共団体の住民の投票においてその過半数の同意を得なければ、国会は、これを制定することができない。

第九章　改　　　正

　　第九十六条　この憲法の改正は、各議院の総議員の三分の二以上の賛成で、国会が、これを発議し、国民に提案してその承認を経なければならない。この承認には、特別の国民投票又は国会の定める選挙の際行はれる投票において、その過半数の賛成を必要とする。

　　憲法改正について前項の承認を経たときは、天皇は、国民の名で、この憲法と一体を成すものとして、直ちにこれを公布する。

第十章　最高法規

　　第九十七条　この憲法が日本国民に保障する基本的人権は、人類の多年にわたる自由獲得の努力の成果であつて、これらの権利は、過去幾多の試練に堪へ、現在及び将来の国民に対し、侵すことのできない永久の権利として信託されたものである。

　　第九十八条　この憲法は、国の最高法規であつて、その条規に反する法律、命令、詔勅及び国務に関するその他の行為の全部又は一部は、その効力を有しない。

　　日本国が締結した条約及び確立された国際法規は、これを誠実に遵守することを必要とする。

　　第九十九条　天皇又は摂政及び国務大臣、国会議員、裁判官その他の公務員は、この憲法を尊重し擁護する義務を負ふ。

第十一章　補　　則

第一百条　この憲法は、公布の日から起算して六箇月を経過した日から、これを施行する。

　この憲法を施行するために必要な法律の制定、参議院議員の選挙及び国会召集の手続並びにこの憲法を施行するために必要な準備手続は、前項の期日よりも前に、これを行ふことができる。

第一百〇一条　この憲法施行の際、参議院がまだ成立してゐないときは、その成立するまでの間、衆議院は、国会としての権限を行ふ。

第一百〇二条　この憲法による第一期の参議院議員のうち、その半数の者の任期は、これを三年とする。その議員は、法律の定めるところにより、これを定める。

第一百〇三条　この憲法施行の際現に在職する国務大臣、衆議院議員及び裁判官並びにその他の公務員で、その地位に相応する地位がこの憲法で認められてゐる者は、法律で特別の定をした場合を除いては、この憲法施行のため、当然にはその地位を失ふことはない。但し、この憲法によつて、後任者が選挙又は任命されたときは、当然その地位を失ふ。

主要参考文献

一、日文类

（一）著作

1. 水岛朝穗. 集体自卫权的彻底分析 [M]. 东京：岩波书店，2015.

2. 樋口阳一，山口二郎. 对安倍修宪说 NO [M]. 东京：岩波书店，2015.

3. 西原正. 简明和平安全法制 [M]. 东京：朝云新闻社，2015.

4. 全国宪法研究会. 日本国宪法的继承与发展 [M]. 东京：三省堂，2015.

5. 小西洋之. 我们的和平宪法与解释修宪的源流 [M]. 东京：八月书馆，2015.

6. 纐纈厚. 承认集体自卫权的深层 [M]. 东京：日本评论社，2014.

7. 奥平康弘，山口二郎. 集体自卫权的问题所在 [M]. 东京：岩波书店，2014.

8. 渡边治，等. 对承认集体自卫权的批判 [M]. 东京：日本评论社，2014.

9. 辻村重子. 比较中的修宪论 [M]. 东京：岩波书店，2014.

10. 樋口阳一. 加藤周一与丸山真男 [M]. 东京：平凡社，2014.

11. 坂田雅裕. "法律守护者"内阁法制局的矜持 [M]. 东京：大月书店，2014.

12. 读卖新闻政治部. 修宪论战的基础知识 [M]. 东京：中央公论新社，2013.

13. 木藤伸一郎，等. 修宪的论点［M］. 京都：法律文化社，2013.

14. 田村重信. 改正日本国宪法［M］. 东京：讲谈社，2013.

15. 伊藤真. 自民党修宪草案讨论［M］. 东京：岩波书店，2013.

16. 樋口阳一. 现在如何认识修宪［M］. 东京：岩波书店，2013.

17. 水越敦编. 安倍晋三 VS 反日宣传［M］. 东京：欧库拉图书公司，2013.

18. 田母神俊雄. 安倍晋三论［M］. 东京：美松堂，2013.

19. 日高义树. 美国给予日本"昭和宪法"的真相［M］. 东京：大进堂，2013.

20. 奥平康弘，等. 修宪的问题点［M］. 东京：岩波书店，2013.

21. 奥平康弘，高桥哲哉，等. 宪法的力量［M］. 东京：日本评论社，2013.

22. 植村秀树. 战后与安保的六十年［M］. 东京：日本经济评论社，2013.

23. 渡边治. 结构改革政治的小泉时代［M］. 东京：话传社，2013.

24. 伊藤真. 自民党修宪草案讨论［M］. 东京：大月书店，2013.

25. 浦田一郎，等. 集体自卫权［M］. 东京：岩波书店，2013.

26. 二宫厚美. 安倍政权的末路［M］. 东京：旬报社，2013.

27. 石破茂. 找回日本，找回宪法［M］. 东京：大进堂，2013.

28. 斋藤贵男. 安倍修宪政权的本质［M］. 东京：岩波书店，2013.

29. 金子胜. 宪法的逻辑与安保的逻辑［M］. 东京：劲草书房，2013.

30. 渡边治. 渡边治的政治学入门［M］. 东京：新日本出版社，2012.

31. 宪法研究所. 和平宪法与人权、民主主义［M］. 京都：法律文化社，2012.

32. 佐濑昌盛. 集体自卫权（新版）［M］. 东京：一艺社，2012.

33. 泽野义一. 和平宪法与永世中立［M］. 京都：法律文化社，2011.

34. 菅野和夫，等. 袖珍六法［M］. 东京：有菲阁，2008.

35. 小泽隆一. 焦点宪法［M］. 京都：法律文化社，2008.

36. 小泽隆一. 聚焦宪法［M］. 京都：法律文化社，2008.

37. 牧英正，藤原明久. 日本法制史［M］. 东京：青林书院，2007.

38. 工藤达郎. 宪法速解［M］. 东京：筑磨书房，2006.

39. 渡边治. 宪法"修改"［M］. 东京：旬报社，2005.

40. 长谷部恭男. 宪法［M］. 东京：新世社，2004.

41. 樋口阳一，等. 宪法Ⅳ［M］. 东京：青林书院，2004.

42. 祖川武夫. 国际法与战争违法化［M］. 东京：信山社，2004.

43. 水岛朝穗. 世界的"有事法制"透视［M］. 京都：法律文化社，2003.

44. 渡边治. 修宪的论战点 [M]. 东京：旬报社，2002.

45. 大石真. 宪法史与宪法解释 [M]. 东京：信山社，2000.

46. 高柳贤三，等. 日本国宪法的制定过程 [M]. 东京：有斐阁，2000.

47. 松井茂记. 日本国宪法 [M]. 东京：有斐阁，2000.

48. 加藤孔昭. 21世纪的宪法构想：宪法改革论点 [M]. 东京：信山社，2000.

49. 中曾根康弘. 21世纪：日本的国家战略 [M]. 东京：PHP研究所，2000.

50. 高桥和之，等. 宪法争点：第三版 [M]. 东京：有斐阁，1999.

51. 判例六法编修委员会. 判例六法 [M]. 东京：三省堂，1999.

52. 龙井一博. 德意志国家学与明治国制 [M]. 东京：筑磨书房，1999.

53. 细谷千博，等. 日美关系资料集 1945—1997 [M]. 东京：东京大学出版会，1999.

54. 山中永之佑，等. 资料中的宪法 [M]. 京都：法律文化社，1998.

55. 竹花光范. 对修宪论者的鼓与呼 [M]. 东京：成文堂，1997.

56. 川口由彦. 日本近代法制史 [M]. 东京：新世社，1997.

57. 樋口阳一. 宪法理论的50年 [M]. 东京：日本评论社，1996.

58. 樋口阳一，等. 宪法基本判例：第二版 [M]. 东京：有斐阁，1996.

59. 天川晃荒敬，等. 法制、司法体制改革 [M]. 东京：日本图书中心，1996.

60. 浦部法穗.（新版）宪法学教室 [M]. 东京：日本评论社，1996.

61. 水岛朝穗. 现代军事法的研究 [M]. 东京：日本评论社，1995.

62. 朝日新闻论说委员会. 国际合作与宪法，朝日新闻的提言 [M]. 东京：朝日新闻社，1995.

63. 阪本昌成. 宪法理论 II [M]. 东京：成文堂，1994.

64. 读卖新闻社. 迈向宪法21世纪——读卖修宪草案 [M]. 东京：读卖新闻社，1994.

65. 山中永之佑. 日本近代法论 [M]. 京都：法律文化社，1994.

66. 松井茂记. 二重基准论 [M]. 东京：有斐阁，1994.

67. 修恩博格. 占领1945—1952 [M]. 宫崎章，译. 东京：时事通讯社，1994.

68. 常岗圣子，等. 日本国宪法读解 [M]. 东京：白书房公司，1993.

69. 读卖新闻政治部. 修宪论争的基础 [M]. 东京：中央公论新社，1993.

70. 日本近代法制史研究会. 日本近代法120讲 [M]. 京都：法律文化社，1992.

71. 吉川洋子. 日美赔偿外交交涉研究 [M]. 东京：劲草书房，1991.

72. 欧普拉. 日本占领和法制改革 [M]. 内藤赖博，等，译. 东京：日本评论社，1990.

73. 斋藤寿. 宪法原则的分析及其展开 [M]. 东京：劲草书房，1989.

74. 粟屋宪太郎. 东京裁判论 [M]. 东京：大月书店, 1989.

75. 杉原泰雄. 宪法Ⅱ：统治机构 [M]. 东京：有斐阁, 1989.

76. 高野真澄. 现代日本的宪法问题 [M]. 东京：有信堂, 1988.

77. 芦部信喜. 讲座：宪法诉讼：第1—3卷 [M]. 东京：有斐阁, 1987.

78. 横田耕一, 等. 现代宪法讲座：上 [M]. 东京：日本评论社, 1985.

79. 鹈饲信成. 司法审查和人权的法理 [M]. 东京：有斐阁, 1984.

80. 佐藤功. 宪法：上、下 [M]. 东京：有斐阁, 1983.

81. 井田良治, 等. 史料：日本近代法 [M]. 京都：法律文化社, 1983.

82. 小林昭三. 明治宪法史论叙说 [M]. 东京：成文堂, 1982.

83. 福岛正夫. 日本近代法体制的形成：上、下 [M]. 东京：日本评论社, 1982.

84. 长谷川正安. 宪法现代史：上、下 [M]. 东京：日本评论社, 1981.

85. 佐藤辛治. 宪法 [M]. 东京：青林书院新社, 1981.

86. 大须贺明. 宪法 [M]. 东京：三省堂, 1981.

87. 现代宪法研究会. 日本国宪法：资料与判例 [M]. 京都：法律文化社, 1981.

88. 小林直树. 宪法构成原则 [M]. 东京：东京大学出版会, 1980.

89. 高柳贤三, 等. 日本国宪法的制定过程：原文与翻译 [M]. 东京：有斐阁, 1972.

90. 末川博. 战后二十年史资料：法律（第3卷）[M]. 东京：日本评论社, 1971.

91. 西村熊雄. 日本外交史 [M]. 东京：鹿岛研究所出版会, 1971.

92. 币原喜重郎. 外交五十年 [M]. 京都：法律文化社, 1971.

93. 清宫四郎. 宪法的理论 [M]. 东京：有斐阁, 1969.

94. 清宫四郎. 国家作用的理论 [M]. 东京：有斐阁, 1968.

95. 川岛武宜. 日本人的法意识 [M]. 东京：岩波新书, 1967.

96. 宪法调查会. 关于宪法制定经过的小委员会报告书 [M]. 东京：日本评论社, 1964.

97. 小林直树. 对日本宪法动态的分析 [M]. 东京：岩波书店, 1963.

98. 长谷川正安, 宫内裕, 渡边洋三. 安保体制与法 [M]. 东京：三一书房, 1962.

99. 田佃茂二郎. 安保体制与自卫权：增补版 [M]. 东京：有信堂, 1960.

100. 佐佐木惣一. 日本国宪法论：改订版 [M]. 东京：有斐阁, 1952.

（二）论文与报刊

1. 枝野幸男, 等. 70年间未能修宪的真正理由 [J]. 中央公论, 2017 (5).

2. 笠井亮. 日本共产党对修宪的思考 [J]. 中央公论, 2017 (5).

3. 林贤参. 安倍晋三与自民党以安保相关修宪为目标的过程及实践 [J]. 问题与研究,

2016（10—12）.

4. 森英树. 安倍政权的修宪本质——序论的考察［J］. 法与民主主义，2016（4）.

5. 渡边治. 日本国宪法攻防的 70 年和现在［J］. 法与民主主义，2015（9）.

6. 森英树. 7·1 阁议决定及其背景［J］. 法学 Seminar，2015（1）.

7. 本秀纪. 军事法制的展开与宪法 9 条 2 款的现代意义［J］. 法学 Seminar，2015（1）.

8. 安倍晋三. 迈向新的国家［J］. 文春新书，2013.

9. 和田肇. 国家公务员劳动关系法体系的大转换及其课题［J］. 法律时报，2012（2）.

10. 本多瀑夫. 公务员体制与公务员的权利［J］. 法律时报增刊，2011.

11. 松田竹男. 集体自卫权的现实［J］. 法律时报增刊，2010.

12. 爱敬浩二. 检证"修宪实态"［J］. 法学 Seminar，2007（10）.

13. 奥野恒久. 修宪国民投票法与民主主义［J］. 法学 Seminar，2007（10）.

14. 井口秀作. 国民投票宣传协调会［J］. 法学论坛，2007（10）.

15. 西土彰一郎. 国民投票运动［J］. 法学论坛，2007（10）.

16. 内藤光博. 提议方式、投票方式和承认要件［J］. 法学论坛，2007（10）.

17. 版本雅裕. 为什么不允许行使集体自卫权［J］. 世界，2007（9）.

18. 保坂正康. 安倍晋三"忘却史观"的无知与傲慢［J］. 现代，2006（11）.

19. 不破哲三. 修改宪法第 9 条的三个盲点［R］. 赤旗报，2005 - 10 - 19.

20. 志位和夫. 第三次中央委员会干部会报告［R］. 赤旗报，2005 - 04 - 09.

21. 日本共产党纲领［OL］.［2005 - 04］http//www.jcp.or.jp.

22. 森英树. 政治的混沌与宪法［J］. 法律时报，2005（12）.

23. 高畑英一郎. 首相的靖国神社参拜属于宗教活动违反宪法的事例［J］. 法学教室：别册附录，2004.

24. 土井真一. 宪法判例与宪法学说［J］. 公法研究，2004.

25. 水岛朝穗. 紧急事态法德国模式的再思考［J］. 法律时报：增刊，2002.

26. 山形英郎. 对同时多发恐怖袭击的"报复"攻击［J］. 法律时报，2002（74）：1.

27. 奥平康弘. 日本国宪法的轨迹及其综合评价［J］. 载 jurist，2001（1）.

28. 木村俊夫. 宗教自由［A］//宪法的争点：第三版，Jurist 增刊［J］. 有斐阁，1999.

29. 平野武. 宗教团体内部纷争与司法权［A］//宪法的争点：第三版，Jurist 增刊［J］. 有斐阁，1999.

30. 浦田贤治. 和平的生存权与自卫队［A］//宪法基本判例：第二版［M］. 有斐阁，1996.

31. 船桥洋一. 日美安保再定义的全景解剖［J］. 世界，1996（5）.

32. 芦部信喜，等. 日本国宪法 50 年的轨迹与展望［J］. 载 jurist，1996（5）.

33. 芦部信喜. 法律解释中的回避宪法判断［J］. 载 jurist 专刊，1994.

34. 伊藤正己. 日本国宪法与英美宪法［J］. 载 jurist，1975（11）.

35. 佐藤达夫. 佐藤达夫回忆录［J］. 内阁法制局史，1974 年刊.

36. 祖川武夫. 新安保条约的讨论［J］. 法律时报，1960 年刊.

37. 山川均. 拥护非武装宪法［J］. 世界，1951（10）.

38. 恒藤恭. 放弃战争条款与安全保障问题［J］. 世界，1950（4）.

39. 朝日新闻，2015 – 07 – 14.

40. 朝日新闻，2013 – 04 – 05.

41. 朝日新闻，2013 – 03 – 01，朝刊.

42. 朝日新闻，2013 – 04 – 05，朝刊.

43. 周刊 POST，2013 – 05 – 17.

44. 读卖新闻，2007 – 04 – 05，朝刊.

45. 朝日新闻，2005 – 10 – 29.

46. 读卖新闻，2000 – 05 – 03.

47. 文艺春秋，2000（9）.

48. 文艺春秋，2000（10）.

49. 读卖新闻，1993 – 04 – 03.

50. 每日新闻，1993 – 04 – 27.

二、中文类

（一）著作

1. 陈舜臣. 中国人与日本人［M］. 刘玮，译. 桂林：广西师范大学出版社，2016.

2. 野岛刚. 被误解的日本人［M］. 上海：上海三联书店，2016.

3. 张允起. 日本明治前期法政史料选编［M］. 北京：清华大学出版社，2016.

4. 刘德秦. 从小到大再说日本［M］. 北京：世界知识出版社，2015.

5. 松田武. 战后美国在日本的软实力［M］. 金琮轩，译. 北京：商务印书馆，2014.

6. 约翰·惠特尼·霍尔. 日本史［M］. 邓懿，周一良，译. 北京：商务印书馆，2013.

7. 邱静. 战后日本的知识分子护宪运动与护宪思想［M］. 北京：社会科学文献出版社，2012.

8. 辻清明. 日本官僚制研究 [M]. 王仲涛, 译. 北京：商务印书馆, 2010.
9. 千叶真, 小林正弥. 日本宪法与公共哲学 [M]. 白巴根, 等, 译. 北京：法律出版社, 2009.
10. 渡边洋三. 日本国宪法的精神 [M]. 魏晓阳, 译. 南京：凤凰出版传媒集团, 译林出版社, 2009.
11. 黄大慧. 日本大国化趋势与中日关系 [M]. 北京：社会科学出版社, 2008.
12. 子安宣邦. 国家与祭祀 [M]. 董炳月, 译. 上海：三联书店, 2007.
13. 阿部照哉, 池田政章, 等. 宪法：上、下 [M]. 周宗宪, 译. 北京：中国政法大学出版社, 2006.
14. 吕耀东. 冷战后日本的总体保守化 [M]. 北京：中国社会科学出版社, 2004.
15. 三浦隆. 实践宪法学 [M]. 李力, 白云海, 译. 北京：中国人民公安大学出版社, 2002.
16. 王新生. 政治体制与经济现代化——日本模式再探讨 [M]. 北京：社会科学出版社, 2002.
17. 王金林. 日本天皇制及其精神结构 [M]. 天津：天津人民出版社, 2001.
18. 何勤华, 方乐华, 李秀清, 等. 日本法律发达史 [M]. 上海：上海人民出版社, 1999.
19. 于群. 美国对日占领政策研究 [M]. 长春：东北师范大学出版社, 1996.
20. 吴廷璆. 日本史 [M]. 天津：南开大学出版社, 1994.
21. 宫泽俊义著, 芦部信喜补订.《日本国宪法》精解 [M]. 董璠舆, 译. 北京：中国民主法制出版社, 1990.
22. 吕万和. 简明日本近代史 [M]. 天津：天津人民出版社, 1984.

（二）论文

1. 李成日. 日本解禁集体自卫权的举措与影响 [J]. 国际问题研究, 2014 (4).
2. 朱海燕. 解析安倍"摆脱战后体制"战略——以日本国内为视角 [J]. 东北亚论坛, 2014 (1).
3. 赵向华. 安倍政权的集体自卫权选择困境 [J]. 人民论坛, 2014 (9).
4. 鲁义, 田德营. 翻案、修宪、扩军：安倍内阁的右倾化动向评析 [J]. 日本研究, 2014 (1).
5. 邱静. "日本式保守主义"辨析——自民党2010年纲领及其保守倾向 [J]. 日本学刊, 2012 (6).

6. 王晓茜，张德伟. 日本教育基本法的修改与教育基本理念的转变 [J]. 外国教育研究，2007 (7).

7. 邱静. 日本共产党的纲领修改及其在当今日本政坛的合法性 [J]. 当代世界与社会主义，2005 (5).

8. 真田芳宪，等. 二战后美国法对日本法的影响 [J]. 比较法研究，2002 (3).

9. 王新生. 简论日本社会党 50 年 [J]. 日本学刊，1996 (5).

三、英文类（著作与论文）

1. Jeremy Waldron. Liberal Rights [M]. Cambridge University Press, 1993.

2. J. Bryce. Flexible and Rigid Constitutions, in: Studies in History and Jurisprudence [M]. Oxford University Press, 1901.

3. Richard Barron Parker. A Suggested Amendment to the Constitution of Japan to Strengthen the Office of Prime Minister.

4. Telegram from MacArthur Jr. To Secretary of State, May 1, 1957.

5. Records of the U. S. Department of State Relating to Political of Japan, 1955 – 1959.

6. Letter from Fujiyama to Ambassador, April 4, 1958, Records of the U. S. Department of State Relating to Political of Japan, 1955 – 1959.